बिन ड्योढ़ी का घर

भाग-तीन

बिन ड्योढ़ी का घर

भाग-तीन

उर्मिला शुक्ल

अनुज्ञा

अनुज्ञा

प्रथम संस्करण : 2024

ISBN 978-81-19878-11-6

प्रकाशक

अनुज्ञा बुक्स

1/10206, लेन नं. 1E, वेस्ट गोरख पार्क, शाहदरा, दिल्ली-110 032

e-mail : anuugyabooks@gmail.com • salesanuugyabooks@gmail.com

फोन : 011-75506552, 7291920186, 9350809192

www.anuugyabooks.com

शाखा कार्यालय : धर्मकाँटा चौक, राष्ट्रीय राजमार्ग 57,
एम.बी.बी.एल कॉलेज रोड, बैरिया, मुजफ्फरपुर-842 003 बिहार

शाखा कार्यालय : बी-1171, द्वितीय तल,
ग्रीन फील्ड्स कॉलोनी, फरीदाबाद-121010 हरियाणा

शाखा कार्यालय : 301, तृतीय तल, राधाकृष्ण अपार्टमेंट, साँई कॉलोनी,
स्टेशन रोड, चाईबासा, पश्चिमी सिंहभूम-833201 झारखंड

मूल्य : 599 रुपये

आवरण

लतिका वैष्णव

भारत में मुद्रित

BIN DYODHI KA GHAR (Part – Three)

Novel *by* ***Dr. Urmila Shukla***

समर्पण

जंगल और उसके उन रहवासियों को जो संघर्षरत हैं

अपनी बात

बिन ड्योढ़ी का घर-भाग दो पूर्ण हुआ, तो मन में एक तोष था कि अब कात्यायनी की कथा मुकम्मल हुई। कात्यायनी की कथा तो मुकम्मल हुई लेकिन बस्तर की कथा? जहाँ संघर्ष जारी हो वहाँ की कथा, तब तक मुकम्मल नहीं हो सकती, जब तक संघर्ष खत्म न हो जाय। सो बस्तर ने मेरा घेराव किया और विवश किया कि उसके अस्तित्व और संघर्ष की कथा लिखूँ। बस्तर की वही कथा है उपन्यास– बिन ड्योढ़ी का घर–भाग तीन। अब यह आप सबके समक्ष है।

उड़ चल हंसा दूर अकास

दुहिता धाम में फिर गहमा गहमी थी। एक खामोश सी गहमा-गहमी। प्राँगण में हजारों हजार लोग जमा थे, फिर भी एक चुप सी पसरी हुई थी। लोग खामोश कदमों से आ, तस्वीर को जोहार करते और नियत स्थान पर बैठ जाते। उत्सव था लेकिन जीवन का नहीं मृत्यु का। मारी माँ का मृत्यु उत्सव। सारा जंगल शोकमग्न हो उठा था। कल ही तो यह विस्फोट हुआ, जब कात्यायनी के मोबाइल स्क्रीन पर एक मैसेज अचानक चमक उठा–

मारिया कृष्णमय होकर गोलोक वासिनी हुई, मगर यह शोक का नहीं, उत्सव का हेतु है। मारिया चाहती थी कि उसकी मृत्यु पर शोक नहीं उत्सव हो। अपने अंतिम पलों में वह तुमको ही याद कर रही थी। तुम लोग तो मानते हो न कि अंतिम समय में स्मृतियाँ पीछे की ओर लौटती हैं। मारिया की स्मृतियाँ भी बार-बार दुहिता धाम की ओर जाकर तुम्हारे इर्द गिर्द ही घूम रही थीं। वह तुमको बार-बार पुकार रही थी लेकिन तुम उसे याद कर रोना नहीं। उत्सव मनाना, उसकी मृत्यु का उत्सव। यही तुम्हारी मारी माँ की इच्छा थी। अंतिम इच्छा।

नील निकोलस

नील का यह संदेश कोई साधारण संदेश नहीं था। सो कात्यायनी के भीतर एक विस्फोट सा हुआ और भावनाओं का ज्वालामुखी फूट पडा। दुख का लावा बाहर आने को विकल हो उठा लेकिन मारी माँ की इच्छा का सम्मान तो करना ही था। सो सारा लावा अपने भीतर जज्ब कर लिया, पर यादें? यादों का क्या करती। यादें तो बयार होती हैं, उन पर तो किसी का जोर नहीं चलता। सो मारी माँ की याद पछुआ बयार सी आती और उनसे जुड़ी यादें चिलक उठतीं। कुछ यादें तो देर तक चिलकती रहतीं और उसकी आँखें पनिया उठतीं। फिर मारी माँ की अंतिम इच्छा कौंध उठती कि शोक नहीं उत्सव मनाना है। उसने शिवा को मैसेज किया और शोकोत्सव का आयोजन किया लेकिन मन और आँसू उसके बस में नहीं थे। 'ओह मारी माँ! अपनी बेबी की यह कैसी परीक्षा ले रही हैं।

जानती थीं न कि आप मेरे लिए माँ हैं और माँ की मृत्यु का उत्सव, एक बेटी के लिए आसान तो नहीं लेकिन...।' सोचते हुए बगावत पर उतारू आँसुओं को बरजा और अँसुआई नजरें द्वार की ओर गयीं। सामने शिवा था।

उसके हाथों में सागौन के फूलों का स्तबक था। उसने आगे बढ़ मारी माँ की तस्वीर को प्रणाम किया और तस्वीर की बगल में जा बैठा। वह जहाँ बैठा था, उसके ठीक सामने कात्यायनी बैठी थी। गमगीन और सूनी-सूनी आँखों से उसने शिवा की ओर देखा। फिर नजरें मारी माँ की तस्वीर पर टिका लीं। शिवा कुछ देर बैठा रहा। फिर बाहर निकल गया। शिवाँग और वन्या बाहर थे। उनसे कुछ बातें कीं। फिर गाड़ी स्टार्ट कर आँखों से ओझल हो गया। वन्या भीतर आयी और कात्यायनी के पास बैठ गयी। कात्यायनी सुबह से शोकस्थल पर ही बैठी थी। सो–

"माँ मैं यहाँ बैठती हूँ। आप कुछ देर आराम कर लो।"

कात्यायनी ने उसकी ओर देखा फिर उठकर चली गयी, पर भीतर जाकर आराम करने का मन नहीं किया। व्याकुलता विकल कर रही थी। सो द्वार पर ठिठक गयी। 'यह वही द्वार है जिसके पट मारी माँ ने खोले थे मेरे लिए। वरना मैं? आज पता नहीं कहाँ होती।' सोचती कात्यायनी की आँखें अतीत में झाँकने लगीं। उसकी आँखों में उभर आयी वह पहली मुलाकात, जब उसके विषय में कुछ भी जाने बगैर, उन्होंने आगे बढ़कर गले लगा लिया था उसे। 'मैं कौन हूँ? मेरा पिछला जीवन क्या है? कोई भी सवाल नहीं। बिना किसी सवाल के मुझे इस दुहिता धाम में पनाह दी। मेरी हर मुसीबत में ढाल बन खड़ी रहीं, माँ की तरह नहीं, माँ से भी बढ़कर। यशोदा और देवकी से एकदम अलहदा रूप में, जिसे कोई नाम नहीं दे पायी मैं लेकिन उनका वह अनाम स्नेह मेरे जीवन का पाथेय था। अब आज वे...?' सोचकर कात्यायनी की आँखें छलकने को अकुला उठीं, तभी–

"बेबी ये क्या? टुम ऐसे रोओगी टो मय वहाँ कैसे रहेगा? आँसू नाय। स्माइल माय डॉटर स्माइल।" पीछे से आवाज सी आयी।

कात्यायनी अकचकाकर मुड़ी। उसे लगा जैसे मारी माँ उसके पीछे खड़ी हैं। देखा तो कोई नहीं। 'ओह! मारी माँ वर्षों से यहाँ नहीं थीं लेकिन उनके होने का अहसास मेरे साथ था। लगता था कि जब भी कोई बड़ी मुसीबत आएगी, मैं उनके पास दौड़ जाऊँगी, मगर अब? अब तो वह अहसास भी नहीं रहा।' सोचा। मन किया कि बुक्का फाड़कर रो पड़े लेकिन मारी माँ की वर्जना सामने आ खड़ी हुई और उसने अपने आँसुओं को आँखों के घेरे में ही घेर दिया। फिर

भी दो जिद्दी बूँदें पलकों पर आ अटकीं। तभी लगा जैसे किसी ने उन्हें अपनी ऊँगली पर ले लिया हो। उसने पलकें ऊपर उठाईं और एक बार फिर महसूसा जैसे मारी माँ...।

"माँ! आपको आराम करने भेजा था न? रातभर जागती रहीं। कुछ देर सो लेतीं। ऐसे तो बीमार हो जायेंगी।"

"जब मन में सुकून ही न हो, तो नींद कैसे आएगी। नींद और सुकून का तो ऐसा गठबंधन है कि नींद उसके बिना एक कदम भी नहीं उठाती।" कात्यायनी ने कहना चाहा, पर कहा नहीं। बस वन्या की ओर देखती रही।

"माँ! मुझे आपको उदास देखना अच्छा नहीं लगता। चलिए अब भीतर जाकर आराम कर लीजिये।"

वन्या ने उसका हाथ पकड़ लिया। 'एक समय के बाद बेटियाँ माँ होने लगती हैं।' सोचती कात्यायनी उसके साथ चल पड़ी।

"अब आप बाहर नहीं आयेंगी। आराम करेंगी। जब कोई काम होगा तो बुला लूँगी।"

वन्या ने कमरे का द्वार उढ़का दिया। कात्यायनी के कमरे का द्वार तो उढ़क गया था, पर मन का द्वार? मन का द्वार तो उढ़क ही नहीं रहा था। यादों के झकोरे उसे उढ़कने ही नहीं दे रहे थे। सो उठकर गुड़ी की ओर चली गयी।

गुड़ी जहाँ अब कात्यायनी की जलारी माँ और भाऊ रहते हैं। वह उनकी गुड़ी के पास बैठ गयी और 'अभी कुछ महीने पहले तक जलारी माँ और भाऊ मेरे साथ बोलते बतियाते थे लेकिन अब?' सोचते हुए वह उनकी गुड़ी (मृत्यु स्मारक) को देखने लगी और यादों के पन्ने फड़फड़ा उठे...

2

कोरोना के बाद भाऊ अक्सर बीमार रहने लगे थे। जगदलपुर मेडीकल कॉलेज से इलाज चल रहा था। फिर भी जलारी रोज सुबह जंगल जातीं। सिरहा की बतायी जड़ी बूटियाँ तलाशतीं। घर आकर उनका काढ़ा बनाकर पिलातीं और उनकी कमजोर देह को सहलाते हुए ढाढ़स देतीं–"देखना! कुछ नई होयेंगा। कुछ दिन में तू पहिले जैसा टग-टंग चलने लगेंगा।"

भाऊ निस्तेज आँखों से उनकी ओर देखते और–'इस उमर में भी जंगल जाके जड़ी बूटी ढूँढ़ती, काढ़ा बनाती और पिलाती है। कितना परेम करती है मेरे को। इसका मन नई तोड़ने का।' सोचते और–

"एकदम। ये काढ़ा बहुत फायदा कर रहा। मैं बहुत जल्दी ठीक हो

जायेंगा।" चेहरे पर मुस्कान ओढ़ कहते।

वे जानते तो थे ही कि भीतर ही भीतर सब कुछ छीजता जा रहा है। कोरोना के बाद दिल और गुर्दे जैसी बीमारियाँ लग गयी थीं। उन्हें अहसास होने लगा था कि अब कुछ दिन के ही मेहमान हैं। फिर भी जलारी का दिल रखने को उनके सामने हँसते ताकि वे निराश न हों। भाऊ उन्हें निराश नहीं देखना चाहते थे। वे कहते कुछ नहीं थे, पर यह सोचकर उदास हो उठते कि उनके बाद जलारी का क्या होगा? अब तक का उनका साथ काया और साया का साथ रहा। भाऊ को याद आता प्रेमिल पलों में वे अक्सर कहा करते थे–"ये रे जलारी! हम दूनो जेतना दिन जियेंगा संग-संग रहेंगा। एक दूसरा को ऐसेच मया करेंगा और भगवान घर भी संग-संग चलेंगा? वइसेच जइसे हम जंगल को जाते।"

"अच्चा? तू वहाँ बी मेरे कू रेंगाते-रेंगाते ले के जायेंगा? नको मय ऐसे नइ जायेंगी। मय तो तेरा पीठैया चढ़ के जायेंगी। बोल लेगा न पीठैया? फेर गिराने का नइ। तेरे कू याद है न बिहाव के बखत केतना बार गिराया तूने?"

"वो तो मैं जान के गिराया था रे। वो बार-बार गिराके फेर उठाया। केतना मजा आया न। मैं कभी नइ भूलेंगा।" कहते उनकी आँखों में जैसे वह पल उतर आता और वे एक दूसरे में खो जाते। भाऊ अभी भी वही कहना चाहते हैं। संग-संग जीने मरने की बात फिर दोहराना चाहते हैं, पर बगल में खड़ी मौत, उनके ओठों पर ऊँगली रख देती है और वे कह नहीं पाते। जो वे नहीं कह पाते, जलारी उसे समझ लेतीं और–

"तू क्या सोचता? ये ही न के तू अब भगवान घर जाने वाला है। फेर काय कू? भूल गया तू बोला भगवान घर बी अम संग-संग चलेंगा। तेरा बिन मय जीने का नइ। तू देखना बूढ़ा देव हम दूनो को संग-संग ले जायेंगा। अऊ हाँ भूलने का नइ मैं तेरा पीठैया चढ़ के जायेंगी जइसा बिहाव (ब्याह) में चढ़ी थी।" कहतीं तो आँखों में प्रेम लहरा उठता और भाऊ मौत को पीछे ठेल, उन आँखों में डुबकी लगाने लगते। सच कहा जाय तो प्रेम की असली जगह तो आँखें ही हैं। वहीं वह लहरें मारता है। वहीं अपने रंग भरता है। सो अभी भी उनका प्रेम उसी शिद्दत से लहरें लेता। भाऊ चकित होते। पति की मौत की बात सुनते ही स्त्रियों की आँखों से आँसू झर उठते हैं लेकिन जलारी! मौत की बात करते हुए भी उदास नहीं होतीं। उनके चेहरे पर खिलन भरी मुस्कान होती और वे गीत गाने लगतीं–

"झालिया मंजूर झाली के आना हो-हो।
गाहा-गाहा आ झालीयाना हो।

गाहा-गाहा झालीयाना।"

(तुम मेरे लिए मयूर के पँख ले आओ। वही बड़े-बड़े और सुंदर पँख, जिन्हें फैलाकर मयूर नृत्य करता है।) मृत्यु की आँखों में आँखें डालकर प्रेम गीत गाना आसान नहीं है लेकिन जलारी! जलारी तो जलारी ही थीं। सो भाऊ का प्रेम और-और गहरा जाता, मगर बीतते दिनों के साथ भाऊ और लटते (कमजोर होते) जा रहे थे। जड़ी बूटी और दवा सब अपना असर खोने लगीं। जलारी ने फैसला लिया कि भाऊ को लेकर तोयनार चली जायेंगी। तोयनार जहाँ उनका घर था। सो कात्यायनी से कहा–

"बेबी! तुमारा बाबो का देह दिन-दिन लटता जाता, तो मय तोयनार जाने का सोचती।"

"क्यों यायो? अब अपनी बेबी पर भरोसा नहीं रहा।"

"नइ रे अइसा नइ हय। अपना से ज्यादा भरोसा है। तू तो अमारी मय्याड़ है रे।"

"फिर जाने का क्यों सोचा। ऐसा कभी नहीं सोचना।" कात्यायनी उनसे लिपट गयी।

जलारी उससे कहना चाहती थीं कि उन्हें अब अपने गाँव जाना जरूरी है। वहाँ उनकी बाड़ी है जहाँ उनकी गुड़ी बनेगी। जिन्दगी जैसे भी, जहाँ भी गुजरी, मगर अब अंतिम समय में अपने आदिवासी संस्कार तो निभाना ही है। इसीलिए जाने का सोचा लेकिन कात्यायनी के स्नेह के आगे हार गयीं। फिर भी मन बार-बार तोयनार की ओर दौड़-दौड़ जाता।

भाऊ अब अतीतमुखी हो गये थे। सो वर्तमान को भूलकर, अपने किशोरवय और यौवन में टहल रहे थे। अब वे भाऊ नहीं सखाराम थे। बालक और युवा सखाराम। सो कभी उन्हें अपना गाँव याद हो आता, तो कभी युवा जलारी। बचपन की यादों में याद आती वह नदी, जो बारिश में तो इस कदर उफनती कि सामने जो भी आता, उसे बहा ले जाती, पर बारिश के बीतते ही वह रेत का मैदान का बन जाती। नदी स्कूल के पीछे बहती थी। सो छुट्टी होते ही सखाराम की बाल फ़ौज वहाँ जा पहुँचती फिर शुरू हो जाती रेत दौड़। लक्ष्य होती वह डाल, जिसकी शाखें नदी में झुक आयी थीं। रेत में दौड़ना आसान नहीं होता फिर भी बच्चे दौड़ते, गिरते फिर उठते। वह डाल बहुत दूर थी। हर कोई उसे छू नहीं पाता, बस सखाराम और सखु ही वहाँ तक पहुँचते। दोनों घंटों डाली पर लटक-लटककर झूला झूलते।

सखु बहुत अच्छी लगती थी उसे। वह उसके लिए थालीपीठ (मोटी रोटी)

लाया करती। सखा को जुवारी (ज्वार) की थालीपीठ बहुत पसंद थी। खेलने के बाद दोनों थालीपीठ खाते और घंटों बतियाते। उनकी बातों में सखु की आई (माँ) होती, उसके भाई बहन होते और होतीं उसकी बकरियाँ। सखाराम की बातों में परिवार नहीं होता। परिवार को याद करते ही सबसे पहले आई (सौतेली माँ) का चेहरा ही सामने आता और याद हो आतीं उसकी ज्यादतियाँ और पिता की ख़ामोशी, जिसे याद करने का मन ही नहीं होता। सो उसकी बातों में उसके खेल ही होते। सखा भौंरा चलाने में माहिर था। भौंरा चलाने में उसे कोई हरा नहीं पाता। उसका भौंरा सबसे अधिक देर तक घूमता। इतना ही नहीं वह भौंरे में डोरी लपेट, एक झटके से छोड़ता और उसके जमीन पर जाने के पहले, उसे अपनी हथेली पर ले लेता। भौंरा उसकी हथेली पर देर तक घूमता रहता। सखु को उसका भौंरा नचाना बहुत पसंद था। वह नदी के किनारे के पत्थर पर अपना भौंरा नचाता और सखु मुदित मन देखा करती।

फिर उनकी उम्र बढ़ी, बढ़ती उम्र के साथ उनकी बातों का दायरा भी उनके ही इर्द गिर्द सिमटने लगा। सो एक दिन सखा ने पूछा–

"सखु तेरे कू भौंरा पसंद है।"

"हो भोत पसंद।"

"मय इस बार के मेला से बहुत सुंदर और बड़ा भौंरा लायेंगा। लाल, हरा और पीला रंग वाला।"

"वो भौंरा बहुत देर तलक नाचेंगा क्या?" कहते सखु की आँखों में ख़ुशी थिरकी।

"हाँ जेतना देर तू कहेंगी वोतना देर।" कहता सखा उस थिरकन को देखता रहा।

उस दिन उसने पहली बार गौर से देखा था। सखु सुंदर थी और उसकी आँखें तो बहुत ही सुंदर जैसे खिलते कँवल पर झिलमिल करती सुबह की ओस। सो देर तक उसकी आँखों को देखता रहा। उसकी आँखों की वह झिलमिल उसके मन में उतरती चली गयी। अब सखा को मेले का इंतजार था। वह चाहता था कि मेला जल्दी आ जाए, पर मेला तो अपने नियत समय पर यानी माघ पुन्नी को ही भरना था, पर सखा के दिलो दिमाग में तो मेला ही छाया हुआ था। सो वह सपने में भी मेला जाता और भौंरों के ढेर से सबसे सुंदर भौंरा ढूँढ़ता। अब खेल के समय, वे खेलते कम बातें ज्यादा करते। बातें भी सखा ही करता। वह भी मेले और भौंरे की बातें। ऐसे ही एक दिन–

"क्यों रे सखु अपुन संग-संग मेला घूमें तो?"

"तेरे संग? नको आई जानेच नई देगी।"

"हव ये बात तो हय। पन तू मेला देखने जाती न?"

"हो पिछला बरस तो गया। आई, भाऊ, ताई सब गया था।"

सखु पिछले मेले के बारे में बता रही थी और सखा आने वाले मेले की कल्पना कर रहा था। वह सोच रहा था 'अगर मेले में सखु मिल जाय तो? पन कैसे?' कुछ देर सोचता रहा फिर–"सुन तू जब मेले को निकलेंगी न, मेरे कू बताना। मय संग-संग चलेंगा।"

"ये पगला है क्या रे? भाऊ देखेंगा तो मारेंगा तेरे कू।"

सखा का दिमाग सटक गया–"काहे? डगर उसके बाप की है क्या?" फिर उसे याद हो आया, ऐसे तो वह सखु के बाप तक चढ़ रहा है। सो तुरंत ही मिश्री घोली–"तू ठीक कहती। अइसे संग-संग जाने से पंगा होयेंगा। पन मैं तुम लोग के पीछू-पीछू चले तो?"

"हव ये सही रहेंगा।"

सो उनके बीच तय हो गया कि मेले वाले दिन वे सुबह नदी पर मिलेंगे। सखु उसे मेला जाने का समय बताएगी और वह उनके पीछे चल पड़ेगा। सो उनका समय मेले की कल्पनाओं में बीतने लगा। सखा मेले की ही बातें करता। एक दिन उसने पूछा–"बता तू मेले से क्या लेंगी।"

"मय? लाल रंग का फीता और जलेबी। मेरे कू जलेबी भोत अच्छा लगता।"

"और चूड़ी? देख न तेरा चूड़ी केतना जुन्ना हो गया।"

"हव लेयेंगी। गुलाफ़ी चूडी।"

"चल हट गुलाबी कोई रंग हय। हरियर चूड़ी लेना। तेरा गोरा-गोरा हाथ म बहुत फबेगी।"

"हट। हरियर चूड़ी ऐरो थोड़ी न पिन्हते।"

"फेर? कैसे पिन्हते?"

"लग्न में नवरा पिन्हाता।" सखु ने शरमाते हुए कहा।

सखा का मन देर तक नवरा शब्द के इर्द-गिर्द घूमता रहा। कुछ सोचता रहा वह। फिर मन ही मन कुछ तय किया और उसके मुख पर एक स्निग्ध सी मुस्कान खेल उठी।

3

मेले वाला दिन। मेला तो दोपहर में भरता था लेकिन वह सुबह से ही तैयार हो

गया। सुबह ही क्यों, वह तो रात भर मेले में ही था। रात भर में कितने-कितने सपने देखे डाले थे। अब उन सपनों को साकार करने की बारी थी। उसने बाँस की खोखल में ठूँसा कपड़ा निकाला, तो ढेर सारे चिल्हर उसके सामने बिखर गये। ये पैसे उसने बेर बेचकर इकट्ठे किये थे। गिना तो पूरे एक रुपये निकले। 'इतना में मेला में अपुन का सानपट्टी हो जायेंगा।' सोचकर मन ख़ुशी से उछलने लगा। फिर तो उसकी बेकरारी इतनी बढ़ी कि वह बार-बार उस चौहद्दी तक जाता, जो मेला तक जाता था। वहाँ देर तक खड़ा रहता। फिर लौट आता। जब बेचैनी बहुत ज्यादा बढ़ गयी, तो वहीं अड्डा मार लिया और टकटकी लगाकर उस राह को ताकने लगा।

बहुत इंतजार के बाद सखु की एक झलकी मिली। वह अपनी आई और भाऊ के संग थी। वह एक पेड़ के पीछे जा छुपा। अब वह सखु को भर नजर देख सकता था। वह देख रहा था उसे। आज तो वह रोज वाली सखु से एकदम ही अलग दिख रही थी। साड़ी में एकदम दुल्हन जैसी सुंदर। वह देखता रहा उसे। जब वह चौहद्दी से आगे निकल गयी, तब वह भी चल पड़ा, मगर भय था कहीं सखु की आई देख न ले इसलिए रस्ते भर एक निश्चित दूरी बनाये रखी लेकिन मेला करीब आते ही एक सपाटे में, उसने वह दूरी तय कर ली और उसके ठीक पीछे जा पहुँचा। अब सखु उसके सामने थी। एकदम करीब। साड़ी और पोलखा के बीच झलकती उसकी पतली कमर को कुछ देर देखता रहा। फिर अपनी तर्जनी बढ़ा हल्के से छुआ। कमर पर कुछ रेंगता सा महसूस हुआ, तो सखु को लगा कोई कीड़ा होगा। सो उसने बिना मुड़े कमर पर अपना हाथ फेरा। कुछ देर में सखा ने चिकोटी काटी–

"ये मुँगड़ा मला... (यह चींटा तो मुझे)।" गर्दन पीछे मोड़ी तो देखा सखा था। उसको देख उसकी आँखें हिरणी ही हो उठीं।

मेला पहुँचकर तो सखा उसके एकदम पीछे ही चलने लगा। मेला था तो कोई डर था ही नहीं। मेले में सबसे पहले टूरिंग टाकिज वाला तंबू था। सखु के लिए, सखा का साथ पाने का यह मौका अच्छा था। सो–

"आई! चल न सिनेमा देखते।"

"रुक पहिले मेला देखते। पाछू सिनेमा देखेंगा।"

"पाछू तो बहुत भीड़ होयेंगा। टिकस भी नई मिलेंगा।" सखु के भाई ने समर्थन किया।

"हो। भाऊ ठीकेच कहता। आई चल ना रे।" भाई का समर्थन पा वह माँ से लड़ियाने लगी। दोनों भाई बहनों ने जिद की और वे सिनेमा की ओर बढ़

गये। जाते हुए सखु ने मुड़कर देखा, सखा दूर खड़ा उन्हें ही देख रहा था। सखु ने उसे आने का इशारा किया, तो वह भी पीछे हो लिया। पुरानी फिल्म बैजू बावरा दिखाई जानी थी। वे टिकट ले भीतर गये। टूरिंग टॉकीज थी। बैठने की कोई व्यवस्था तो थी नहीं। सो जमीन पर बैठ गये। सखा सखु के ठीक बगल में जा बैठा। फिल्म शुरू हुई।

संगीत आधारित उस फिल्म की शुरुआत में ही एक क्लासिकल गीत था। फिर तानसेन का रियाज। सो उस फिल्म में ऐसा कुछ भी नहीं था, जो उन्हें बाँध पाता, पर उनके लिए फिल्म से ज्यादा करीब बैठना सुखकर था। सो संगीत का ककहरा तक न जानते हुए भी ख़ुशी-ख़ुशी फिल्म देख रहे थे लेकिन कुछ देर बाद, फिल्म में नदी, नाव और नायिका के आते ही वह फिल्म उन्हें अपनी सी लगने लगी। सखु को लगा जैसे फिल्म में वे दोनों ही हों। 'ऐसीच तो नदी है, जहाँ मय और सखा साथ-साथ रहते। अब मय भी डोंगा बनायेंगी और सखा संग...। पन अपुन का वो नदी में तो पानीच नई है? तो क्या हुआ मैं अपना नाव रेती में चलायेंगी। पन मी नाव बनायेंगी जरूर।' सोचती सखु ने सखा की ओर देखा, वह फिल्म देखने में तल्लीन था। उसका मन किया उससे बात करे। उसने अपना हाथ बढ़ा हल्की सी चिकोठी काटी। सखा ने उसकी ओर देखा तो सखु ने उसके कान में धीरे से कहा–

"चल बाहर मेला घूमते।"

फिर वह उठी और अपनी आई के करीब जाकर अपनी दो ऊँगलियाँ दिखाईं। तर्जनी और मध्यमा इन दो जुडी उँगलियों का अर्थ लघुशंका निवारण था। सो आई ने इजाजत दे दी। कुछ देर बाद सखा भी बाहर चला गया। मेला अब अपने पूरे उफान पर था। सखा ने उसका हाथ पकड़ा और दोनों जा धँसे मेले की धार में। मेले में तरह-तरह की दुकानें सजी थीं। सखु का मन रिबन खरीदने का था। सो वह एक दुकान की ओर बढ़ी लेकिन सखा ने उसे अपनी ओर खींच लिया–

"अबी कोनो समान गिमान नको।"

इस वक्त सखा की आँखें खटोला वाला झूला तलाश रही थीं। सो सखु का हाथ पकड़े वह बढ़ता जा रहा था।

"क्या खोजता रे? सब दुकान तो पाछू छूट गया और तू...?" सखु ने पूछा।

उसे जवाब दिए बिना वह झूला ढूँढ़ता रहा। झूला दिखा नहीं तो उसे लगने लगा शायद इस बार झूला आया ही नहीं। फिर भी वह आगे बढ़ता रहा। पूरा मेला पार करने के बाद, जब झूला दिखा तो उसकी आँखों में ख़ुशी लहरा

गयी। उसने सखु की ओर देखा, उसकी आँखें भी ख़ुशी से नाच रही थीं। दोनों की आँखों ने संवाद किया और वे चले पड़े झूले की ओर। खटोला झूला चार खटोलों से बना लकड़ी का झूला। जिसे हाथों से घुमाया जाता। झूला पहले धीमी गति से चलता, फिर धीरे-धीरे उसकी गति बढ़ती जाती। झूला रुकने के बाद भी खटोला डोलता रहता। सखा तो कई बार झूल चुका था लेकिन सखु पहली बार खटोले में बैठ रही थी। सो जैसे ही खटोले में एक पैर रखा, खटोला जोर से डोल उठा और वह लड़खड़ा गयी। सखा ने आगे बढ़कर उसे थामा और–

"अइसे लोकर-लोकर नई रे। थाम के बैठते।" और खटोले वाले से बोला "काका खटोला को थामना तो।" फिर सखा ने हाथ पकड़ सखु को खटोले में बिठाया और उसकी बगल में जा बैठा। झूलेवाले ने धीरे से झूला घुमाया। अब उनका खटोला धरती से कुछ ऊपर उठ गया। झूलेवाला दूसरे खटोलों में लोगों को बिठा रहा था। सो धीरे-धीरे ऊपर उठता उनका खटोला सबसे ऊपर जा पहुँचा। ख़ुशी और रोमांच से भरी सखु ने नीचे देखा। नीचे रंग बिरंगा मेला पसरा हुआ था और ऊपर नीला आसमान। उसकी आँखों की हिरणी चहक उठी। झूला भरा तो झूले वाले ने झुलाना शुरू किया। बढ़ती रफ्तार के साथ खटोला ऊपर जाकर साँय से नीचे आया। ऊपर जाते समय तो सखु की आँखों की हिरणी ने चौकड़ी भरी लेकिन नीचे आते समय भय इतना लगा कि आँख बंद कर सखा से लिपट गयी। यह अनुपम पल था उनके लिए। बिलकुल टटका सा अहसास था। कैशोर्य से यौवन में कदम रखते तन-मन की मृदुल झंकार थी यह। सो सखु पूरे समय आँखें मीचे लिपटी रही उससे और सखा? सखु को निहारता, मदहोशी भरे इस नये अहसास में डूबा रहा।

"चलो-चलो उतरो तुम्हारा टेम हो गिया।"

झूलेवाला सबको उतार चुका था। अब उनकी बारी थी। सखा ने झूले वाले की ओर पैसे बढ़ाए–"काका एक फेरा और।"

झूलेवाले ने पैसे लिए और उनके खटोले को ऊपर सरका दिया। सखु की आँखों की हिरणी ठिठक कर सखा को निहारने लगी। फिर–

"तू कतना अच्छा रे।" और उससे लिपट गयी।"

फिर तो कब झूला शुरू हुआ और कब रुका उसे पता ही नहीं चला, तो जब झूला रुका तो–

"सखु सो गयी क्या?"

सखु ने अपनी उन्मीलित पलकें खोलीं, तो सखा कुछ पल अकचक सा देखता रहा। उन आँखों में प्यार छल-छल कर रहा था। अब तक इस भाव से

दोनों ही अनजान थे, पर अब मन की मिट्टी में एक अँखुआ फूट चुका था। सखा उसे देर तक देखता रहा। फिर–

"और झूलना है?"

सखु का मन तो था कि और झूले। पूरे दिन रात सखा संग यूँ ही झूलती रहे लेकिन उसे आई की याद आ गयी और उसने न में गर्दन हिला दी। सखा ने उसका हाथ थाम आहिस्ता से उतारा और सीधे मनिहारी लाइन की ओर बढ़ चला।

"देख-देख इदर भौंरा मिलता। तू बोला था न मेला से भौंरा लेंगा।" उसकी आँखों में भौंरे के रंग उभरे और आँखों की हिरणी ने एक चौकड़ी भरी।

"हो। पन पहिले तेरे लिए कुछ लेना है। लोकर चल फिलिम छूटने को है। फिर तेरी आई खोजेंगी तेरे कू।"

आई का नाम सुनते ही हिरणी भयभीत हो ठहर गयी। फिर तो उसने अपना हाथ छुड़ाया और भाग खड़ी हुई। सखा उसे देर तक देखता रहा। फिर चुरिहारी की ओर बढ़ गया।

"दो दर्जन हरा चूड़ी देना।"

वो जमाना चुरिहारी दुकान पर जाकर चूड़ी पहनने का था। सो चुरिहार ने उसे गौर से देखा और–

"कोन सा वाला हरा। रेशमी हरा के सुनहरा बुंदकी वाला या के पलेन हरा। या फेर खराद वाला।"

सखा ने कभी चूड़ी खरीदी नहीं थी और न ही चूड़ियों से कभी कोई वास्ता पड़ा था। सो वह उनके नाम तो जानता ही नहीं था, तो अकचक सा उसे देखता रहा।

"काय के खातिर लेना? घर में कोई पूजा-गिजा है।" चुरिहार ने पूछा।

उसने न में अपना सर डुलाया।

"फेर?"

"मेरा सखु खातिर।"

"कोन सा नाप दूँ, दो आना, सवा दो आना, चार आना या के छै आना।"

सखा को चूड़ियों का माप भी कहाँ पता था। अब तक उसने पैसों में ही आना सुना था। सो उसे लगा दो आने चूड़ी की कीमत होगी।

"दो आने वाली दे दो।"

"कोन सा वाला।" चुरिहार ने फिर चूड़ियों के नाम दोहराये और तोड़े उसके सामने कर दिये। अब उसके लिए कुछ आसानी हुई। उसकी आँखों में सखु

की गोरी कलाइयाँ उभरीं और उसने सुनहरी बिंदियों वाले तोड़े पर हाथ रखा–

"ये वाली दे दो।"

"दो आना देऊँ?"

"हो।"

"केतना? दो दर्जन।"

उसने हाँ में सर डुलाया। दुकानदार ने दो दर्जन चूड़ियाँ सुतली में बाँधकर उसकी ओर बढ़ायीं और–

"आठ आना।"

वह फिर अकचक! 'दो आना बोलके आठ आना माँगता।' सोचा, पर चूड़ी उसकी सखु के लिए थी। सो बिना कुछ बोले उसने आठ आने दे दिए। 'अब भौंरा? उसका खातिर तो पइसा नइ बचा। कोई बात नइ। मय जुन्ना भौंरा चला लेंगा।' सोचा और आगे बढ़ा। उसकी नजरें सखु को ढूँढ़ रही थीं लेकिन मेला तो मेला ठहरा। यहाँ एक बार बिछड़ने के बाद कोई कहाँ मिल पाता है। सो सखु उसे नहीं मिली। लौटते समय गाँव की डगर में भी नहीं दिखी। सो मन कुछ उदास हो उठा लेकिन चूड़ियों पर नजर पड़ते ही उनकी हरीतिमा मन में उतरती चली गयी फिर– 'मय ये चूड़ी ले के घर कइसे जायेंगा। आई तो केतना बोम मचायेगी। फेर क्या करूँ? इसकू किधर छुपाऊँ? घर में तो कोई अइसा जघा नइ।' वह सोच रहा था कि उसे नदी वाला पेड़ याद हो आया और गाँव जाने से पहले नदी की ओर मुड़ गया।

4

सखा को सुबह का इंतजार था। सो रात भर नींद ही नहीं आयी। उसुक पुसुक करता रहा रातभर। सुबह मुर्गा बाँगने के पहले ही उठ गया। बाहर अभी अँधेरा था, तो उजास फैलने के इंतजार में बार-बार उठता, बाहर झाँकता और फिर लेट जाता। लंबे इंतजार के बाद सुबह हुई, तो जल्दी-जल्दी बस्ता लेकर चल पड़ा। रोज चाय रोटी खाकर स्कूल जाता था, पर उस दिन वैसे ही बिन खाये पीये चल पड़ा। वह समय से बहुत पहले स्कूल पहुँच गया। स्कूल अभी पूरी तरह खुला ही नहीं था, बस चपरासी ही आया था। वह सखु का इंतजार करने लगा। यह पहला अवसर था, जब वह उसके इंतजार में इतना विकल था। सो उसकी नजरें गेट पर ही लगी थीं। लंबे इंतजार के बाद सखु नजर आयी, तो वह दौड़कर उसके पास जा पहुँचा–

"क्या रे सखु? एतना देरी करके आयी?"

"देरी! अब्भी तो प्राथना की घंटी भी नइ बजी! फेर?"

"तो क्या तू एकदमे घंटीच बजने से आएगी?" उसने कहा और रूठकर मुँह फेर लिया।

"पन मय तो रोज अइसेच आती। ये ही टाइम में। तू कुछ बोलना माँगता क्या?"

"बोलना तो माँगता, पन जा अब नइ बोलता।"

"क्या बोलना था। बोलना न रे। आई सपत मी अब कब्भी देरी नई करेगी।" सखु ने मनुहार किया।

"पता है मय कितना देरी से तेरा रस्ता देखता। कल मेले में बी खोजा तेरे कू। मैं तेरे खातिर कुछ लाया। चल दिखाता तेरे कू।" उसका हाथ पकड़ दौड़ चला नदी की ओर।

"जरा थम के चल रे।" सखु ने कहा।

लेकिन वह दौड़ता ही रहा। सो पेड़ तक पहुँचते-पँहुचते दोनों हाँफ उठे। पेड़ के पास पहुँच सखा ने उसे, एक कोटर के सामने खड़ा किया और–

"देख इसमें क्या हैं?"

सखु ने कोटर में झाँका। कुछ नजर तो आया, पर क्या है पहचान नहीं पायी। सो आँखों में सवाल भरकर देखा उसे फिर–

"क्या हय इसमें? मिट्ठू का चिंया हय का।"

"मय क्यों बताऊँ? तू खुद देख।"

सखु ने कोटर में हाथ डाला और उसके आँखों की हिरणी खिल पड़ी–"ये मेरे खातिर? फेर मय पिन्हेगी (पहनुँगी) कइसे?"

"ला मय पिन्हाता।"

सखु ने चूड़ियाँ उसे दे दीं। चूड़ियाँ सखु के माप की ही थीं, मगर पहनाना? सखा को चूड़ी पहनाना तो आता ही नहीं था। सो उसने छै सात चूड़ियाँ लीं और उसे पहनाने लगा, पर चूड़ियाँ कलाई तक पहुँचीं ही नहीं। सब की सब अधबिच में ही तड़क गयीं। उसे कहाँ मालूम था कि पहले हथेली को दबाकर मुलायम किया जाता है। फिर दो-दो चूड़ियाँ लेकर हथेली को दबाते हुए, धीरे-धीरे कलाई की ओर सरकाई जाती हैं। सो चूड़ियों को और आगे सरकाया तो तड़की चूड़ियाँ टूट गयीं और उनके कुछ कण सखु के हाथ में खुब गये।

"ये तो टूट गयी।" सखा के चेहरे पर उदासी उतर आयी। अब तक उसकी नजरें चूड़ियों पर ही थीं। सो चूड़ियों के टूट जाने का ही दुख था लेकिन जैसे ही उसकी नजरें सखु की कलाई पर पड़ीं, वह चिल्ला पड़ा–

"खून-खून। तेरा हाथ से खून निकलता।" वह परेशान हो गया।

"कुछ नइ होता। चूड़ी पिन्हने में खून तो निकलता रे।"

"तेरे कू कइसे मालूम?"

"मी आई संग जाती न। उनकू चूड़ी पिन्हाने। उनका हात से तो केतना खून निकलता। तू देखना खून अब्बी बंद हो जायेंगा।" सखु ने अपनी लार हाथ पर लगा ली।

सखा ने देखा खून बहना बंद हो गया–"अरे तू तो बड़ा हुसियार है सखु। पन मेरे कू अब ये चूड़ी नइ पिन्हाना।"

वह चूड़ियों को फेंकने लगा, तो सखु ने उसका हाथ पकड़ लिया।

"नको। तू केतना परेम से लाया। इसको फेंकने का नइ। मय पिन्हेगी इनकू। मय बताती कइसे पिन्हाते।"

फिर उसने अपनी हथेलियाँ अपने बालों पर फिराईं और–

"ले पिन्हा अब।"

सखु ने दो चूड़ियाँ उठाकर उसके हाथ में दीं, मगर वह देर तक उसका हाथ ही देखता रहा। उसपर छलछला आया खून तो अब बंद हो गया लेकिन लाल-लाल निशान अभी भी बाकी थे। सो–

"नको। मय ये चूड़ी नइ पिन्हा सकता। तेरा हाथ से फेर खून निकलेंगा।"

"नई निकलेगा। मी बोलती न। चल पिन्हा।"

सखा ने डरते-डरते चूड़ी पहनानी शुरू की। उसे आश्चर्य हुआ दोनों चूड़ियाँ सही सलामत कलाई तक पहुँच गयीं। सखा के चेहरे पर ख़ुशी लहकी और सखु की आँखों में समा गयी। वह अपनी रौ में चूड़ियाँ पहनाता जा रहा था।

"सब चूड़ी एकिच हाथ में पिन्हायेंगा क्या?"

सखु ने अपना बाँया हाथ सामने कर दिया। उसमें चूड़ियाँ बिना टूटे चढ़ती चली गयीं और सखु की कलाइयाँ हरियर जगमग से भर उठीं। फिर कलाईयों की यह हरियर जगमग उसकी आँखों में उभरी और सखा की आँखों में समाती चली गयीं। सखु बहुत आहलादित थी। उसने पहली बार हरी चूड़ियाँ पहनी थीं। सो बहुत देर तक वह उनमे खोई रही। फिर–

"तेरा भौंरा? दिखा कइसा वाला लिया तूने?"

सखा चुप। कैसे कहता कि चूड़ियाँ खरीदने के बाद, भौंरे के लिए पैसे ही नहीं बचे। सो–

"चूड़ी लेते-लेते अँधेरा हो गया तो मैं भौंरा लेनाच भूल गया। फिकर नको। पहिले वाला भौंरा है न?" फिर सखा ने अपना पुराना भौंरा निकाला और–

"चल चलाते इसकू।"

फिर भौंरा न चला उसके पास जा बैठा। सखु देखती रही उसे। उसकी नजरें सखा के चेहरे पर थमी हुई थीं। आज वह देख रही थी उस सखा को, जो अपनी ख़ुशी के बदले उसके लिए ख़ुशी लेकर आया था। उसे मालूम था भौंरा सखा को बहुत प्रिय है। वह उसकी जान है, पर आज? आज सखु ने पहली बार उसके उस रूप को देखा, जो अब तक के सखा से एकदम ही अलग था। यह सखा पहले वाले सखा की तरह, अपने भौंरे के पीछे लड़ने को उतारू सखा नहीं था। बल्कि उसके लिए अपने भौंरे को छोड़ देने वाला सखा था। सखु ने महसूसा उसके चेहरे पर आज बहुत कोमल सा कुछ ठहरा हुआ था। फिर लगा कि वह भी बदल रही है। उसके मन में भी कुछ हुआ था। कोमल-कोमल सा एक अँखुआ, अँखुआ आया था उसमें। वह क्या था वो दोनों ही नहीं जान पाये लेकिन उस दिन स्कूल नहीं गये वे। पूरे दिन साथ रहे। सखु उस दिन भाखर वड़ी लायी थी।

"तू भी तो खा। सब मेरेच कू खिलायेंगी क्या?"

"मय घर से खा के आयी। ये तो तेरेच लिए है।"

हकीकत यह थी कि उस दिन वह घर से, कुछ खाकर नहीं आयी थी। फिर भी खुद न खाकर उसे ही खिलाती रही। वह जो कहता मानती रही। सखा भी उसका, उसकी पसंद का ख्याल रख रहा था। सो उस दिन पहली बार बिना लड़े एक पूरा दिन संग-संग बिताया उन्होंने। सबसे बड़ी बात तो यह हुई कि भौंरे के दीवाने सखा ने भौंरे को याद तक नहीं किया और सखु को भौंरा बार-बार याद आ रहा था।

"आज तूने भौंरा नइ चलाया?

"हो। आज मन नइ करता।"

"काय कू? नवा भौंरा नइ ले पाया इसलिए?"

"नइ रे अइसा नइ है।"

"तो चला न।"

"तेरे कू मेरा भौंरा चलाना पसंद न?"

"हो। बहुत पसंद।"

सखा ने उसकी ओर देखा और देर तक देखता ही रहा।

"अब चल न।" सखु उसे खींचकर पत्थर की ओर ले गयी।

सखा ने भौंरे में डोरी लपेटी और झटके से डोर खींच उसे पत्थर पर उछाल दिया। भौंरा अपनी धुरी पर घूमने। सखा ने देखा भौंरे को घूमते देख, सखु के

चेहरे पर एक अलग सी ख़ुशी छलक रही थी। प्यार उन्हें अपने लिए नहीं, एक दूसरे के लिए जीना सिखा रहा था। दिन आगे बढ़ रहा था। स्कूल की छुट्टी भी होने वाली थी, मगर नदी के बीचोबीच बैठा सखा रेत के घरोंदे बना रहा था। घरौंदा बनकर तैयार हुआ तो–

"केतना सुंदर है अपुन का घर?"

"हो। पन बीच धार में बनाया तू। पानी आ जायेंगा तो?"

"पानी? पानी कहाँ से आयेंगा। भूल गयी ये सुक्खा नदी है? वर्षा के पहले पानी आयेंगाच नइ।"

सखा ने उसे आश्वस्त कर दिया कि उनके घरौंदे को कोई खतरा नहीं है। सो वे देर तक अपने घरौंदे को निहारते छोटे-छोटे सपने बुनते रहे, पर वह कहाँ जानता था कि उसका यह घरौंदा वर्षा से भले न टूटे, मगर...।

5

सखु घर पहुँची। आई उसकी राह ताकती बाहर ही खड़ी थी। उसे देखते ही– "का रे पोरगी? अतना देरी? कहाँ थी अब तलक?"

"आज स्कूल माझे खेल झाला। मी खेलती तो...।"

"खेल झाला? पन सब पोरगी तो कब्ब से आ गया?"

फिर नजरें उसकी कलाईयों पर गयीं। हरी-हरी चूड़ियों से भरी कलाइयाँ देख, सन्नाई सी खड़ी देखती रही। फिर उसका हाथ पकड़ भीतर ले गयी। सखु को लगा, अब तो पिटाई जरूर होगी लेकिन आई ने न मारा, न डाटा। बस उसे अपने सामने बिठा कुछ देर देखती रही फिर– "कोन का पोरगा हय?"

"वो अपना आघू वाला गाँव का।"

'आघू वाला गाँव मानि के राजपूत छोकरा? ये राजपूत लोग का खातिर तो हम लोग का इज्जत...। पन मय अइसा नई होने देगी।' सोचा और पेटी उठा उसमें कपड़े रखने लगी। फिर– "जा तू बी अपना सब्ब कपड़ा गिपड़ा लेके आ।"

"कपड़ा? आई हम लोग कहीं कू जाते क्या?"

"हो जाते। सकालेच (सबेरे ही) जाते।"

"तू बतायी नइ मेरे कू। स्कूल से छुट्टी लेती मय।"

"अब पूरापूर छुट्टीच हय तेरा। अब तू इहाँ नई, अपना मामा गाँव में रहेगी।" आई ने कहा और एक भरपूर नजर से उसकी कलाइयों को देखा।

"आई मय बी चलेंगा क्या।"

मामा गाँव का नाम सुनते ही, सखु के भाई के चेहरे पर एक खिलन आ गयी।

"नको। अब्भी तू येहींच रह। मैं पाछू बुलाती तेरे कू।"

वह उदास हो उठा। उसके लिए मामा गाँव का मतलब खाना, खेलना और दिन भर मस्ती करना था, मगर अब सखु के लिए? सजा का पर्याय बन गया था वह। सुबह आई उसे लेकर स्टेशन की ओर चली। रास्ते में कचरा तालाब के पास रुकी। सखु की कलाइयों की चूड़ियाँ तोड़ तालाब में फेंकी और बढ़ चली स्टेशन की ओर।

दूसरे दिन सखा भोर होते ही नदी की ओर चल पड़ा। वहाँ जाकर देखा तो घरौंदे का नामो निशान न था। किसी जानवर ने घरोंदे को रौंद दिया था। 'कोई बात नइ। सखु आयेगी तो हम दुनों दूसरा घरौंदा बनायेंगे।'सोचता वह सखु का इंतजार करता रहा। सुबह से दोपहर हुई और दोपहर से शाम, मगर सखु नहीं आयी। उसके गाँव भी गया, पर वह नहीं दिखी। वह पूछता भी तो किससे? सो उदास लौट आया। फिर तो कई-कई दिन तक उसकी राह देखी। फिर एक दिन सखु लौटी, पर अब वह उसकी सखु नहीं थी। लाल नवारी साड़ी, कलाइयों में हरी-हरी चूड़ियाँ लेकिन उन चूड़ियों का हरियरपन उसका नहीं किसी और का था।

भाऊ की स्मृतियों ने करवट ली। आँखों में अपनी आई की छवि उभरी, पर वह बहुत धुँधली थी। अपनी आई को ठीक से पहचान पाते, इससे पहले ही तो चली गयी थीं वो। फिर आई के नाम पर मिली थी सौतेली आई, तो मन में उसके चित्र ऐसे नहीं थे कि देर तक ठहर पाते। सो स्मृतियों में आई के पीछे आ खड़े हुए पिता। स्मृतियों में ही नहीं, वे तो हमेशा ही उनके पीछे ही खड़े रहे। आगे बढ़ उनकी किसी बात का विरोध ही नहीं किया और सखाराम को अपना घर छोड़ने को विवश होना पड़ा। स्मृतियों ने फिर करवट ली। अब उनकी आँखों में जलारी थी। पहले वाली जलारी, जिसकी निडरता और सुंदरता के सम्मोहन ने इस कदर मोहित किया कि उसकी खातिर अपना सब कुछ छोड़, उसी के होकर रह गये। कहते हैं अंतिम क्षणों में स्मृतियाँ ही कौंधती हैं। सो भाऊ की आँखों में जिन्दगी का एक-एक चित्र, चलचित्र की तरह चल रहा था। जलारी उनके करीब ही बैठी थीं, पर वे वर्तमान को छोड़कर अतीत में टहल रहे थे। सो अतीत के चलचित्रों को निहारते हुए उन्होंने धीरे से पुकारा–"जलारी।"

"हो! मय हय न तेरा पास।"

जलारी उनके और करीब हो गयीं लेकिन वे वर्तमान में थे ही कहाँ। सो

फिर पुकारा–"जला ss री।"

उन्होंने जलारी की ओर देखा और उनकी नजरें जलारी के चेहरे पर अटककर रह गयीं। जलारी समझ गयीं कि हंस सरोवर छोड़ गया। फिर भी वे भाऊ को निहार रही थीं। निहारती ही रहीं देर तक। उनकी आँखों में भाऊ ही समाये हुए थे। उनके सिवा और किसी की जगह ही नहीं थी वहाँ। आँसुओं की भी नहीं। सो उनकी सूखी आँखों में भाऊ ही ठहरे हुए थे।

कात्यायनी के लिए भाऊ का जाना, पिता का ही जाना था। सो–"ये क्या भाऊ? अपनी मय्याड़ (बेटी) को कोई ऐसे छोड़ के जाता है क्या?" कात्यायनी फफक रही थी।

डंकिनी की आँखें भी बरस उठीं, पर जलारी की आँखें! कोई अनजान जो भाऊ और जलारी को जानता न होता, वह यही सोचता कि जलारी को भाऊ से कोई लगाव ही नहीं है। एकदमे कठकरेजा हैं लेकिन यहाँ तो सब जानते थे उन्हें और उनके प्यार को। सो रामदुलारी उन्हें सामान्य करने की कोशिश कर रही थीं। वे अपनी अँसुआयी आँखें पोछती हुई, उन जीवन प्रसंगों को याद दिला रही थीं, जो भाऊ से गहरे जुड़े हुए थे, पर जलारी की आँखें नहीं छलकीं। रामदुलारी कहाँ जानती थीं कि जलारी की आँखों में तो प्रेम ठहरा हुआ है। गझिन पुरइन पात सा प्रेम। पुरइन कभी जल विहीन नहीं होता। उसका आधार तो जल ही होता है, मगर वह अपने को जल में डूबने नहीं देता। जलारी का प्रेम भी ऐसा ही था। भाऊ की अंतिम विदा की तैयारी हो रही थी और जलारी यूँ ही बैठी निहारती रहीं उन्हें। फिर जब अर्थी उठने लगी और कात्यायनी ने अर्थी को काँधा लगाया, तो वे उठकर उसके सामने खड़ी हो गयीं–

"बेबी अम इनकू तोयनर ले जायेंगा।"

कई घंटों के मौन के बाद, उनके मुख से निकला यह पहला वाक्य था। कात्यायनी ने देखा उनकी ओर। फिर–

"क्यों यायो? अब इस समय तोयनर क्यों जाना। हम सब हैं न। बोलो न और क्या करना है?"

जलारी ने कुछ कहा नहीं। बस उसे देखती रहीं। अर्थी काँधे से उतार, फिर से धरती पर रखी गयी। कात्यायनी ने शिवा की ओर देखा।

"हम मुरिया लोगों में गुड़ी की परम्परा है। हम मरने के बाद भी, अपनों को अपने पास, घर के प्राँगण में ही रखते हैं। शायद इसीलिए तोयनार जाने को कह रही हैं।"

"ठीक है। हम भाऊ की गुड़ी यहीं बनायेंगे।"

शिवा ने तत्काल सारी व्यवस्था करवायी और दुहिता धाम के पीछे वाले प्राँगण में भाऊ की गुड़ी बनी। यह फैसला दुहिता धाम लिए एक नवाचार था। जिस दुहिता धाम में पुरुषों का प्रवेश तक वर्जित था, उसी में एक पुरुष की पार्थिव देह को, हमेशा के लिए समाहित कर लेना... लेकिन जलारी की यही इच्छा थी कि भाऊ की गुड़ी बने। सो कात्यायनी ने जलारी के लिए यह फैसला लिया और भाऊ उस छ फीट के नुकीले पत्थर के नीचे लिटा दिए गये, जिसके ऊपर लिखा था– 'मी तुझ्या वर प्रेम करतो।'

भाऊ चले गये थे लेकिन जलारी के लिए जाकर भी कहीं नहीं गये। सो जलारी का पूरा समय गुड़ी में ही बीतता। खाना भी वहीं उनके पास ही खातीं। कात्यायनी ने उन्हें अब दुहिता धाम में ही रख लिया था। सो जैसे ही खाना बनता, वे अपनी थाली परसवा गुड़ी में चली जातीं और सबसे पहला कौर भाऊ को खिलातीं। रात में भी कात्यायनी उन्हें बहुत मुश्किल से भीतर लाती लेकिन सुबह वे फिर वहीं मिलतीं। लोग कहते वे पागल हो गयीं हैं, मगर कात्यायनी जानती थी, उन्हें और उनके प्रेम को। प्रेम भी तो पागलपन ही है। अपनी पराकाष्ठा पर जाकर प्रेम और पागलपन में अंतर ही कहाँ रह जाता है। अपना आप खोकर ही तो किया जाता है प्रेम। देह मर जाती है, मगर प्रेम? वह हमेशा जिन्दा रहता है। जलारी और भाऊ का प्रेम भी ऐसा ही था। सो अब उठते ही कात्यायनी जलारी की खोज खबर लेती। वे अक्सर गुड़ी में ही मिलतीं। ऐसी ही एक भोर उनकी देह भाऊ से लिपटी मिली। उनकी आँखें भाऊ को ही निहार रही थीं।

"ये क्या यायो? तुम भी भाऊ के पास...।" उनकी देह से लिपट कर जोर से रो पड़ी।

उसके रोने की आवाज सुन रामदुलारी और बाकी लोग आ गये। फिर मुरिया रीत के अनुसार जलारी भी गुड़ी में समा गयीं। भाऊ की बगल में, उनके बिलकुल करीब साढ़े चार फीट का नुकीला पत्थर लगाया गया, जिस पर लिखा था– 'मय बी तेरे कू...।'

"माँ आप यहाँ हो। आपको तो आराम करना था? अच्छा चलिए काकू बुला रहे हैं।"

कात्यायनी शल्थ मन से उसके पीछे चल पड़ी।

कात्यायनी पहुँची तो–

"कबिरहा हैं। अंचल के प्रसिद्ध लोक गायक। ये चौबीस घंटे तक लगातार गायेंगे। इनको वहाँ बिठा दें क्या? उस नीम वाले चबूतरे पर? ताकि लोगों के

आने जाने से इन्हें डिस्टर्ब न हो?"

कात्यायनी ने स्वीकार में गर्दन हिलायी। शिवा उनके बैठने व्यवस्था करवाने लगा।

6

मारी माँ का जाना गहरे शोक का विषय नहीं था। अपनी जिंदगी को भरपूर जिया था उन्होंने। छत्तीसगढ़ में रीत रही है, अपनी जिंदगी पूरी तरह जी लेने वाले, बुजुर्गों को गाजे बाजे के साथ विदा किया जाता है। मारी माँ की पार्थिव देह तो यहाँ आयी ही नहीं थी, मगर इस अंचल में उनकी स्मृतियाँ गहरे तक रची बसी थीं। सो उनकी स्मृति नमन के लिए शिवा, यहाँ के लोक गायकों को ले आया था। कुछ ही देर में प्राँगण में उनका स्वर तैरने लगा–

"चोला माटी के हे राम
येकर का भरोसा
चोला माटी के हे राम।
द्रोना जइसे गुरु चले गे
करन जइसे दानी संगी
करन जइसे दानी
बाली जइसे बीर चले गे
रावन कस अभिमानी संगी
रावन कस अभिमानी
चोला माटी के हे राम
येखर का भरोसा
चोला माटी के हे राम।
कोनो रिहिस ना कोनो रहिही
एक दिन आही सबके पारी
काल कोनो ल छाँड़े नइ संगी
राजा होय के भिखारी संगी
राजा होय के भिखारी
चोला माटी के हे राम
येखर का भरोसा
चोला माटी के हे राम।"

जीवन की नश्वरता बताता यह गीत, याद दिला रहा था कि बड़े-बड़े ज्ञानी

और शक्तिशाली लोग भी हमेशा नहीं रह पाए। यह देह मिट्टी की है इसे मिट्टी में ही मिल जाना है। एक दिन सबका जाना तय है। सो आने वाले सब लोग इसी भाव में डूबते उतराते रहे।

कात्यायनी को मृत्यु भोज या दान पुण्य जैसी बातों पर तो भरोसा नहीं था लेकिन आत्मीय जन की स्मृति को सहेजने की पक्षधर थी वह। सो उसने मारी माँ की स्मृति को कुछ इस तरह सहेजना चाहा, जिससे उनकी आत्मा को वास्तविक शांति मिल सके। गाँव के दौरों के दौरान उसे कई ऐसी स्त्रियाँ मिली थीं, जिनके परिवार में अब कोई नही था। यूँ तो उनकी गुजर हो रही थी। क्योंकि आदिवासी समाज अपने सियान (बुजुर्गों) का खयाल रखता है। सो उनके खाने-पहनने की कोई समस्या नहीं थी। समस्या थी उनकी कला के छीझने की। सो अगले दिन वह सुबह-सुबह दुहिता धाम से निकल पड़ी। वह लौटी तो उसके साथ पाँच सियानिन थीं।

कात्यायनी ने दुहिता धाम के एक हिस्से को उनके लिए सुरक्षित कर दिया। जब तक नया भवन नहीं बना, वो सब दुहिता धाम में ही रहकर अपना मनचाहा काम कर सहयोग करती रहीं। फिर कात्यायनी ने उनके लिए नया भवन बनवाया और उसके लिए एक नाम तय किया 'मारी निकेतन'। 'मारी माँ को इससे बेहतर श्रद्धांजलि तो हो ही नहीं सकती।' सोचा और उद्‌घाटन की तैयारी शुरू की। यह भवन मारी माँ की याद में बना था। सो मुख्य द्वार पर उनकी आदम कद मूर्ति लगाने का निर्णय किया। मूर्ति किस धातु से बनवायी जाय? यह प्रश्न उठा, तो जवाब भी कई आये। शिवा ने सुझाया चूँकि वे अपने इरादे में अटल, एक लौह महिला थीं, तो मूर्ति लोहे की होनी चाहिए। शिवाँग की राय थी कि पीतल की मूर्ति बनवाई जाय। सब अपनी-अपनी राय दे रहे थे। वन्या चुपचाप बैठी सुन रही थी। सो शिवा ने उससे पूछा–

"वन्या! तुम भी तो अपनी राय दो।"

"काकू! वैसे तो पीतल या लोहे की मूर्ति सही रहती है। पीतल की मूर्ति तो बहुत ही सुंदर लगती है। आपकी कही लौह महिला वाली बात में लाजिक भी है, पर मुझे लगता है कि यह लाजिक राजनीति के लिए एकदम सही है लेकिन मारी माँ तो राजनीति से नहीं, समाज से जुड़ी थीं और समाज? समाज तो अपनी मिट्टी से जुड़ता है न? तो मुझे लगता है कि मूर्ति मिट्टी की बनवानी चाहिए।"

"वन्या बेटा! तुम्हारा सुझाव तो ठीक है, मगर मिट्टी की मूर्ति तो बहुत देखरेख माँगेगी। हो सकता है कुछ सालों के अंतराल पर फिर बनवानी पड़े।" शिवा ने अपनी बात जोड़ी।

"हाँ देखरेख तो करनी होगी। कुछ-कुछ अंतराल पर नयी मूर्ति भी बनवानी पड़ेगी, पर काकू इसी बहाने हम मारी माँ से फिर-फिर जुड़ते रहेंगे। हमारे कलाकारों को भी काम मिलता रहेगा। एक ही मूर्ति कई-कई बार बनायेंगे तो उनकी कला और भी निखरेगी।"

कात्यायनी देख रही थी वन्या को। गुन रही थी उसकी सोच को। नयी पीढ़ी का अपनी माटी से यह लगाव, सचमुच एक नया समाज रचेगा, जो नये और पुराने से मिलकर एक अभिनव रूप लेगा।

"तुम भी तो कुछ कहो।" शिवा कात्यायनी से मुखातिब हुआ।

"मैं? मैं क्या कहूँ? मैंने एक कल्पना दे दी। मेरी इस कल्पना में रंग तो, हमारी युवा पीढ़ी ही भरेगी। वैसे वन्या की मिट्टी वाली बात, मन को बहुत गहरे छू रही है।"

"ठीक है। तो तय रहा मूर्ति मिट्टी से बनेगी। मूर्ति कौन बनायेगा? यह हम लोग कलाकारों से मिलकर तय कर लेंगे।"

"काकू! मूर्ति हम किसी ख्यात कलाकार से न बनवाकर, किसी नये कलाकार से बनवाएँ तो? क्योंकि जब कोई ख्यात हो जाता है, तो उसका काम नहीं नाम बोलने लगता है और उस नाम के नीचे नये कलाकारों का अच्छा काम भी दब जाता है।"

"ठीक बोल रही हो तुम। हम मूर्ति बनाने का काम नये कलाकारों को देंगे, मगर नये कलाकारों को ढूँढ़ना आसान तो नहीं। खासकर इस अंचल में। इस अंचल के कलाकार तो वैसे भी अन्तर्मुखी होते हैं।"

"कोया है न। कला इसका क्षेत्र भी है। हम यह जिम्मेदारी इसे ही सौंपते देते हैं। क्यों ठीक है न?" कात्यायनी कोया से मुखातिब हुई।

"जी मैं कर लूँगी।" कोया का आत्मविश्वास उसके चेहरे पर छलक आया।

कात्यायनी का मन तोष से भर उठा। नयी पीढ़ी नयेपन के साथ-साथ अपनी मिट्टी से भी जुड़ी रहे, अपनी थाती को सम्हाले, यही तो उद्देश्य था उसका।

7

कोया ने कह तो दिया लेकिन कलाकारों को ढूँढना बहुत आसान नहीं था, वह भी इतने कम समय में। सो उसने मूर्तिशिल्प के कलाकारों को एक ही स्थान पर एकत्रित कर उनकी कला को देखने और परखने की योजना बनायी। इसके लिए उसने 'अरण्य वाटिका' को चुना। अब तक 'अरण्य वाटिका' ख्यात हो

चुकी थी। इस अंचल के हर भाग के विद्यार्थी इससे जुड़े हुए थे और महानगरों के भी। सो अंचल के बाहर लोग भी इसे जानने लगे थे। जमाना नेटवर्किंग का था। फेसबुक और वाट्सएप इसके सहज सुलभ माध्यम थे। सो कोया ने अपने फेसबुक पर एक पब्लिक मैसेज पोस्ट किया–

"जुटान! जुटान! सँगी हम कलाकार लोग अपने काम में बूड़े रहते हैं। काम में बूड़े रहना जरूरी है। इससे काम अच्छा होता है। फिर भी अच्छा काम को सबको जानना भी जरूरी है। इस खातिर हम सब कलाकार लोगों को जुरना है। तो आओ सँगी हम मिलते हैं इस जुटान में।"

फेसबुक पर किए इस आहवान ने इतना फैलाव लिया कि अंचल ही नहीं, पूरे देश से कलाकारों के मैसेज और प्रतिकिया आने लगीं। उसने अंचल के कलाकारों का एक वाट्सएप समूह भी बनाया। उसमें 'अरण्य वाटिका' के उन बच्चों को भी जोड़ा जो बस्तर के धुर दक्षिण से आये थे। उनके माध्यम से वह उस इलाके के कलाकारों तक आसानी पहुँच सकती थी। इस समूह से भी अच्छा प्रतिसाद मिला और बहुत से ऐसे कलाकारों के नाम आये, जिन्हें कोई जानता नहीं था। कोया कुछ बच्चों के साथ उनके गाँव भी गयी ताकि मूर्तिकारों से रू-ब-रू मिलकर अपनी बात समझा सके। सो जुटान में उम्मीद से भी ज्यादा लोग जुटे।

उन्हीं में एक था गुमान। गुमान साय। बेहतरीन मूर्तिकार। उसने गारी माँ की ऐसी सुंदर मूर्ति बनायी कि लगता, जैसे वह अभी बोल ही उठेगी। मूर्ति बन गयी तो वह कहाँ और किस जगह लगाई जाय, यह विचार हुआ। तय हुआ कि मूर्ति परम्परा के अनुसार सामने वाले प्राँगण में न लगाकर पीछे वाले प्राँगण में लगाई जाय। इसके पीछे दो कारण थे एक सामने वाले प्राँगण में पेड़ पौधे बहुत थे। मूर्ति के लिए पेड़ तो कटवाने ही पड़ते। उनमें कुछ पेड़ तो कई सौ साल पुराने थे। उन पेड़ों में एक महानीम भी था। कात्यायनी का कहना था कि पेड़ भी तो हमारी विरासत हैं। इन्हें सहेजे रखना भी हमारी ही जिम्मेदारी है। फिर इन पेड़ों पर पक्षियों का बसेरा भी है। उनका बसेरा उजाड़ देना उचित नहीं। कात्यायनी का दूसरा तर्क था कि प्राँगण में प्रवेश करते ही मूर्ति नजर आ जायेगी, तो लोग कुछ देर देखकर चले जाएँगे। वे कौन थीं और इस अंचल के लिए उनका क्या योगदान था, जान ही नहीं पाएँगे। सो मूर्ति पीछे वाले प्राँगण में रहे और वहीं एक कारीडोर बने, जहाँ उनके काम को दर्शाया जाये।

'मारी निकेतन' के उद्घाटन का दिन तय हो चुका था। मूर्ति स्थापित करने के लिए स्तंभ बन चुका था। मूर्ति इतनी सुंदर बनी थी कि देखने वाला

मूर्ति को देर तक निहारता रहता। सो कात्यायनी भी मूर्ति को निहार रही थी, तभी कानों में आवाज गूँजी–

"बेबी।"

आवाज मूर्ति के पीछे से आती प्रतीत हुई। पल भर को उसे लगा जलारी माँ ने उसे पुकारा है। वह जानती थी यह पुकार कहीं बाहर से नहीं, उसके अपने ही भीतर, उसके अपने मन से आयी है। उसे याद हो आया यह वही जगह थी, जहाँ जलारी माँ रहती थीं। जलारी माँ की याद आते ही भीतर से एक हूक सी उठी। मन ने कहा–"कात्यायनी! यह क्या कर रही हो? एक माँ को बेदखल कर, दूसरी माँ को स्थापित कर रही हो। तुम्हारे जीवन में और इस दुहिता धाम में इनका भी तो योगदान है न?" फिर कात्यायनी के मन में बिजली सी लऊँक उठी। 'क्यों न यहाँ दोनों की ही मूर्ति लगवायी जाये। हाँ यह सही रहेगा।' सोचा फिर शिवा को फोन लगाया और जलारी माँ की मूर्ति की बात कही।

"बिलकुल। यही सही होगा। वैसे मुझे तो इसका नाम भी पसंद नहीं। 'मारी निकेतन' पता नहीं क्यों सुनकर मुझे, नारी निकेतन का भान होता था। सुनो मुझे एक नाम सूझ रहा है-'सियानिन धाम'। बताओ कैसा रहेगा?"

"बताना क्या? बस यही नाम तय रहा। तुमने पहले क्यों नहीं सुझाया?"

'सुझाता तो क्या तुम मान लेती? सुझाया था कि वन्या के ब्याह के बाद हम भी अपने बारे में..., मगर तुमने...।' शिवा ने सोचा, पर कहा नहीं। मोबाइल पर कुछ देर को ख़ामोशी छा गयी।

कात्यायनी "हलो-हलो।" कहती रही। उसे लगा फोन डिस्कनेक्ट हो गया है। देखा तो स्क्रीन पर सेकेण्ड के बदलते अंक बता रहे थे कि फोन अभी भी कनेक्ट है। सो–"क्या हुआ? आवाज़ नहीं आ रही। मुझे लगा फोन डिस्कनेक्ट हो गया।"

"इधर से कभी भी, कुछ भी डिस्कनेक्ट हुआ ही नहीं। बस तुम ही...।" कहना चाहा, मगर कहा नहीं और–

"नेटवर्क इधर तो सही है। लगता है नेटवर्क की समस्या उधर से ही है।"

"हाँ! यह तो है।"

कात्यायनी शिवा की बात तो नहीं समझी, मगर उसका वो ख़ामोश हो जाना उसे परेशान कर गया। 'ऐसा अक्सर होता है वह बोलते-बोलते चुप हो जाता है या कुछ ऐसा बोल जाता है, जो मुझे भीतर से हिलकोर देता है, पर मैं क्या करूँ? मैंने तो अपने लिए एक रेखा खींच रखी है।' सोचती कात्यायनी कुछ देर यूँ ही बैठी रही। फिर लोगों को फोन करने लगी कि उद्घाटन का

कार्यक्रम टल गया है। फिर उसने कोया को फोन लगाया और गुमान साय से संपर्क करने को कहा ताकि जलारी की मूर्ति बनवायी जा सके।

8

गुमान तो अपने अबूझमाड़ में था। वहाँ नेटवर्क तो क्या, सूरज भी कम ही आता था। सो लगातार कोशिश के बाद भी बात नहीं हो सकी। कोया परेशान। मैसेज किए। वाट्सएप मैसेज छोड़े। जिनके पहुँचने का कोई संकेत तक नहीं उभरा। कोया बार-बार वाट्सएप चैक करती, मगर मैसेज पहुँचने का निशान तक नहीं दीखता। कात्यायनी भी बार-बार फोन करती, पर नेटवर्क सोया ही रहता। कोया बहुत परेशान थी। सो रात में जब भी नींद खुलती वह वाट्सएप देखती, मगर निराशा ही हाथ लगती। दिन बीतते जा रहे थे। उसे लगने लगा था कि किसी और कलाकार का सहारा लेना पड़ेगा। तभी एक रात उसकी नींद टूटी और उसने वाट्सएप चैक किया, तो आँखें लऊँक सी उठीं। उसके मैसेज के नीचे नीली रेखाएँ उभर आयी थीं। देखा वह ऑन लाइन था। उसका मन किया तुरंत फोन करे पर– 'इतनी रात में फोन करना उचित होगा? शायद नहीं। फिर भी मैसेज तो छोड़ना ही होगा।' सोचा और लिखने लगी, तभी वाट्सअप कॉल की रिंगटोन बज उठी।

"हैलो! जोहार! मैं कितने दिन से इंतज़ार में थी।"

"जय जोहार जी। मैं का करता। इहाँ त नेट आता नइ। मेहमान माफिक कभी-कभी आता है।"

"अच्छा तुम कल ही आ जाओ। एक और मूर्ति बनानी है।"

"काल? अतना जल्दी कैसे होगा? जंगल का रसदा है। दू दिन तो आनेच में लगेगा। मैं ऐसा करता नदी के रस्ते आता।"

'नदी। अभी-अभी तो नदी में पूरा (बाढ़) आया था? और वह घटना घटी, जब नदी पार करते हुए, चार लोग ऐसे बहे कि...। ऐसे में नदी के रास्ते से...।' सोचा और–

"नहीं तुम तो जंगल से ही आओ।"

"कुच्छ नइ होयेगा। हम अबूझमाड़िया लोग का तो संगी है नदी। हमको इसकी आदत होती। मैं काल आ जायेगा।"

अगली शाम गुमान आ पहुँचा। मूर्ति बनाने के लिए अलबम में जलारी की फोटो ढूँढी जाने लगी लेकिन उनकी अकेले की कोई फोटो थी ही नहीं। एकाध फोटो में वे थीं भी, तो सबसे पीछे। कोई फोटो इतनी क्लियर नहीं थी कि उससे

तस्वीर बन सके। सो तय हुआ कि स्मृति रेखाओं का सहारा लिया जाय। इसके लिए बताने वाले का उसके साथ बैठना जरूरी था। अपनी जलारी माँ के विषय में कात्यायनी ही सबसे अधिक जानती थी। सो तय हुआ कि वह गुमान के पास बैठकर उनकी मूर्ति बनवायेगी। कात्यायनी की स्मृति का आधार ले मूर्ति बननी शुरू हुई। मूर्ति का ढाँचा तैयार हुआ और चेहरे की भाव रेखायें बनने लगीं, तभी अचानक एक गाँव से बुलावा आ गया। वहाँ वनवासियों का ख़ास आयोजन था। गाँव वाले अड़ गये कि कात्यायनी के बिना वह आयोजन होगा ही नहीं। सो कात्यायनी का वहाँ जाना जरूरी हो गया। इधर के वर्षों में जलारी के साथ कोया का भी लगाव हो गया था। सो मूर्ति बनवाने की जिम्मेदारी कोया को सौप, कात्यायनी रवाना हो गयी।

कोया गुमान से मूर्ति बनवाने लगी। गुमान पहले भी सुबह से शाम तक मूर्ति बनाता था, मगर अब? अब तो उसे समय का कोई भान ही नहीं रहता। सो भोर दोपहर और दोपहर कब रात बन जाती, उसे पता ही नहीं चलता। उसके हाथ तो जलारी की मूर्ति रच रहे थे लेकिन मन? मन तो कोई और ही मूर्ति गढ़ रहा था। सो बाहर मिट्टी पर जलारी के चेहरे की रेखाएँ उतर रही थीं और भीतर मन की मिट्टी पर, भावनायें अपनी अलग रेखाओं से कुछ और ही गढ़ रही थीं। सो जब कोया जलारी के विषय में बताती, गुमान टक मारकर उसे देखता रहता। फिर देर तक उसी की भंगिमाओं में डूबता उतराता रहता। कई बार तो घंटों यूँ ही बैठा रहता अपने आप में डूबा सा। कोया को लगता वह मूर्ति की गढ़न में, भाव भरने के लिए कल्पना में डूबा हुआ है। असलियत तो उसने तब जानी, जब एक दिन प्रसंगवश जलारी और भाऊ के प्रेम की बात होने लगी। उनकी प्रेम कहानी तो सब जानते थे। कोया ने भी सुन रखी थी। सो सुनाने लगी उसे। कोया उनकी कहानी सुना रही थी और वह उसे देख रहा था। फिर उनके विवाह और जलारी को पिठैया लेने (पीठ पर चढ़ाने) की बात निकली तो–

"मैं बी अइसच करेगा। दिन भर क्या मैं तो तेरे को पिठैया लेके रात दिन दौड़ता रहेगा।" कोया की कहानी ठिठक सी गयी। उसने उसकी ओर देखा। अब उसकी आँखें बोल रही थीं। आँखें वह सब कुछ कह रही थीं, जिसके लिए शब्दों की कोई जरूरत ही नहीं होती। कोया कुछ देर तो उसे देखती रही। फिर–

"तू थक गया है। जा आराम कर ले। बाकी काम मैं कर लूँगी।"

वह अपने कमरे में तो चला गया लेकिन–"लगता मैं उसको पसंद नइ। फेर पसंद काय को नइ? मैं बी कलाकार है। अच्छा बी दीखता। फेर?" उसके मन ने कहा।

"वो एक बड़ा कलाकार है। केतना नाम है उसका। सांति निकेतन से पढ़ के आयी और तू एक अबूझमाड़ी। बस थोड़ा बहुत माटी का काम जानता। उसका तेरा क्या जोड़?" उसके मन के दूसरे कोने ने जवाब दिया।

"ठीक है। अइसा है तो मैं भुला देगा उसको। चला जायेगा इहाँ से।"

गुमान ने अपना सामान समेटा और भोर का इंतजार करने लगा, पर भोर में अभी बहुत देर थी। सो अँधेरे में ही निकल पड़ा, मगर मन? मन पर कोई जोर कहाँ था उसका। सो आँखों में कोया ही डोलती रही।

कोया ने भित्तिचित्र के साथ, मूर्तिकला का प्रशिक्षण भी लिया था। सो वह जलारी की मूर्ति में गढ़न उकेरने में लगी थी। उद्घाटन करीब ही था। सो मूर्ति का काम जल्दी पूरा करना था। गुमान के जाने के बाद तो दिन रात लगातार काम किया था उसने।

9

कात्यायनी ने लौट कर देखा मूर्ति तैयार थी। 'जैसी मैंने कल्पना की थी, उससे भी सुंदर है लेकिन ऐसा लग रहा है मूर्ति की भंगिमा में, दो मन के भाव एकाकार हो गये हों और यही इस मूर्ति को ख़ास भी बना रहा है।' सोचा।

'सियानिन धाम'! अपने आप में विशेष था। सो इसका उद्घाटन भी विशेष था। विशेष इसलिए कि इसमें देश भर के ख्यात कलाकारों को, नेताओं को बुलाया तो गया, मगर उद्घाटन करने के लिए नहीं। सो खास लोग इसमें शामिल तो थे लेकिन उद्घाटनकर्ता नहीं थे। इसका उद्घाटन तो उन्हीं के हाथों होना था, जिन्हें इसमें रहना था। यानी पाँच सियानिन ही इसकी उद्घाटनकर्ता थीं। पूरा प्राँगण लोगों से गह-गह कर रहा था, पर वह नहीं आया, जिसे कोया की नजरें तलाश रही थीं। उसकी तलाश तो कात्यायनी को भी थी। आज लोगों से उसका परिचय होना था। सो–

"कोया! गुमान नजर नहीं आ रहा। उसे उद्घाटन तक तो यहीं रहना था न?"

"जी रहना तो था। पर...?"

"क्या कोई बहुत जरूरी काम आ गया था? मैं बात करती हूँ।"

कात्यायनी ने फोन लगाया। फोन स्वीच ऑफ़। वह जानती थी अबूझमाड़ में नेट की समस्या रहती है। सो उसे तुरंत आने का मैसेज किया, ताकि नेटवर्क आते ही उसे मैसेज मिल जाय लेकिन वह नहीं पहुँचा। कात्यायनी उसे बार-बार फोन करती रही। वह चाहती थी कि गुमान यहाँ रहे। ताकि लोग कला और

कलाकार दोनों से परिचित हो सकें। खासकर दिल्ली और शांति निकेतन से आये कलाकार। उनसे मिलना गुमान के लिए भी बहुत जरूरी था। कात्यायनी ने बहुत कुछ सोच रखा था उसके लिए। सो फोन लगाती रही। फिर वह जिम्मेदारी कोया को दे, उद्घाटन में व्यस्त हो गयी।

कोया जानती थी गुमान नाराज है उससे। 'उस दिन के मेरे व्यवहार से आहत हुआ है वह, पर उसे आहत करने का मेरा कोई इरादा नहीं था। मुझे क्या मालूम था कि वह इस कदर आहत हो जाएगा कि सब छोड़कर ही...?' सोचा।

"क्यों तुम नहीं जानती? कलाकार मन कोमल होता है, फिर आदिवासी कलाकार? वो भी गुमान जैसा, जिसका मन जल सा निर्मल और पारदर्शी है। भीतर बाहर दोनों एक सा। तभी तो उसने अपना मन तुम्हारे आगे उघार दिया।" उसके मन ने गुमान का पक्ष लिया।

"हाँ! मगर मैंने भी कुछ ऐसा तो नहीं कहा था कि वह यूँ चला जाय। सच तो यह है कि मुझे वह एक कलाकार के रूप में अच्छा लगता था, पर कभी उस तरह सोचा ही नहीं। सोच भी नहीं सकती। मैं अभी भी अपने उस अतीत में ही अटकी हुई हूँ! उसे भूल ही नहीं पायी मैं।" अपने मन को जवाब देता उसका मन, अतीत की ओर मुड़ने लगा, मगर कोया ने उसका हाथ पकड़ उसे वर्तमान में खींच लिया।

मारी माँ और जलारी दोनों की मूर्तियों का आनावरण होना था। कात्यायनी ने देखा कोया सबसे अलग एक कोने में खड़ी थी।

"कोया! इधर आओ।" कात्यायनी ने उसे आवाज दी।

कोया उसकी ओर बढ़ आयी। कला के क्षेत्र में कोया की अपनी अलग पहचान थी। सो अधिकाँश लोग उसे पहचानते ही थे, जो नहीं पहचानते थे, कात्यायनी ने उनसे परिचय कराया। कोया ने गौर किया, कात्यायनी की नजरें अभी भी द्वार पर ही लगी हुई थीं। उसे गुमान का इंतजार था। हकीकत कोया जानती थी लेकिन कहती कैसे।

जिनके हाथों अनावरण होना था, वो पाँचो सियानिन अपने-अपने परम्परागत परिधान में बहुत आकर्षक लग रही थीं और प्राँगण? वह तो उनके रचे शिल्प से दिपदिपा रहा था। फिर पाँचों ने एक दूसरे की बाँह गही और साथ-साथ आगे बढ़, मूर्तियों पर पड़ा आवरण हटाया। मूर्तियाँ बहुत ही सुंदर थीं, इसमें दो मत तो था ही नहीं, पर उन मूर्तियों में एक और ख़ास बात थी, जो आम तौर पर नहीं होती। मूर्तियों का मुख अक्सर सामने की ओर ही होता है, मगर अगल बगल में होते हुए भी, दोनों मूर्तियों के मुख एक दूसरे की ओर

थे। उस पर भी उनके मुख की भंगिमा ! उसके तो कहने ही क्या ? उकेरने वाले ने मारी माँ के मुख पर असीम शांति उकेर दी थी। सो उनकी मूर्ति के मुख पर सब कुछ पा लेने का तोष था और जलारी ? जलारी के मुख पर उकेरा था स्नेह सागर ? अपने ही स्नेह से भरा-भरा। सो लोग कुछ देर टक मारकर मूर्तियों को देखते ही रहे। फिर हूल जोहार-हूल जोहार के स्वर से प्राँगण भर उठा। मूर्तिकार ने मिट्टी में प्राण भर दिए थे, मगर उसके अपने प्राण ? उसके अपने प्राण तो...

•

नेह मोह की डोरी

'मैं भूल जायेगा उसको, जिसको मेरे परेम का कोई कदर नइ। आसानी से मिल गया न मेरा परेम, यही खातिर कदर नइ मेरा। वो नइ जानती मेरे को। मैं अबूझमाड़िया है। अबूझमाड़िया जो चाहे पा सकता। मैं चाहता तो उसको उठा के भाग जाता अबूझमाड़। उसका संग कर लेता पायसोतुर बिहाव (अपहरण विवाह), तब क्या कर लेती वो? रहती न मेरा संग, मेरा घरवाली बनके। फेर मैं ऐसा कुच्च नइ किया, तो मेरा अच्छइ का कोनो कद्दर नइ है, तो मैं बी लहूँट के नइ देखेगा इदर। अपने को बड़ावाला कलाकार मानती न। मैं उससे बी बड़ा कलाकार बनेगा। इतना बड़ा बनेगा के गुमान के आगे कोया को कोई पूछेगा बी नइ।' सोचा और चल पड़ा अबूझमाड़ की ओर, मगर मन? मन तो बार-बार कोया की ओर जाने की जिद कर रहा था। उसे समझा रहा था–

"प्रेम में गरब नइ चलता। गरब का अजगर प्रेम को लील लेता है। जैसे राजा अन्नम देव के गरब ने उसके प्रेम को लील लिया। तेरे को राजा अन्नम देव और राजकुमारी चमेली की कहानी तो मालूम है न?"

"उनका कहनी तो इदर सब लोग जानता। मैं बी सुना।"

"बस सुना? गुना नहीं? आज फिर से सुन और गुन उसको।" मन ने कहा और कहानी सुनाने लगा...

बहुत साल पहले की बात है। वारंगल में एक राजा थे अन्नम देव। उन्हें शिकार खेलने का बहुत शौक था। वे अक्सर अपने दल बल सहित शिकार खेलने निकल पड़ते। शिकार के साथ-साथ जो भी चीज पसंद आ जाती, उसे वे हासिल कर लेते। तब बस्तर के जंगल वारंगल से जुड़े हुए थे, तो शिकार खेलते-खेलते वे इस ओर भी चले आते। एक दिन वे शिकार खेलते हुए, चित्रकोट की सीमा के भीतर तक चले आये।

चित्रकोट के राजा थे हरीशचंद्र। उनकी बेटी थी चमेली। वैसे तो चमेली राजा की तीसरे नंबर की संतान थी लेकिन वह सबसे ज्यादा योग्य थी। राजकाज में पिता का सहयोग करती थी। पिता को बहुत प्रिय थी वह। वह समय राजकुमारी के वन विहार का था। चमेली आम राजकुमारियों की तरह तो

थी नहीं, तो उसका वन विहार भी केवल मन बहालाव के लिए नहीं था। वह वन विहार के साथ-साथ अपने राज्य की व्यवस्था और सुरक्षा की निगरानी भी करती थी। वह सुंदर भी बहुत थी। इतनी सुंदर कि देखने वाले की नजरें बिंध कर रह जायें। अन्नम ने उसे देखा, तो पलक झपकाना ही भूल ही गये। सघन वनों सी गझिन केश राशि, उससे बना सुंदर बस्तरिया खोपा (जूड़ा), बस्तरिया लुगरा जिसे उसने घुटनों से ऊपर धोती की तरह काँछ मारके पहना था। कमर से लटकती तलवार, तो वे उसे देर तक निहारते ही रहे फिर उसकी ओर बढ़े। अभी वे बढ़ ही रहे थे कि सनसनाता हुआ एक तीर आया और उनके काँधे को छूकर एक पेड़ में जा धँसा। तीर के साथ ही एक आवाज उनके कानों से टकरायी–

"वहीं रुक जाइये। यह हमारे राज्य की सीमा है। यहाँ किसी गैर को प्रवेश की इजाजत नहीं।" राजकुमारी की आवाज में कोमलता के साथ एक कठोरता भी थी।

अन्नम ने देखा राजकुमारी का सुंदर मुख, वीरत्व की आभा से दमक रहा था। सौंदर्य और वीरत्व का ऐसा संगम था कि उन्हें लगा, मानों चाँद और सूरज एकाकार हो गये हों। उनके रनिवास में बहुत सी रानियाँ थीं। कई देश और राज्य का अनुपम सौंदर्य मौजूद था रनिवास में। सौंदर्य में वे इस राजकुमारी से कम भी नहीं थीं, मगर वीरत्व की आभा? वही आभा उनके मन को लूट ले गयी। वे कुछ देर तो ठगे से देखते रहे फिर और आगे बढ़े।

"आपने सुना नहीं? यह हमारा राज्य है?" अबकी राजकुमारी ने तलवार निकाल ली।

राजकुमारी को तलवार निकालते देख, उनके साथ आये सैनिक आगे बढ़े लेकिन अन्नम ने उन्हें रोक दिया। फिर तो चमेली अन्नम के सामने जा खड़ी हुई और तलवार की नोक उनके सीने से सटा दी।

"अब आप हमारे राजबंदी हैं। मैं चाहूँ तो आपको इसी समय, गिरफ्तार कर कारागार में डाल सकती हूँ।"

"गिरफ्तार? वह तो हम कब के हो चुके। अब तो बस सजा चाहते हैं। उम्र कैद की सजा।" अन्नम ने एक आशिक के अंदाज में कहा और चमेली की कलाई पकड़ ली।

"छोड़ दीजिए। यह चमेली की कलाई है। आपकी जागीर नहीं।"

"अपनी जागीर नहीं, हम तो आपको अपने हृदय की रानी बनाना चाहते हैं।" कहते अन्नम ने उसकी कलाई पर अपनी जकड़ बढ़ा दी।

चमेली ने कुछ पल उनकी ओर देखा फिर उसकी तलवार की नोक अन्नम

की उस जकड़ पर जा चुभी। चमेली ने अपनी कलाई अन्नम की जकड़ से मुक्त की और लौट चली। अन्नम उसे जाते हुए देखते रहे। उनकी हथेली से लहू टप-टप टपक रहा था लेकिन ओठों पर मुग्ध मुस्कान थी। चमेली कब की जा चुकी थी, पर अन्नम अभी भी उस दिशा को देख रहे थे। चमेली के घोड़े की टाप, अन्नम के कानों में संगीत घोल रही थी।

"महाराज! आपकी हथेली से खून बह रहा है। लाइये मैं मरहम लगा दूँ।" सिपहसालार ने कहा।

अन्नम ने देखा हथेली से लहू की बूँदे टपक रही थीं लेकिन दर्द? दर्द हो तो रहा था, मगर हथेली में नहीं दिल में। अन्नम अपने महल लौट गये और सोचा चमेली को भूल जायेंगे। 'हाँ यही ठीक रहेगा। वैसे भी उस आदिवासी राजकुमारी से, ज्यादा सुंदर रानियाँ हैं मेरे रनिवास में।' सोचा और रनिवास में रानियों के संग समय बिताने का फैसला किया। रानियों ने भी उनका अनमन तोड़ने की भरपूर कोशिश की। अपनी सजधज बदली। तरह-तरह के श्रृंगार किये। एक रानी ने तो अपने को आदिवासी चोले में ढालकर प्रस्तुत किया, मगर राजा का हठीला मन? चमेली-चमेली की रट लगाए रहा। अपने मन के हाथों मजबूर राजा ने, चमेली को अपने रनिवास में, शामिल करने का फैसला लिया।

उन्होंने राजा हरीशचंद्र के पास विवाह का प्रस्ताव भेजा। अन्नम देव एक बड़े राजा थे। उनकी ओर से विवाह का प्रस्ताव आना गौरव की बात थी, पर हरीशचंद्र दूसरे राजाओं की तरह नहीं थे कि राजकुमारी के जीवन का फैसला खुद ही कर लेते। रानी से सलाह मशविरा किया। राजकुमारी की निकटता पिता से अधिक थी। राजकाज से लेकर महल के भीतर तक के हर काम में, उसे शामिल करते थे लेकिन अब बात उसके विवाह की थी। उसका मन थहाना जरूरी था, तो तय हुआ कि उसके पास विवाह प्रस्ताव उसकी मितान मोंगरी के द्वारा भेजा जाय।

2

मोंगरी! राजकुमारी नहीं थी और न ही राज परिवार से उसका कोई नाता था। राजकुमारी के बचपन की सखी भी नहीं थी वह। एक केवट की बेटी थी मोंगरी। मोंगरी मछली की ही तरह सुचिक्कन देहयष्टि और उसी की तरह फुर्तीली थी। नदी के संग तो मितानी थी उसकी। तैराकी में तो उसकी बराबरी करने वाला कोई था ही नहीं। भराभर पूरा (बाढ़) में, जब इन्द्रावती की उफान देख बड़े-बड़े तैराक तक पीछे हो जाते, तब वह इन्द्रावती के वेग को चीरकर मोंगरी मछली

की तरह, लहरों पर बिछलती उस पार चली जाती। उस बरस भयानक बाढ़ थी। इन्द्रावती अपना पाट छोड़, जंगल के बहुत भीतर तक आ गयी थी। इस पार भी त्राहि-त्राहि थी लेकिन उस पार? उस पार तो त्राहिमाम ही मचा हुआ था।

गाँव और जंगल मर्द बुड़ाव पानी में ऊभचूभ करने लगे थे। जंगल के लोगों का आधार तो जंगल ही होते हैं, तो सब तितर बितर हो गया। बाकी गाँव के लोगों को सहायता पहुँच चुकी थी, पर बेंगापाल एकदम अलग थलग पड़ गया था। लोगों ने पेड़ों पर शरण ली, पर कितने दिन रहते पेड़ पर। इंद्रावती उतरने का नाम ही न ले। अनाज सब बूड़कर सड़ गया और जल? गाँव के चारों ओर जल ही जल था लेकिन वह जल प्यास बुझाने की जगह काला अजार (काला बुखार) की आग बन दहकने लगा। उन तक पहुँचना जरूरी था, पर पहुँचता कौन? इंद्रावती की उफनती धारा को चीरकर वहाँ तक पहुँचने की हिम्मत किसी में न थी। राजा का तो दायित्व होता है कि वह हर हाल में अपनी प्रजा की रक्षा करे। राजा ने अपने तयी बहुत कोशिश की। अपने राज्य के बाहर के तैराकों को भी संदेश भिजवाया, पर उफनती नदी के उस वेग को थहाने की हिम्मत कोई न जुटा सका। तब राजकुमारी ने खुद उन लोगों तक पहुँचने का निर्णय किया और चल पड़ी उस ओर।

तैराकी में पारंगत थी राजकुमारी, मगर उस बरस की इंद्रावती...? मझधार की लहरों ने उसकी राह रोक ली। अब राजकुमारी एक हाथ आगे बढ़ती, तो लहरें उसे चार हाथ पीछे ठेल देतीं। राजकुमारी देर तक उन लहरों से जूझती रही, पर कब तक जूझ पाती, तो राजकुमारी के हाथ ढीले पड़ गये और वह धार के साथ बहने लगी। उस समय मोंगरी के परिवार ने बाढ़ से बचने के लिए, एक ऊँची डोंगरी पर डेरा डाल रखा था, मगर केवटिन का मन तो नदी के बिना लगता ही नहीं। फिर मोंगरी का मन? उसके बाबो ने ऐसे ही उसका नाम मोंगरी नहीं रखा था। मोंगरी मछली के सारे गुण थे उसमें। वह अपनी डोंगी लेकर उतर आयी थी नदी में। उसने दूर से देखा कोई मझधार में बहा जा रहा है, तो अपनी डोंगी बढ़ा दी उस ओर। नदी के उद्दाम वेग को चीरती उसकी डोंगी चल पड़ी।

वह डोंगी को तेजी से चमेली की ओर बढ़ा रही थी, ५र इंद्रावती का उफान? उसकी एक-एक लहर सागर की लहर जैसी ऊँची उछाल ले रही थी। डोंगी किनारे की लहरों को तो काट गयी लेकिन मझधार? वहाँ पहुँचना आसान न था। वहाँ तक पहुँचते-पहुँचते उसकी डोंगी उलट गयी और मोंगरी भी धार के संग बहने लगी। अच्छी बात यह थी कि अब मोंगरी धार के बीचोबीच

थी। वही धार उसे राजकुमारी तक ले जा सकती थी, तो उसने अपने को धार में छोड़ दिया। अब दोनों एक ही दिशा में बह रही थीं। राजकुमारी उससे भी तेजी से बही जा रही थी। मोंगरी जानती थी कि वह प्रपात नजदीक ही है, जहाँ गिरकर नदी की वेगवती धार बिखरकर, जल कणों में बदल जाती है। बहने वाला अगर प्रपात में गिर जाय फिर तो... इसलिए उसकी पूरी कोशिश थी कि वह प्रपात से पहले ही उस तक पहुँच जाय।

उसने और तेजी से हाथ पाँव मारने शुरू किये ताकि उसका वेग और बढ़ सके। अब मोंगरी की देह जल में तेजी से बिछलने लगी लेकिन अभी भी राजकुमारी उसकी पहुँच से दूर थी, इतनी दूर कि लग रहा था कि वह उस तक पहुँच ही नहीं पाएगी। अब उसके मन में हताशा भरने लगी थी। लगा कि अब तो उसकी मेहनत अकारथ ही जायेगी। तभी एक मछली उसके पास आयी और एक बड़ी सी छलाँग मारके उससे बहुत आगे निकल गयी। फिर तो उसके जेहन में अपने बाबो का कथन कौंध उठा–"बेटी अम केवट लोग हय। नदी अमारा जिनगी है। अमकू हरदम इसी के संग रहना होता। पूरा (बाढ़) में बी। फेर पूरा के समे नदी त बहुते जोर का बहती न। अइसा में अमकू धार संग मछरी माफिक, अपने को उचका-उचका के तऊँरने का होता।"

फिर तो मोंगरी ने अपनी देह को सिकोड़ कर जो छलाँग मारी कि कुछ छलाँगों में अपने लक्ष्य के नजदीक जा पहुँची। पल भर को लक्ष्य हाथ आ भी गया लेकिन वेगवती धार ने फिर जोर मारा और राजकुमारी और अधिक वेग से बहने लगी। अब प्रपात एकदम करीब था। धारा का वेग और भी बढ़ चला था। 'मय ये बेर चूका त फेर? नाय रे मोंगरी तेरे कू चूकने का नाय।'सोचा और एक और बड़ी छलाँग मारी। अबकी राजकुमारी के बाल उसके हाथ आ गये। उसने बालों को पकड़ उसे अपनी ओर खींच लिया और उसे बाँहों में भर लौट चली तट की ओर।

राजकुमारी के डूबने की बात राजा हरीशचंद्र तक पहुँच चुकी थी। वे अपने लाव लश्कर के साथ आ पहुँचे थे, पर बेबस थे। उनकी लश्कर में एक भी व्यक्ति ऐसा नहीं था, जो इंद्रावती के उस वेग को थहाकर, राजकुमारी तक पहुँच पाता। वे साँस रोके देख रहे थे और अपनी कुलदेवी को बदना बद रहे थे। मोंगरी राजकुमारी को लेकर किनारे आयी। उसे उल्टा लिटाया ताकि पेट का पानी निकल जाय। राजकुमारी ने बहुत देर तक साहस नहीं छोड़ा था। वह देर तक अपने हाथ पाँव मारती रही थी इसलिए पेट में बहुत पानी नहीं था। जल्दी ही उसकी चेतना लौट आयी। राजकुमारी ने अपनी जीवनदाता मोंगरी को गले

लगा लिया। राजा हरीशचंद्र ने तो झुककर उसके पैर ही छू लिए। इस समय वो राजा नहीं, एक पिता थे। राजा ने मोंगरी को इनाम इकराम से नवाजना चाहा, पर उसने लेने से इंकार कर दिया।

"मैं तो भूल ही गया था बेटी। जीवनदान का कोई बदला नहीं होता। उसके बदले में कुछ दिया नहीं जा सकता। तुमने राजकुमारी को जीवनदान दिया है। उसके सामने तो सब कुछ तुच्छ है। बेटी तुमसे मेरी प्रार्थना है, तुम मेरी सेना में शामिल हो जाओ। मेरी चमेली की संगी बन जाओ। इस राज्य को जरूरत है तुम्हारी।"

राजा उसके सामने हाथ जोड़कर खड़े हो गये। मोंगरी ने आगे बढ़कर उनके जुड़े हाथों को अपने माथे से लगा लिया।

3

मोंगरी ने जब सुना राजकुमारी बाढ़ की चपेट में आये, गाँव की मदद को जा रही थी, तो उसने वह जिम्मेदारी ले ली और उस गाँव के लोगों को वहाँ से सकुशल निकाल लायी। फिर तो वह चमेली की मितान ही बन गयी थी इसीलिए राजा ने तय किया कि राजकुमारी के पास, विवाह का प्रस्ताव लेकर मोंगरी ही जाये, तो राजा ने मोंगरी से कहा–

"बेटी मोंगरी! एक जरूरी काम करना है तुझको।"

"हव राजा बाबो। मय करेगी। आप तो हुकुम करो।"

"बेटी उसके ब्याह का प्रस्ताव आया है। वारंगल के राजा अन्नम देव ने उसका हाथ माँगा है। अच्छा प्रस्ताव है। वह बड़ा राजा है। उसका घराना भी बहुत अच्छा है। बेटी तुम चमेली का मन टोहकर देखो।"

"हव राजा बाबो। मय करती।"

मोंगरी ने राजा से कह तो दिया, पर वह जानती थी कि राजकुमारी नहीं मानेगी। उस दिन जब अन्नम देव की मुलाक़ात राजकुमारी से हुई, तो वह साथ थी। उसने भी देखी थी अन्नम की वो आँखें, जिनमें राजकुमारी के लिए प्रेम नहीं, उसको पा लेने की वासना लहरा रही थी। फिर भी राजा बाबो का संदेश तो पहुँचाना ही था, तो जब वो दोनों वन विहार को निकलीं और उसी जगह पर पहुँचीं, जहाँ अन्नम ने राजकुमारी का हाथ पकड़ा था, तो मोंगरी ने बात छेड़ी।

"कुमारी दिदी तुमकू याद हय ये जघा?"

"इस जगह को कैसे भूल सकती हूँ मैं।"

मोंगरी ने देखा अन्नम की याद ने राजकुमारी की आँखों में लाल डोरे तो

बुने, पर उन डोरों में प्रीत की लाली नहीं, क्रोध की लालिमा थी। मोंगरी जानती थी उस क्रोध का कारण फिर भी संदेश तो देना ही था, तो–

"कुमारी दिदी! उसका तरफ से राजा बाबो को सगा न्योता (विवाह का प्रस्ताव) आया हय। वो तुम्हारा संग सादी बनाना माँगता।"

राजकुमारी की नजरों में वह पल घुमड़ उठा। आँखों में डोल उठीं अन्नम की वो आँखें। 'उसकी उन आँखों में प्रेमिल मन की तड़फ नहीं, तन की कामना थी। अपने रनिवास में एक और देह को शामिल कर लेने की हवस ही थी और अब? राजा बाबो को भेजा यह प्रस्ताव? अगर उसे मुसझे प्रेम है, तो एक बार तो मुझसे अपनी बात उस तरह से कहता, जिस तरह से एक प्रेमी कहता है लेकिन उसने तो सीधे प्रस्ताव भेज दिया। उसे क्या लगा कि उसका यह प्रस्ताव मैं स्वीकार लूँगी और देह बनकर शामिल हो जाऊँगी, उसके रनिवास में। नहीं हरगिज नहीं।' सोचती राजकुमारी की आँखों में क्रोध की लालिमा और गहरा गयी।

मोंगरी समझ रही थी सब। उसने भी तो अन्नम की वो आँखें देखी थीं। लौटते समय उसे भी तो देखा था अन्नम ने। उन आँखों में उसके लिए भी तो वैसी ही लालसा थी। उन नजरों में राजकुमारी और मोंगरी में कोई फर्क ही नहीं था। ऐसे पुरुष का प्रस्ताव कोई भी लड़की नहीं स्वीकारेगी फिर राजकुमारी चमेली? उसके स्वाभिमान को यह कैसे मंजूर होता, तो–

"मुझे यह प्रस्ताव मंजूर नहीं। फिर भी तुम राजा बाबो से कुछ मत कहना। मैं बात कर लूँगी।"

वन विहार से लौटकर राजकुमारी पिता के कक्ष में गयी। पिता को उसका नहीं मोंगरी का इंतजार था। प्रस्ताव का जवाब भिजवाना जरूरी था। मोंगरी की जगह राजकुमारी को आया देख चकित नजरों से देखा और–

"आओ बेटा। आज वन विहार से बहुत जल्दी लौट आयीं।"

"जी राजा बाबो। आपसे कुछ बात करनी थी।" कहकर चुप हो गयी।

कुछ देर तक उनके बीच चुप्पी रही। पिता की निहारती नजरें उसके मुख पर ही लगी थीं।

"राजा बाबो! आप तो जानते हैं कि मैं विवाह करना ही नहीं चाहती। मैं राजकाज में आपका साथ देना चाहती हूँ।"

"हाँ बेटा। पर ऐसे तो जिंदगी नहीं चलती। राजकाज का क्या। वह तो चल ही जायेगा। विवाह भी तो जरूरी है?"

"राजा बाबो विवाह जरूरी है, मगर अनिवार्य तो नहीं। राजा बाबो मैं आपके

साथ रहना चाहती हूँ। हमेशा।"

राजा हरीशचंद्र चिंतित हो उठे। वे इस इंकार का परिणाम जानते थे। अन्नम देव एक प्रतापी राजा थे। उनकी सेना भी बहुत विशाल थी। अन्नम देव ने उनके राज्य के आस पास के सभी राज्यों को जीत लिया था। इस इंकार के बाद उनके राज्य पर आक्रमण तो तय ही था लेकिन उन्हें राजकुमारी की इच्छा के बिना, उसका विवाह करना भी मंजूर नहीं था। वे उन राजाओं में नहीं थे, जो अपनी राजगद्दी बचाने के लिए, अपनी बेटियों का सौदा करते और उन्हें संधि का माध्यम बना समझौता करते थे, तो उन्होंने बेटी की इच्छा के विरुद्ध न जाने का फैसला किया और बहुत सम्मान के साथ अन्नम देव को उस प्रस्ताव का जवाब भिजवाया–

महाराज अन्नम देव!
जय जोहार

आपकी ओर से आया विवाह प्रस्ताव, नामंजूर करने का तो प्रश्न ही नहीं था। यह हमारा सौभाग्य ही होता कि हम आपके सम्बन्धी बन पाते लेकिन हमारी राजकुमारी ने आजीवन कौमार्य व्रत लिया है इसलिए बहुत विनम्रता से कहना चाहते हैं कि हम इस प्रस्ताव के लायक नहीं हैं।

हरीशचन्द्र

अन्नम देव को पूरा विश्वास था कि उनका प्रस्ताव स्वीकारा ही जायेगा, मगर हाथ आया इंकार। 'यह हमारा अपमान है। भले ही हरीशचन्द्र ने जवाब में विनम्रता बरती। अपनी विनम्रता के चलते उन्होंने अपने नाम के साथ न तो राजा लगाया और न ही अपनी रियासत का उल्लेख किया, फिर भी इंकार तो किया ही। हमें राजकुमारी के रुख से लग तो गया था कि वह विवाह के लिए तैयार नहीं होगी, पर राजकुमारियों का इंकार क्या और स्वीकार क्या। क्या हरीशचन्द्र को नहीं मालूम कि इस इंकार का क्या परिणाम होगा? इतिहास तो इस तरह के उदाहरणों से भरा पड़ा है, जब बड़े-बड़े राजाओं ने अपनी बेटियाँ देकर समझौते किये। फिर हरीशचन्द्र की रियासत तो बहुत ही छोटी रियासत है। उन्हें समझौता तो करना ही होगा। राजकुमारी को हमारे रनिवास में आना ही होगा। अपना राज्य बचाने के लिए हमारी बात तो माननी ही होगी।' सोचकर कर अन्नम ने राजा हरिश्चन्द्र को एक प्रस्ताव और भिजवाया, जिसमें स्पष्ट रूप से उल्लेख किया कि वे या तो अपनी राजकुमारी का विवाह उनसे करें या फिर युद्ध के लिए तैयार हो जाएँ।

4

अन्नम देव को लगा था कि राजा हरिश्चन्द्र युद्ध तो नहीं ही करेंगे, तो उनका प्रस्ताव स्वीकार ही होगा लेकिन जब उनके उस प्रस्ताव का कोई जवाब ही नहीं आया, तब उन्होंने आक्रमण कर दिया। आक्रमण के बाद भी उन्हें विश्वास था कि संधि तो जरूर होगी और उस संधि का आधार राजकुमारी ही होगी, मगर राजा हरिश्चन्द्र अपनी छोटी सी सेना और राजकुमारी के साथ बेलियापाल के मैदान में आ डटे। हरिश्चन्द्र ने अन्नम देव का पुरजोर मुकाबला किया और लड़ते हुए वीरगति को प्राप्त हुए। चमेली ने जब सुना कि उसके राजा बाबो शहीद हो गये, तो कुछ पल को वह शोकाकुल हुई लेकिन जल्दी ही अपने शोक पर काबू पा अन्नम के सामने जा खड़ी हुई। उस समय राजकुमारी के हाथ में तलवार नहीं थी। अन्नम को लगा वह समझौता करना चाहती है। उन्होंने उसे देखते ही अपनी तलवार फेंक बाहें फैला दीं और–

"आओ प्राण प्यारी आओ। इसी क्षण की तो प्रतीक्षा थी हमें। आओ हमारी भुजाओं में बँध जाओ।"

राजकुमारी कुछ नहीं बोली। कुछ क्षण अन्नम की आँखों में डोलती लालसा को देखती रही फिर उसने अपने काँधे से लटकते, तरकश से एक तीर निकाला और पलक झपकते वह तीर अन्नम के हृदय को बेधता भीतर तक धँस गया। अन्नम अपने रथ से नीचे आ गिरे। सेनापति ने राजा को गिरते देखा, तो दौड़कर उनके करीब पहुँचा। तब तक चिकित्सा दल भी वहाँ आ पहुँचा और राजा को अपने साथ ले गया। अपने राजा को घायल देख सेनापति क्रोध से फनफना उठा और–

"सैनिकों आक्रमण करो। बचने न पाए यह।" हुँकारा और क्रोध से भर, चमेली की ओर अपना भाला फेंका।

चमेली एक जाँबाज योद्धा थी। भाले का वार बचा गयी लेकिन सेनापति के हुँकार पर सैनिकों ने उसे चारों ओर से आ घेरा था। एक साथ सबसे लोहा लेना संभव नहीं था फिर भी वह देर तक उनसे जूझती रही। अपनी देह पर वीरता के फूल सहेजती रही। वह उनके राजा की लक्ष्य थी, तो सेनापति ने चेताया था कि उसके प्राण न लेकर, उसे जिंदा ही गिरफ्तार किया जाय। उनकी जीत का उपहार बनना था उसे, पर चमेली को यह मंजूर नहीं था। वह लड़ते हुए उस ओर बढ़ने लगी, जिधर चित्रकोट का प्रपात था। उसकी कोशिश थी कि वह उनके हाथ न आकर इंद्रावती में समा जाय लेकिन यह हो नहीं पाया। अपनी

पुरजोर कोशिश के बाद भी वह इंद्रावती तक पहुँच न सकी और चित्रकोट से कुछ पहले ही सैनकों ने उसे अपने घेरे में ले लिया, मगर उनकी गिरफ़्त में आने से पहले, चमेली ने फुर्ती से अपनी कटार निकाली और अपने सीने में उतार ली। सैनिक देखते ही रह गये। उनकी जीत तो हुई थी, पर यह जीत हार से भी ज्यादा पीड़ादायक थी। अन्नम देव ने जीत की खबर सुनी, तो उनके चेहरे पर मुस्कान खिल उठी लेकिन चमेली की शहादत की बात सुनते ही, वह मुस्कान दर्द की लहर में बदल गयी। 'यह क्या हो गया? हमने यह तो नहीं चाहा था। हमने तो चमेली से प्रेम किया था।' सोचकर उन्हें पछतावा हुआ।

"सचमुच अन्नम क्या तुम प्रेम करते थे उसे?" उनके मन ने प्रश्न किया।"

"हाँ! तभी तो इतनी जद्दोजहद की।"

"और उसका सब कुछ छीन लिया! उसके प्राण भी! प्रेम का मतलब भी जानते हो तुम? प्रेम पाने का नहीं देने का नाम है। अपना तन मन सब कुछ दे देने का नाम प्रेम है लेकिन तुम? तुम तो उसे पा लेना चाहते थे। उसकी देह को पा लेने को लालायित थे न तुम? तो जाओ अन्नम उसकी देह को उठा लाओ। वही तो तुम्हारा प्राप्य थी न? उसकी देह तो मिल गयी है तुम्हें।" मन ने धिक्कारा।

अन्नम मन की धिक्कार सह नहीं पाये और दौड़ पड़े बेलियापाल की ओर। देखा चमेली की उस देह को, जिसे पाने की चाह में ही यह युद्ध हुआ था। वह देह अब निर्जीव हो चुकी थी। अन्नम ने देखा चमेली के सीने में कटार खुबी हुई थी। कटार ठीक उसी जगह खुबी थी, जिस जगह हृदय होता है। कटार चमेली के हृदय को चीर गयी थी। उसकी आँखें खुली हुई थीं और मस्तक गर्व से ऊपर उठा हुआ था। उन आँखों में अभी भी आत्माभिमान दमक रहा था।

अन्नम को लगा वो आँखें कह रही हों–"प्रेम कोई हीरा या लाल नहीं कि तुम उसे हासिल कर अपने सिंहासन में जड़वा लो। प्रेम तो स्वाती की बूँद है। उसे पाने के लिए चातक का संकल्प चाहिए। प्रेम के लिए भूलना पड़ता है अपने पुरुषत्व को। उतरना होता है सम पर लेकिन तुम? तुम तो पुरुषत्व मोह में सब भूल गये। जिसे प्रेम किया, उसे ही मटियामेट कर दिया। अन्नम तुमने मेरा राज्य तो जीत लिया लेकिन मुझे नहीं जीत सके। तुम जीत कर भी हार गये अन्नम। हार गये हो तुम।"

"हाँ चमेली हम हार गये। हार ही गये हम।" रो पड़े अन्नम। देर तक हिलक-हिलक कर रोते रहे। फिर–'हमें तो हारना ही था। हमने प्रेम को अहंकार से हासिल करना चाहा लेकिन अब हम प्रेम के मायने समझ गये हैं।

हम जानते हैं हमारे इस प्रेम को लोग अहंकार की मिसाल के रूप में याद रखेंगे और अब हम भी चाहते हैं लोग इसे इसी रूप में याद रखें और सावचेत हों कि प्रेम अहंकार नहीं समर्पण माँगता है।' सोचते हुए उन्होंने चमेली के हृदय से बहते लहू को अपने माथे पर लगा लिया।

फिर तो अन्नम ने पूरे सम्मान के साथ उसका अंतिम संस्कार किया और उसकी समाधि बना उसे फूलों से ढँक दिया। फिर अन्नम देव हर साल वहाँ आते और चमेली की समाधि पर फूलों की चादर चढ़ाते और उसमें से एक फूल लेकर अपने माथे से लगा, उसे राज मुकुट में सजा लेते। वह जब तक जीवित रहे, तब तक चमेली की समाधि पर फूल चढ़ा, उसे अपने माथे से लगाते रहे। फिर इसे राज घराने की प्रथाओं में शामिल कर लिया गया।

"तुमने भी तो देखा है न गुमान? अन्नम देव के राजघराने के लोग आज भी चमेली की समाधि पर फूल चढ़ाते हैं और उसमें से एक फूल अपनी पगड़ी में सजा लेते हैं। यह पश्चाताप है गुमान। विसर्जन है उस अहं का जिसके चलते अन्नम देव को अपनी चमेली की बली लेनी पड़ी। देर से ही सही अन्नम देव ने, प्रेम का मतलब समझ लिया था और अपनी चमेली को पूरी तरह समर्पित हो गये थे, पर गुमान बाबू तू! तू सोच रहा होगा कि इतिहास की दूसरी कहानियों की तरह ही, अन्नम देव की ये कहानी भी एक राजहठ की कहानी है। नहीं गुमान बाबू। यह राजहठ की कहानी नहीं, यह एक पुरुषहठ की कहानी है। वह पुरुषहठ जो स्त्री को पाना अपना अधिकार मानता है। तू भी तो यही कर रहा है। अन्नम देव राजा थे। उन्हें अपनी राज शक्ति का अंहकार था। तेरे को अबूझमाड़िया और कलाकार होने का अहंकार है। मैं ठीक कह रहा हूँ न?" उसके मन ने सवाल किया।

"हव ये सच है। अपना गरब में मैं अन्नम के राह में चलने लगा था फेर मैं क्या करता उसका वो ब्योहार सह नहीं पाया।"

"गुमान बाबू! तूने तो जलारी माँ की मूरत बनायी है न? क्या तू उनकी प्रेम कहानी के बारे में जानता है?" मन ने फिर सवाल किया।

गुमान को याद हो आया मूर्ति बनाते समय कोया ने उसे बताया था कि शुरुआत में जलारी माँ राजी नहीं हुई थीं। अपने प्रेम का विश्वास दिलाने में भाऊ को बरसों लग गये थे। बहुत मुश्किल से जलारी माँ राजी हुई थीं लेकिन जब जलारी माँ राजी हुईं, तो उनके बाबो अड़ गये। वे अपने समाज से बाहर बेटी देने को राजी ही नहीं थे। भाऊ अपने प्रेम को पाने के लिए लमसेना तक बनने को तैयार थे। फिर भी जलारी माँ के बाबो तैयार नहीं हुये? फिर? बेटी

के प्रेमआँच में पिघल गया उनका मन। बाबो तैयार हुए तो समाज अड़ गया। कितनी परेशानियों के बाद एक हो पाये थे वे और जब एक हुए तो फिर तो दोनों काया और साया ही बन गये।

"तो बाबू गुमान साय! परेम महुआ का फूल नइ के टप से टपका और गप से मुँह में धर लिए। परेम त महुआ का शराब है। उसको धीरे-धीरे सिझाना होता। तब कहीं जाके ओगरता है उसका रस। कतना बार तो ओगरता भी नइ। फिर दुबारा उतनच मेहनत लगती है, तो तू फिर सोच ले?" गुमान के मन ने चेताया।

"सोच लिया। केतना भी मुसकुल हो, अब तो मेरे को परेम के ही रसता पे चलना है।" मन को जवाब दिया फिर उसे कबीर बाबा याद हो आए–

"कबीर यह घर प्रेम का खाला का घर नाहि
सीस उतारे भुई धरे तब पैठे घर माहि।"

स्कूल में गुरु जी ने जब पढ़ाया था, तब इसका अर्थ समझने की समझ कहाँ थी लेकिन अब-'कबीर बाबा ने कितनी सही बात कही है।' सोचा और चल पड़ा। कोया का अक्स आँखों में लिए बढ़ा जा रहा था वह। मंजिल तो उसकी कोया ही थी, मगर राह? कौन सी राह उस तक पहुँचाएगी यह उसे नहीं मालूम था। सो अलगानार के चौराहे पर खड़ा हो गया–'अब कौन सा रसता पकरूँ जो कोया तक...?' तभी एक बस आकर रुकी और कंडक्टर ने आवाज लगायी–

"भोंगापाल-भोंगापाल। चलो भोंगापाल जात्रा।"

भोंगापाल की टेर सुन, उसे भोंगा देव याद हो आये और वह बस में चढ़ गया।

5

बस चल पड़ी भोंगापाल की ओर। गुमान कभी भोंगापाल नहीं गया था, मगर उसने सुन रखा था कि भोंगा देवता प्रेम के देवता हैं और लोग अपने प्रेम में आयी बाधा को दूर करने के लिए भोंगापाल की जात्रा करते हैं। यह समय जात्रा का था। उसने देखा यात्रियों में अधिकतर युवक ही थे। कोंडागाँव तक तो सड़क पक्की थी, तो कोई परेशानी नहीं हुई, पर उसके बाद? उसके बाद की यात्रा तो सचमुच प्रेम मार्ग की ही यात्रा थी, तो वह आसान नहीं ही थी। गुमान अबूझमाड़िया था। जंगल से तो उसकी बालपन की मितानी थी, फिर भी इस समय उसे वह राह कठिन लग रही थी। तमाम उतार चढ़ाव झेलते हुए गुमान भोंगापाल पहुँचा। वहाँ उतरते ही उसकी बस के, सहयात्रियों में से एक

ने जयकारा लगाया–

"बोल भोंगा बबा के जय।"

"जयऽ। जयऽ।" सूने जंगल में यात्रियों का समवेत स्वर गुंजायमान हो उठा।

फिर जयकारा लगाते सब लोग एक ओर बढ़ने लगे। वह भी उनके साथ बढ़ चला। कुछ दूर चलने के बाद एक नदी नजर आयी। वे उसके किनारे-किनारे चलने लगे। बीच-बीच में भोंगा बबा की जय के जयकारे लगते और उनके कदम उत्साह से भर उठते। दूर तक चलने के बाद एक टीला सा नजर आया। उसे देखते ही जयकारे और तेज हो उठे। उसने देखा नदी के किनारे स्थित उस टीले को। कुछ आगे जाकर एक पट्टिका पर सप्त मातृका मंदिर लिखा था और तीर का निशान उस दिशा की ओर इंगित कर रहा था। उसके साथ के जात्री भोंगा बाबा के दर्शन के लिए, मुख्य मंदिर की ओर बढ़ रहे थे, पर गुमान तो मातृ पूजक था। उसे लगा कि पहले सप्त मातृका के दर्शन करना चाहिए और वह सप्त मातृका मंदिर की ओर बढ़ गया।

सप्त मातृका टीले पर पहुँचकर गुमान ने देखा वहाँ सात मूर्तियाँ रखी हुई थीं। एक पंडितनुमा आदमी ने उसे बताया–"बेटा ये सप्त मातृकायें हैं। देखो यहाँ ब्राह्मणी, वैष्णवी, नागेश्वरी, चामुंडा, इन्द्राणी, कौमारी और वाराही देवियों की मूर्तियाँ विराजमान हैं।" गुमान ने उन मूर्तियों को ध्यान से देखा तो उसे, वे सब उसके अंचल के घरों में पूजी जाने वाली ग्राम माताओं जैसी लगीं। उसके अपने परिवेश और शिल्प में ढलीं सात माइयाँ। गुमान उन्हें देर तक निरखता रहा। खासकर चामुण्डा माई को। उसने किसी मंदिर में चामुण्डा के दर्शन तो नहीं किये थे, पर किताब में तस्वीर देखी थी। उस तस्वीर से यह मूर्ति एकदम अलग थी। किताब वाली चामुण्डा माता की भव्यता आकर्षित तो करती थी, पर एक सीमा रेखा भी खींचती थी। एक अनजाना सा भय भी जगाती थी, पर यह मूर्ति? जटाओं का मुकुट बनाये, अपने हाथ में नन्हें बालक को थामे थी। मूर्ति देख उसे लगा, जैसे उसकी यायो ही सामने खड़ीं हों। सो देर तक मुग्ध सा निहारता रहा। फिर मूर्ति के सामने नत हो अपने मन की सारी बातें कह सुनायी। अब उसका मन हल्का हो चुका था। अब उसे पूरा विश्वास था कि चामुण्डा माई उसकी सहायता जरूर करेंगी।

वहाँ से वह शिव मंदिर की ओर बढ़ चला। मिट्टी का शिवलिंग था। कुम्हार के आवाँ में पकाया हुआ। दर्शन करते हुए उसने गौर किया शिवलिंग का बाकी हिस्सा तो सही सलामत था, पर उसका ऊपरी भाग बुरी तरह घिसा हुआ था।

लगा जैसे जान बूझकर घिसा गया हो। आश्चर्य हुआ। उसे समझ नहीं आ रहा था कि ऐसा किसने किया और क्यों। वह देर तक सोचता रहा फिर भोंगा बाबा की ओर चल पड़ा। भोंगा बाबा टीले पर पहुँचकर उसने देखा, वहाँ ईंटों से बने कुछ जीर्ण शीर्ण भग्नावशेष थे। उन्हीं के बीच थी भोंगा बाबा की वह मूर्ति जो प्रेम के देवता के रूप में जानी जाती थी। गुमान ने उस मूर्ति को ध्यान से देखा। उसकी नाक भी घिसी हुई थी, ठीक उसी तरह जिस तरह शिवलिंग का ऊपरी हिस्सा। वह उस मूर्ति को अभी देख ही रहा था कि-

"कल्यान हो बच्चा। भोंगा बाबा तुम्हारा सब मनकामना पूरा करेंगे।" एक साधुनुमा व्यक्ति उसके पास आ खड़ा हुआ।

"जोहार साधु महराज।" गुमान ने अभिवादन किया।

"परेसान लगते हो बच्चा। लगता हैं प्रेम में मन को ठेस पहुँची है। चिंता मत करो। भोंगा बाबा सबका कल्यान करते हैं।"

'लागता है ये साधू बाबा बड़ा गियानी है। ये मेरे मन का बात जान गया।' गुमान सोच ही रहा था कि एक युवक आया और–

"बाबा मैं शिवलिंग का चूर्ण ले आया। अब बस भोंगा बाबा का चूर्ण बाकी है। मैं अभी निकालता हूँ।"

उसने एक दोना साधु को दिया और मूर्ति के करीब जा एक पत्थर से उसकी नाक घिसने लगा। उस युवक ने भोंगा बाबा की नाक घिसकर दूसरा दोना भी साधू को दिया।

"आओ बच्चा! कुटिया में चलें।" साधु ने कहा लेकिन गुमान वहीं खड़ा रहा। साधु ने उसे यूँ खड़ा देखा तो–"आओ बच्चा! हमारे साथ आओ। हम पर बिस्वास रखो। भोंगा बाबा सब कल्यान करेंगे।"

गुमान उसके पीछे चल पड़ा। कुटिया में बहुत अँधेरा था। साधु उस अँधेरे का अभ्यस्त था। वह अपने आसन पर बैठ गया, पर गुमान को कुछ नजर नहीं आ रहा था, तो वह बाहर ठिठका रहा।

"भीतर चले आओ बच्चा। प्रेम का दीपक जलते ही सब अँधेरा छू हो जायेगा।" कहा और दीपक जला दिया।

गुमान ने देखा साधु के आसन के सामने बहुत सी मूर्तियाँ रखी थीं। मिट्टी और पत्थर की तरह-तरह की मूर्तियाँ थीं। साधु ने सभी मूर्तियों की पूजा की। फिर दोनों दोने अपने हाथ में लेकर कोई मन्त्र पढ़ने लगा। उस मन्त्र के बोल और साधु का उच्चरण ऐसा था कि गुमान की समझ में कुछ आया ही नहीं। देर तक मंत्र पढ़ने के बाद उसने दोनों चूर्ण को मिला दिया और फिर मंत्र पढ़ने

लगा। वह बहुत देर तक मंत्र पढ़ता रहा। फिर–

"आओ बच्चा यहाँ हमारे करीब आओ।"

गुमान उनके करीब बैठ गया। साधु ने अपने कमण्डल का जल उस पर छिड़का और–"बच्चा देवी को प्रणाम करो। फिर देवी को मन ही मन, अपनी मन कामना बताओ।"

गुमान के लिए यह सब नया था। उसके यहाँ तो कुछ भी गोपन नहीं था। उन्हें अपने देव से जो भी माँगना होता था, वे जोर-जोर से बोल कर माँगते थे। मन ही मन बोलने की आदत नहीं थी। सो मन ही मन बोलने की जगह जोर से बोलने लगा।

"ऐसे जोर से नहीं। मन में बोलो। तुम्हारी बात बस देवी ही सुने और कोई नहीं।"

गुमान ने कोशिश की, मगर तमाम कोशिश के बाद भी आवाज बाहर आ ही जाती।

"राम-राम यह तो असगुन हो गया। सब पूजा नसा गया (अपवित्र)। अब तो फिर से मन्तर जपना पड़ेगा। चढ़ावा भी दुगना लगेगा।"

"चढ़ावा? कुकरा (मुर्गा) अउ दारू तो मैं लायच नइ।"

"बच्चा यहाँ कुकरा और दारू नहीं, रुपया चढ़ता है।"

रुपया चढ़ने की बात सुन गुमान को आश्चर्य हुआ। उसने अपने यहाँ ऐसा कोई अनुष्ठान नहीं देखा था, जिसमें रुपिया चढ़ता हो। सो कुछ देर भौचक सा उसका मुह देखता रहा। फिर जेब से दस का नोट निकाला और देवी के चरणों की ओर हाथ बढ़ाया।

"राम-राम यह क्या कर रहे हो? देवी को बस दस रुपट्टी! कम से कम ग्यारा सौ तो चढ़ाओ।"

"गियारा सौ? उतना रुपिया तो नइ है मेरा पास।"

"पैसा नहीं है तो कुछ और चढ़ा दो।" कहते उसकी नजर गुमान के गले पर जा अटकी। उसके गले में एक खूबसूरत कटावदार मछली लटक रही थी। उसकी पारखी नजरों ने उसका बाजारी मोल अंताज लिया। उसे मालूम था आजकल बाजार में इस तरह की पुरानी चीजों की बड़ी माँग है लेकिन गुमान को इसका भान नहीं था। सो उसने कहा–

"मेरा पास तो कुच्छ नइ है।"

गुमान के यह कहने पर उसने एक बार फिर उस मछली को देखा और–"देवी देवता को पहना ओढ़ा चीज बस्त चढ़ता नहीं है। नहीं तो तुम्हारी

ये मछरिया काम आ जाती पर एक काम हो सकता है। हम इसके बदले में तुमको रुपया दे सकते हैं।"

"मेरा इस तबीज के बदले में रुपिया? नइ ये नइ कर सकता मैं।"

"बच्चा प्रेम करने वालों ने तो प्रेम के खातिर–तख्तोताज तक कुर्बान कर दिया और तुम ये पुरानी धुरानी मछरिया तक नहीं दे सकते।"

"क्या कहा? पुरानी धुरानी मछरिया? ये मेरा यायो (माँ) का मया है। उसने पिनाया मेरे को। उनकू उनके यायो ने। मैं अपना यायो का मया बेच के अपना परेम...। नइ मैं ये नइ कर सकता।"

गुमान के इस इंकार ने साधु की उम्मीदों पर पानी फेर दिया, पर वह हताश नहीं हुआ। शिकार उसके जाल से निकल जाय यह तो संभव ही नहीं था। वह समझ गया कि गुमान का मातृ प्रेम बहुत गहरा है। सो उसने दूसरा पैतरा चलाया।

"हम नहीं जानते थे यह तुम्हारी अम्मा की निसानी है। कोई बात नहीं। अभी जितना है उतना ही चढ़ा देव। बाकी उधार रहा। जब पैसा हो आ के चुका देना।"

साधु जानता था वनवासी देव धामी का कर्ज ज्यादा दिन नही रखते, तो गुमान भी जल्दी ही कर्ज चुका देगा। साधु ने चूर्ण वाला दोना उठाया। फिर कुछ मंत्रों की बुदबुद की और एक पुड़िया बनायी। उसमें कमण्डल का जल छिड़क उसकी ओर बढ़ाया।

"बच्चा! ये मोहनी चूरन है। "इसको पान में डाल के खिलाना है। देखना वो तुम्हारी दीवानी हो जाएगी।"

'पान? मैं आने वाला मड़ई में उसकू पान में...।' सोचा लेकिन प्रेमाकुल मन ने कहा "पान तो अब जघा-जघा बेचाता है। पान इहाँ भी तो मिल रहा। उसके खातिर मड़ई का इंतजार काहे? कबीर बबा ने भी कहा है-"काल करे सो आज कर...।" हव ये ठीक रहेगा। मैं अभीच लेगा।' उसने सोचा।

"ध्यान रहे बच्चा। उसको मोहनी चूरन का पता न चले।"

"मानी? चोरी से खवाना है। बाबा ये तो धोका है। धोका तो गलत होता न?"

"बच्चा प्रेम में सब जायज होता है।"

गुमान देर तक सोचता रहा फिर बाबा की बात मान चल पड़ा पान ठेले की ओर–"दू ठो पान देना।"

"कौन सा पान? बंगला, कपूरी, मगही, बनारसी या मीठा पत्ती?" पानवाले ने पूछा।

गुमान चकरा सा गया। उसने एक बार पान तो खाया था लेकिन पान के नामों से परिचय नहीं था उसका। सो इतने सारे नामों में कौन सा नाम ले तय नहीं कर पाया।

"बोल न बाबू कौन सा पान चाही?"

गुमान चुप। उसे इनमें से किसी पान के, गुण धर्म के विषय में मालूम ही नहीं था। सो वह सोच ही नहीं पा रहा था कि किस पान का नाम ले।

"अच्छा ये बता खिलाना किसको है?"

पानवाला उसे देख यह तो जान ही गया था कि पान उसके अपने लिए नहीं, किसी और के लिए है। वैसे भी उस इलाके में भोंगा बाबा के मोहनी चूर्ण का बोलबाला था। रोज न जाने कितने युवा, प्रौढ़ और वृद्ध उसके यहाँ से पान खरीदते थे। सो उसने गुमान से पूछा–

"कोनो मोटियारिन खातिर चाही का? तो उसको मीठा पत्ती खिलाना। देखना पान खाते साथ तेरा घर में आ बैठेगी।" पान वाले ने मुस्काते हुए कहा और पत्ते में बीड़ा बाँध उसकी ओर बढ़ाया।

"केतना पइसा?"

"दस रुपिया।"

"दस रुपिया? एतना त नइ है मेरा पास।"

"तेरा घीसा में लम्बरी लोट तो दिख रहा मेरे को।" पान वाले की नजर उसकी जेब से झाँकते नोट पर जा टिकी।

"हव। एक ठो सौ का लोट है। बस का किराया खातिर रखा। अब्भी त ये दू रुपिया...।"

पानवाले को एक झटका सा लगा। अब तक जिसने भी मोहनी के लिए पान खरीदा, उसने बिना किसी आनाकानी के पूरा मोल चुकाया था। आज पहली बार ऐसा हुआ था कि...। सो उसने गहरी नजरों से देखा उसे। गुमान के चेहरे की निश्छलता ने उसके व्यवसायी मन को पीछे ठेल दिया और–"चल कोई बात नहीं। जब कभी इधर आना तो दे देना।"

वह पान लेकर चल पड़ा अलगानार की ओर। उसने आँखें बंद कीं, तो बस की रफ्तार से भी तेज भागकर, उसका मन जा पहुँचा अलगानार और उसने कोया को पान खिला दिया। पान खाते ही कोया के ओठों के साथ ही उसकी आँखों की रंगत बदल गयी। उसने मदभरी नजरों से उसकी ओर देखा और उसकी बढ़ने लगी–"नइ। ये धोका हय। मैं धोका किया तुमारा संग।" गुमान ने रटपटाकर आँखें खोलीं। अपने आस पास देखा। कोई नहीं था। पास

बैठे लोग उतर चुके थे। बस लगभग खाली थी। उसने बैग में हाथ डाल, पान और मोहनी की पुड़िया निकाल ली। उसे उलट पुलट कर देखा और खिड़की से बाहर उछाल दिया।

"ये क्या किया तूने?" उसके मन ने सवाल किया।

"वोई जो परेम म करना चाही। परेम म धोका देना सही नइ होता न।"

"कोन बोला? लोग त बोलते के परेम म सब चलता।"

"जोन अइसा बोलता न! वो बिकूप हय। वो परेम का मतलब बी नइ समझता। परेम म न धोका चलता न लुकाछिपी। दुनो दिल का बीच म कोई परदा नइ होना चाही। त परेम म ये मोहनी चूरन खवाना बी धोका हय न। मैं अइसा धोका नइ करेगा।"

"फेर त तेरे कू कोया कब्बी नइ मिलेगा।"

"मिलेगा। जरूर मिलेगा। मैं जानता सच्चा परेम कब्बी खाली नइ जाता। मैं उसकू अपना प्रेम से मोहेगा। अपना परेम का मोहनी डारेगा मैं।" उसने अपने मन को जवाब दिया।

"अलगानार-अलगानार।"

बस में कन्डक्टर की टेर गूँज उठी। गुमान अलगानार में नहीं उतरा।

6

सियानिन धाम! कहने को तो यह पाँच सियानिन (पुरखिन) का आवास स्थल था, मगर यह उनका आवास मात्र नहीं था। इसका एक महत्त्वपूर्ण पक्ष भी था। वह था उनके जीवन का संचित अनुभव। पाँच सियानिन में एक डंडावी मुरिया (माड़िया), दूसरी अघरिया, तीसरी भतरा, चौथी हल्बा और पाँचवी दोरला थी। सो अलग-अलग आदिवासी समुदायों की पाँच सियानिन निवासरत थीं वहाँ। प्रत्येक का अलग समुदाय था। सबकी बोली बानी, रहन सहन, नाच गान अलग था। सो सियानिन धाम में इंद्रावती और भद्रकाली की समूची सांस्कृतिक विरासत ही समा गयी थी। उनके बहाने कई संस्कृतियाँ एक ही छत के नीचे आ गयी थीं। कात्यायनी ने उनसे बात की, तो पता चला कि उनमें से दो तो अपने समाज की कला और संस्कृति की अंतिम कड़ी थीं। कात्यायनी उनके भीतर समायी कला को, उनकी संस्कृति को सँजो लेना चाहती थी। वह उनकी संस्कृति के बीज को बच्चों के अंतस में बो देना चाहती थी, ताकि लुप्तप्राय संस्कृतियाँ पुष्पित हो सकें। सो उसने इसकी जिम्मेदारी सौंपी कोया को।

कोया हर रोज दुहिता धाम की बच्चियों को उनके पास ले जाती। बच्चियाँ

अपनी-अपनी जाति की सियानिन के संग रहकर, उनसे अपने संस्कार ग्रहण करतीं। सो अब प्राँगण से गोटुल (घोटुल) गीत की स्वर लहरियाँ उठने लगी थीं। मुरिया सियानिन लिंगा के अनुभवों के खजाने में जो गोटुल गीत थे, वे सिर्फ गीत ही नहीं थे, उसके जीवन का निचोड़ समाया हुआ था उनमें। उन गीतों में उसके जीवन के वो अनुभव थे, जो उसकी उम्र के साथ पककर उसके भीतर रचबस गये थे इसीलिए उसके गीतों में एक ओर मन की उद्दाम लालसा प्रवाहित थी, तो दूसरी ओर गोटुल पाटा जैसे शोक गीत की शांत धारा भी थी।

वनवासी समाज सुख की तरह ही दुख और शोक को भी ग्रहण करता है। वह जानता है कि जब उनके जंगल हमेशा एक से नहीं रहते। जंगल के जीवन में भी वसंत के सुख के साथ पतझर का दुख भी आता ही है। फिर उनके जीवन में कैसे सुख ही सुख रह सकता है। उसमें भी उल्लास के वसंत के बाद दुख और शोक का पतझर आना तो तय ही है। सो वे दुख को भी सुख की तरह ही स्वीकारते रहे और दुख के इसी स्वीकार में रचते रहे गोटुल पाटा। गोटुल पाटा में उनके पुरखों की याद बसा करती थी और मुरिया सियानिन यानी लिंगा की यादों में तो उसके संगी की यादें भी शामिल थीं। सो रात की नीरवता को भेदकर, अक्सर उसकी कुरिया (कोठरी) से गोटुल पाटा की मंथर धार बहने लगती और वह जा पहुँचती अपने गाँव के उस गोटुल में जहाँ उसने अपना संगी चुना था। सो अक्सर अपने संगी की यादों में डूब जाती वह।

आज हरेली थी। गोटुल का ख़ास दिन। इसी दिन तो गोटुल की नींव डाली जाती थी। सो आज लिंगा को दुहिता धाम की बच्चियों को, गोटुल के बारे में बताना था। गोटुल की रीत नीत सिखानी थी। वह सिखा भी रही थी लेकिन मन बार-बार अटक भटक कर उसी गोटुल में जा पहुँचता, जहाँ उसके प्रीत की नीव पड़ी थी। सो दिन तो किसी तरह कट गया था, मगर रात? सावन के अमावस की यह रात बिरबिट अँधियार में डूबी हुई थी। लिंगा आज भी गोटुल पाटा गा रही थी। वह आज भी गीत में डूब जाना चाहती थी लेकिन मन? मन में यादों की लहरें उठ रही थीं फिर एक बड़ी सी लहर आयी और उसे अपने साथ बहा ले गयी उस गोटुल में, जहाँ ढेर सारे जुगनू दिपदिपा रहे थे...

7

उस दिन भी हरेली थी। उनके गोटुल की नीव डाली जानी थी उस दिन। माओ पाटा के साथ ही तो गोटुल (घोटुल) में उनके सह जीवन की शुरुआत होनी थी। गोटुल माड़िया युवाओं के सह जीवन की प्राथमिक पाठशाला थे। उनके

जीवन में मधुर उमंगों का प्रवेश यहीं से होता था। गोटुल से उनके तमाम सपने जुड़े होते थे, तो उसके गाँव के चेलक (युवक) और मोटियारिनों (युवतियों) ने मिलकर गोटुल बना लिया था। उसकी दीवारों को माओ (गौर), वन मैना, कड़कनाथ, सागोन, महुआ, सरई और सल्फी के सुंदर चित्रों से सजा भी लिया था। अब उन्हें इंतजार था शाम का और शाम के इंतजार से भी ज्यादा इंतजार था माओ पाटा (नृत्य) का, तो शाम होने से पहले गोटुल के बाहर, सब चेलक जुरने लगे थे।

गले में मिट्टी का मांदर लटकाये, सिर पर काकोटा लगाये (गौर के सींग का मुकुट) चेलक ख़ुशी से लहक रहे थे। उनकी उँगलियाँ मांदर पर थाप देने को अकुला रही थीं, पर अभी इंतजार की घड़ियाँ शेष थीं। चेलकों को इंतजार था मोटियारिनों का। उनकी सारी सज धज, उनका नाच सब तो उन्हीं के लिए था। उन्हें ही तो रिझाना था। सो उनकी बेचैन निगाहें बार-बार जंगल की ओर उठ-उठ जातीं। वे जानते थे मोटियारिनों के शृंगार में जंगल की कितनी अहम भूमिका होती है। फिर आज का दिन तो हरित शृंगार का ही दिन था। सो वे बार-बार जंगल से आती पगडंडी को निहारे जा रहे थे।

बहुत इंतजार के बाद, जब जंगल की हवाओं में घुँघरुओं की छुमछुम उभरी, तो उनकी नजरें उठीं और पगडंडी पर ठहर गयीं। फिर कुछ ही क्षणों में छुम छनाक छुम की स्वर लहरी पगडंडी पर थिरकने लगी। चेलकों का मन लहक उठा। उनकी नजरें छुम छनाक के उस स्वर में अपनी अपनी प्रिया को तलाशने लगीं। सफेद और लाल बस्तरिया लुगरा, गले में कचेले (काँच की मोतियों की माला) की कई लड़ वाली माला पहने, मोटियारिनें जब झुककर घुँघरु वाली सरिया से टेक लेतीं, तो उनकी मालाएँ भी आपस में टकरा उठतीं और उनसे उठी झंकार चेलकों के हृदय में मीठी कटारी सी समा जाती। मोटियारिनों का शृंगार तो हमेशा ही अनूठा रहता है लेकिन उस दिन उनका शृंगार और भी अनूठा था, तो जिन्हें अपनी प्रिया के दरस हुए उनकी उंगलियाँ झूमकर मांदर पर लहक उठीं लेकिन लिंगोपेन? उसकी तो कोई प्रिया थी ही नहीं। अब तक कोई ऐसी मोटियारी मिली ही न थी, जो उसके मन की भीतरी तहों में समा सके। तो उसकी उँगलियाँ मांदर पर ठहरी ही रहीं।

मांदर पर पड़ती थापों ने मोटियारिनों के, दिलों में भी झंकार भर दी और वे तेज कदमों से चलकर अपने चेलकों से जा मिलीं लेकिन लिंगा? वह अपनी मंथर चाल से ही चलती रही। सो अब पगडंडी पर केवल उसकी ही सरिया की छुनछुन उभर रही थी। लिंगोपेन ने देखा उसने लाल लुगरा पहन रखा था।

लुगरा के किनारी से सटी हुई थी घुँघरु वाली पैजन। उसके गले में लाल और हरे कचेलों की कई लड़ें झूल रही थीं। उसके माथे का टिगे (मुकुट) कुछ ज्यादा ही दमक रहा था। उसने अपने जूड़े में कौड़ियों की माला के साथ-साथ जंगल के हरे पीले पत्ते भी सजा रखे थे। उन पत्तों को उसने जूड़े में इस तरह से खोंस रखा था कि वे पर फैलाकर उड़ते बनपाखी से लग रहे थे। लिंगोपेन की नजरें उन पँखों से होकर उसके सलोने मुख पर जा ठहरीं। 'ये कउन हय। आज के पहिली इसको कब्बी नाय देखा। अपना गाँव का तो नाय लगता। फेर कउन हय ये? एतना सुंदर मुरिया मोटियारिन, अब तलक बिन जोड़ी के तो नइ होयेगा।' सोचते हुए उसकी नजरें कुछ ऊपर उठीं और जूड़े पर जा ठहरीं। उसके जूड़े की सज धज में कँघी नहीं थी। लिंगोपेन के मन ने तसल्ली की साँस ली और उसकी ओर बढ़ चला।

"कोनो दूसर गाँव की दिखती। इहाँ सगा (रिश्तेदारी में)आया?"

"सगा नाय आया। ये मेरा गाँव हय।" उसके जवाब में एक ठसक थी।

"तू ये गाँव का हय!फेर मय कब्बी देखा नाय तेरे कू।"

"अच्चा! अब तो देख लिया न?" कहकर आगे बढ़ने लगी।

लिंगोपेन ने बढ़कर उसकी राह छेक ली और–"एतना किया जलदी हय। चिटकुन थम। अपना नाव तो बता।"

"नाव? अमारा नाव लिंगा हय।"

"लिंगा !सच्ची तुमारा नाव लिंगा हय?"

"हव। फेर तू एतना अकचक काय कू हय। तू नाय जानता लिंगोपेन अमारा देव होता?" कहकर वह फिर आगे बढ़ने लगी।

लिंगोपेन ने बढ़कर फिर उसकी राह छेकी और "जानता हय रे। अपना गोटुल का देव को कइसा नइ जानेगा।"

"फेर तू एतना अकचक काय कू?"

"मय त ये खातिर अकचक हय के तू लिंगा अउ मय लिंगोपेन। हव। मेरा नाव लिंगोपेन हय। मेरा यायो बोलता मय गोटुल का देव लिंगोपेन का परसाद हय। अउ देख न आज वोइ लिंगोपेन तेरे को पठोया मेरा खातिर।"

लिंगा ने उसे देखा। कुछ देर थहाती नजरों देखती रही। फिर आगे बढ़ गयी। अबकी लिंगोपेन ने उसकी राह नहीं रोकी। वह उसे जाते हुए देखता रहा। कुछ कदम चलकर वह रुकी। पीछे पलटकर उसे देखा और उस समूह में शामिल हो गयी, जिसमें चेलक और मोटियारिनों के कदम माओ पाटा में थिरकने को आकुल थे।

'आज तो मय बी ये माओ पाटा म लोभायगा इसकू। माओ (वनभैंसा)। हमारा समाज में इसके शिकार की रीत है। आज बी माओ पाटा में वोही शिकार कथा त गाते हम। माओ का सींग का काकोटा पहन इसका ही सींग का तोड़िया (तुरही) बजाते। ये माओ पाटा माओ पे आदमी का जीत का कथा है। पुराना समे से आदमी सिकार से अपना तागत (ताकत) देखाता अऊ औरत को लोभाता हय। तभे त गोटुल में मोटियारी को लोभाने कू माओ पाटा नाचते (गौर की शिकार गाथा) है। आज त मय बी इसकू अपना बनायेगा।'सोचते हुए लिंगोपेन ने मांदर पर थाप दी। इस बार जो चेलक माओ बना था, कुछ ज्यादा ही चंचल था, तो मांदर पर थाप पड़ते ही वह दौड़कर अपनी मोटियारी के करीब गया और उसे पोटारकर (गले लगाकर)थिरकने लगा। उसके संगी चेलक ने उसे चेताया "सुन लिंगोपेन की पूजा के पहले किसी को अपनी मोटियारी का संग नइ धरना है। फेर तू तो माओ बना है, तेरे को तो माओ पाटा के बाद, अपना मोटियारी का संग धरना है।" सुनकर वह कुछ उदास सा हो गया।

8

शाम कुछ-कुछ सुरमयी हो चली थी। गोटुल मोटियारिन और चेलकों की हँसी और खिलखिल से रिगबिगा रहा था। सब माओ पाटा के लिए तैयार थे। उनके कदम रह-रहकर थिरक उठते। नाच का अपना एक जादू होता है कि नाचने वाले के कदम रुक ही नहीं पाते। फिर यहाँ तो उनकी थिरकन की वजह, उनकी मोटियारिनें उनके करीब थीं। सो गले में मांदर लटकाए चेलक अपनी प्रिया को देखते और खिलखिलाकर उनकी हथेलियाँ मांदर पर थाप दे देतीं। मोटियारिनें भी उनके प्रेम में कुलककर अपनी घुंघरु वाली सरिया बजा, उनके प्रेम का जवाब दे, वातावरण को और रसमय बना रही थीं। कुछ चेलक माओ की सींग से बनी तोड़िया बजा, अपना प्रेम संदेश भेज रहे थे। सबको गोटुल के बेलोसा और सिदार का इंतजार था। उनके बिना गोटुल का शुभारम्भ कैसे होता। यहाँ वे ही तो उनके मार्गदर्शक और नियामक थे, तो सब उनकी प्रतीक्षा में थे। सिदार और बेलोसा के आते ही ख़ुशी की एक लहर उठी और मांदर पर थाप और तोड़िया की आवाजें गूँजने लगीं।

गोटुल के नियम के अनुसार पहले चेलक गोटुल के अंदर गये और किलकारी भर मांदर पर एक जोर की थाप दी। यह थाप मोटियारिनों के लिए थी। उधर से अपनी सरिया बजाकर मोटियारिनों ने मांदर की थाप में अपना सुर मिलाया। उन्हें बेलोसा की अनुमति का बेसब्री से इंतजार था। सो उसकी

अनुमति मिलते ही वे झूम उठीं और सरिया के घुँघरु छनकाती अपने चेलकों से जा मिलीं। अब उन्हें अपनी जोड़ी बना लिंगोपेन देवता की पूजा करनी थी।

पूजा की शुरुआत कथा से होती थी। सो सिदार लिंगोपेन की कथा सुनाने लगा–"लिंगोपेन अमारा गोटुल का देव हय। पहिले के जमाना म, जब अम जंगल म गर (घर) बनाया, तब अमारा समाज का चेलक मोटियारी को समाज का, परवार का अउ परेम का पाठ पढ़ाने का जरूरत हुआ। फेर इसका कोनो साधन नइ था। तब लिंगोपेन आघू आया। उनने गाँव के बाहिर बाँस अउ सरई पाना से झोपरी बनाया। गाँव का एक मोटियारी संग मिलके अपना झोपरी सजाया। फेर उसका संग वो झोपरी म रहने लगा।

दिन कू लिंगोपेन और उसका मोटियारी सिकार को जाते। दुनों दिन भर जंगल म संग-संग रहते। जंगल का फल, कांदा जो बी मिलता बाँट के खाते। तब सिकार क अकाल नइ था। त रोज सिकार मिलता था। दूनों मिलके सिकार राँधते। दूनों संग-संग खाते, मंद पीते अउ मस्ती म झूमर- झूमर के नाचते। वो नाच म बाजा का कमी था। त एक दिन लिंगोपेन माटी का मांदर बनाया। उसकू आग म तपाया (पकाया)। जब वो पाक गिया त उसका मुह उपर माओ का चाम चपका के, जोर-जोर से थाप दिया। मांदर का अवाज सुन उसका मोटियारी झूमर-झूमर के नाचने लगा। फेर त रोज रात कू लिंगोपेन मांदर बजाता अउ उसका थाप पे उसका मोटियारी नाचती। देर तलक दूनो नाचते गाते। लिंगोपेन अपना मोटियारी कू खूब खुस रखता।

बहुत दिन का बाद लिंगापेन बाँस का एक ठो कंगी (कँघी) बनाया। उसकू फूल अउ पाना का रस ओगार के रंग दिया। रात कू दूनों नाचने लागे त लिंगोपेन ने अपना मोटियारी कू पोटार लिया। उसका आँखी म आँखी डारके देखा उसकू। फेर उसका खोपा म कँघी खोंस दिया। मोटियारी को बी उसका संग धरना था। त वो बी लिंगोपेन कू पोटार लिया। वोइ दिन से उनका परेम सुरु हुआ। थोरा दिन परेम का मस्ती म बिताके दूनों अपना घर जाके बिहाव कर लिया। अब वोई लिंगापेन अमारा देव हय। जइसा उसने अपना मोटियारी को खुस किया, तुम लोग कू अपना मोटियारी कू खुस करना हय। फेर उसका खातिर एक ठो सुंदर कंगी बी बनाने का। जब वो तुमारा कंगी कू अपना खोपा म खोंस के तुमारा मांदर संग नाचेगा, तब वो तुमारा बनेगा। त मोटियारी को परेम से मनाने का। कोनो जोर जबर नइ करने का। समझ लिया न।" सिदार ने चेलकों से कहा।

चेलकों ने अपनी-अपनी मोटियारिनों की ओर देख एक महीन मुस्कान

मारी। बाकी सबने अपनी जोड़ियाँ पहले से ही बना ली थीं। सो उनकी मुस्कान के जवाब में मोटियारिनों ने भी अपनी मोहक मुसकान मारी। गोटुल में जोड़े में ही रहने का नियम था। तो लिंगा आकर लिंगोपेन के करीब खड़ी हो गयी थी लेकिन उसने अब तक उसे मन से अपनी जोड़ी नहीं माना था। सो एक नजर लिंगोपेन पर डाली और पूजा में शामिल हो गयी। पूजा खत्म होते ही चेलकों ने मांदर पर थाप मारी और मोटियारिनें छुमछुमाती हुई अपनी सरिया छनकाती बाहर आयीं और गोला बनाकर थिरकने लगीं। उनके पीछे मांदर और तोड़िया बजाते चेलक भी बाहर आ झूम-झूम कर नाचने लगे। फिर तो मांदर की थाप और तुरही की आवाज से जंगल गुंजार कर उठा। माथे पर काकोटा लगाये चेलक जब झुककर मांदर पर थाप देते, तो उनके काकोटा में लगे मयूर और दूधनाथ के पँख लहरा उठते। उनके काकोटा में झूलती कौड़ी की लड़ियाँ कुछ और लटक आतीं और वे अपनी गर्दन को एक अदा से खम दे, उन लड़ियों को पीछे करते।

नाच जब अपनी पूरी लय पर पहुँचा, तब उनके गोल में बिजली की गति से माओ (वन भैंसा) ने प्रवेश किया और शुरू हुआ माओ पाटा नाट्य। सब चेलक उसके पीछे हो लिये। माओ देर तक उन्हें छकाता रहा। फिर उन्होंने उसे पकड़ लिया और तोड़िया बजाने वाले चेलकों ने अपनी तोड़िया से उसकी देह बींध दी। अपने सिकार को लेकर वे वापस आये तो उसे देख मोटियारिनें झूम उठीं। वे अपने-अपने चेलकों के और करीब हो आयीं। अब चेलकों का एक हाथ मांदर पर और दूसरा अपनी जोड़ी की कमर पर था। सवाल जवाब वाले इस गीत में अब सवाल और जवाब दोनों, प्रेम रस में अवगाहन कर रहे थे। अब चेलक और मोटियारिन एक दूसरे पर तिरछी नजर मारते मंद (शराब) और प्रेम की मस्ती में झूमने लगे। सो मांदर की थाप और भी रसीली हो उठी। मांदर, मंद और घुंघुरुओं से मिलकर जंगल मस्ती में झूम उठा और हरेली की अँधियारी रात प्रेम की अँजोरी से जगमग हो उठी।

यह इस नाच का बहुत ख़ास हिस्सा था। इसके एक-एक स्टेप पर चेलक और मोटियारिन को करीब से करीबतर होते जाना था, पर लिंगा और लिंगोपेन के बीच एक फाँक सी नजर आ रही थी। वे एक दूसरे के करीब तो थे लेकिन करीबतर नहीं। नाच खत्म हुआ तो जोड़ियों ने अपने लिए प्रेमिल एकांत तलाश लिए। कोई जोड़ा पेड़ों की झुरमुट, तो कोई घोटुल की पिछोत में चला गया। लिंगोपेन कुछ देर यूँ ही खड़ा रहा, फिर वह गोटुल के भीतर चला गया। लिंगा अकेली खड़ी रह गयी। उसे अकेली खड़ी देख बेलोसा करीब आयी–

"तू अइसा अकेल्ला? तेरा जोड़ी नाय बना किया?"

"बना फेर। मय उसकू जानता नइ।"

"अइसा अकेल्ला रहिके कइसे जानेगा उसकू? अपना जोड़ी कू जानने खातिर उसका संग-संग रहिना होता। लिंगापेन कू मय जानती। उसका माफिक चेलक कोनो नाय।"

तभी तोड़िया की मदिर सुरलहरी लहरा उठी। तोड़िया के उस सुर में एक अजीब सी कशिश थी। उस कशिश में बिंधी लिंगा के कदम गोटुल की ओर चल पड़े। गोटुल के द्वार पर खड़ी वह देर तक तोड़िया के सुर में भीगती रही। उसका मन किया कि उसके करीब जाए और...। फिर 'न अब्बी नइ।' सोचकर वहीं ठिठकी रही। उधर बाकी लोगों का प्रेम अपनी पूरी रवानी पर था। प्रेम की निर्झरा चहुँओर प्रवहमान थी।

दिन बीतते जा रहे थे लेकिन उन दोनों के बीच की फाँक में एक हल्की सी फाँक अभी भी बरकरार थी। फिर आया गोटुल से विदाई का दिन। बरखा रानी भी अपनी विदाई की तैयारी में थीं और गोटुल की जोड़ियाँ भी। आसमान के बादल बरसकर चुक गये थे, पर चेलकों के प्रेमिल बादल अभी भी रसवंत थे, तो वातावरण प्रेम की बारिश में ऊभ चूभ हो रहा था। अब चेलकों को कँघी बनानी थी। चेलकों को कँघी बनाकर उसे छुपाकर रखना था और मोटियारिनों को अपने चेलक की कँघी चुरानी थी। यह एक तरह से उनकी प्रेम परीक्षा थी। चेलकों को कँघी पर अपनी प्रिया की पसंद उकेरनी थी, तो मोटियारिनों को उस कँघी को पहचानन कर उसे चुराना था। जिन जोड़ियों ने जीवन में संग-संग रहने की राह चुनी ली थी, उनके चेलक तो अपनी प्रिया की पसंद जानते थे, तो अब हर चेलक की कोशिश थी कि उसकी कँघी, उसकी प्रिया की तरह सबसे सुंदर और अनूठी हो। उस दिन जोड़ियाँ बड़े बिहनिया जंगल की ओर निकल गयीं लेकिन लिंगोपेन गोटुल में ही बैठा रहा। लिंगा सबके साथ जंगल जाने को निकली, मगर अधबिच से लहुट आयी। गोटुल के भीतर गयी, देखा लिंगोपेन उदास बैठा था। वह कुछ देर उसे निहारती रही। फिर–

"तू जंगल नइ गया?"

लिंगोपेन ने उस पर एक नजर डाली फिर गोटुल की दीवार को ताकने लगा। दीवारें अब तोता मैना और चेलक मोटियारिनों के प्रेमिल चित्रों से आच्छादित थीं। जोड़ियों ने अपने प्रेम को दीवारों पर उकेर दिया था। अब लिंगा की नजरें भी दीवारों पर गयीं। फिर लिंगोपेन के मुख पर ठहर गयीं। मन में कुछ कसका। उसे लगा इसके गोटुल के सुंदर पल छिन यूँ ही चले गये।

उसके मन के भीतर कुछ हुआ और–

"आज त कंगी बनाने का दिन हय। तू जानता नाय?"

उसने कोई जवाब नहीं दिया। लिंगा कुछ देर देखती रही उसे। फिर उसके करीब गयी और गले में बाहें डाल मनुहार किया– "लिंगोपेन अपना लिंगा खातिर कंगी नाय बनायेगा?"

लिंगोपेन की नजरें उठीं। उसने देखा उसकी नज़रों में एक प्रेमिल आमन्त्रण लहरा रहा था। वह कुछ देर उस आमन्त्रण को थहाता रहा, फिर उसे अपने भुजबंध में बाँध लिया और–"तू मेरे कू केतना तरसाया रे।"

"तू अकेल्ला तरसा? मय नाय तरसा तेरा खातिर।" कहकर कर लिंगा ने उसे रतनारी नजरों से ऐसे देखा कि...

लिंगोपेन उसमें डूबता चला गया। उनका यह प्रेम तथाकथित सभ्य समाज का बंधनों में बँधा प्रेम नहीं था। यह उस आदिवासी समाज का प्रेम था, जहाँ उनके जीवन की तरह प्रेम भी निर्बंध होता है। सो गोटुल के भीतर प्रेम की आदिम धार लहराने लगी। दिन अपनी रफ्तार से चल रहा था, मगर गोटुल के भीतर तो समय भी ठिठका हुआ था। समय इंतजार कर रहा था, प्रेम प्रवाह कुछ थमे तो वह अपना अहसास दे, पर उन्हें तो कुछ होश ही नहीं था। न अपना न समय का। वे तो बीते दिनों की भूख और प्यास को मिटा लेने में रत थे, पर प्रेम की प्यास मिटकर भी कहाँ मिटती है। सो वे कुछ देर थमकर, प्रेम नदी के द्वीप पर थिराते और फिर उसकी धारा संग बह निकलते। जब सूरज अपने घर की ओर लौटने लगा और बाहर जोड़ियों की खिलखिल गूँजने लगी, तो लिंगा ने उसके कानों में हल्की सी फुसफुस की। लिंगोपेन ने अपनी मदहोश सी अधखुली नजरों से उसे देखा और–

"नाय। आज कुछ अउ नाय।" और भुजबंध और कस लिया।

लिंगा उसके भुजबंध में देर तक बँधी रही। उसका भी मन कहाँ था कि... तो–"चल अम जंगल चलते।" उसने अनुहार की।

अब तक चेलक और मोटियारिनों का समूह भीतर आ चुका था, मगर वे उस समाज से तो थे नहीं, जहाँ लोग चकित होने का बहाना कर बतकही करने लगते हैं, तो उन्होंने लिंगोपेन को देखा और लिंगोपेन ने उन्हें। फिर एक समवेत खिलखिलाहट गोटुल में गूँज उठी। बिना किसी शर्म और झिझक के, लिंगा और लिंगोपेन की खिलखिलाहट भी उसमें शामिल हो गयी। फिर लिंगा ने लिंगोपेन का हाथ थामा और दोनों उस पगडंडी पर दौड़ पड़े, जहाँ चाँद और सूरज तो नहीं लेकिन जुगनू दिपदिपा रहे थे। बेशुमार जुगनू, जिनकी दिपदिप में उन्हें

रचना था अपना प्रेमग्रंथ और जुगनुओं की दिपदिप में, जुगनुओं को गवाह मान उन्होंने रच दिया था एक प्रेमग्रंथ। कागज या भोज पत्र पर नहीं, एक दूसरे के दिल पर। तभी तो आज भी उसका एक-एक हर्फ़ लिंगा की आँखों में चमक रहा है। लिंगोपेन की यादों में डूबी लिंगा को पता ही नहीं चला कि कब रात पहा गयी। जब उसके दरवाजे पर दस्तक हुई, तब उसे भान हुआ कि भोर हो गयी। यह समय सब सियानिनों के नदी स्नान का था। लिंगा ने लपककर द्वार खोला और अपनी पड़ोसिन के साथ नदी की ओर चल पड़ी।

9

'अरण्य वाटिका'ने अब बहुत विस्तार ले लिया था। अब उसमें कोया की 'कला वीथिका' भी शामिल हो चुकी थी। कोया अपनी कला के लिए पूरी तरह समर्पित थी लेकिन इन दिनों उसका मन थिर नहीं था। एक हलचल सी मची रहती थी मन में। एक ओर गुमान था, तो दूसरी ओर उसका अतीत। कोया नहीं चाहती थी अपने अतीत में झाँके इसीलिए तो उसने अपने अतीत के द्वार पर एक बड़ा सा लौह कपाट लगा दिया था। वह कपाट इतना भारी था कि बवंडर भी उससे टकरा कर वापस लौट जाते थे 'लेकिन गुमान? गुमान बवंडर नहीं बयार था। बयार जो उस लौह कपाट की रंध्र से भीतर प्रवेश कर गया था, मगर भीतर? भीतर तो वह पैठा था। वह जिसने मुझे शालभंजिका...।'सोचती कोया ने यादों की बंद खिड़की खोली...

'तब मुझे दुहिता धाम से जुड़े कुछ ही दिन हुए थे, तभी भारत कला संस्थान से एक आमन्त्रण मिला। कला पर कार्यशाला थी। नये पुराने तमाम कलाकारों का जमावड़ा होना था वहाँ। मेरा फोकस 'अरण्य वाटिका' पर था। सो जाने का मन नहीं था, पर कात्यायनी मैम चाहती थीं कि मैं जरूर जाऊँ। उनका कहना था कि वहाँ तमाम कलाकारों से मिलना जुलना होगा। वह आयोजन मेरे लिए नया आयाम रचेगा और उनकी बात सच हो गयी थी। मेरे जीवन में सचमुच एक नया आयाम जुड़ गया था। 'सोचती कोया के सामने वह दृश्य साकार हो उठा...

कार्यशाला का पहला ही दिन था। उद्घाटन सत्र खत्म हुआ। वह मंच से उतर ही रही थी कि–

"आप शालभंजिका है?"

"शालभंजिका?"

"हाँऽ शालभंजिका। मंच से परिचय देते हुए कहा गया कि आप शाल वनों

के द्वीप में रहती हैं। अब वहाँ रहती हैं, तो शालभंजन तो किया ही होगा न? तो शालभंजिका ही हुईं न?"

कोया ने देखा उस अजनवी चेहरे पर, एक भोली सी मुस्कान के साथ, एक भोली सी शरारत भी थी। यह पहली मुलाक़ात थी उनकी लेकिन उसके कहन में अजनवीपन का लेश भी न था। कोया कुछ देर उसे देखती रही। फिर आगे बढ़ने लगी, तो वह उसके सामने आ खड़ा हुआ।

"आपने बुरा तो नहीं माना? दरअसल मैं आपसे बात करना चाहता था। सच तो यह है कि मुझे आपमें शालभंजिका की छवि दिखाई देती है। आप जब मंच पर खड़ी हुईं, तो आपको को देखकर लगा कि जैसे शालभंजिका की मूर्ति ही साक्षात हो उठी हो। मैं अपने को रोक नहीं पाया और...।"

कोया ने एक बार फिर देखा उसे। थहाना चाहा कि कहीं शालभंजिका के बहाने कुछ और ही मंशा तो नहीं उसकी, पर उसके चेहरे पर वैसा कोई भाव नजर नहीं आया, जैसा दूसरे पुरुषों के चेहरे पर उभरता है। उन लोगों के लिए शालभंजिका, स्त्री देह के कामुक विश्लेषण का वायस मात्र होती थी लेकिन यहाँ ऐसा कुछ नहीं था। सो कोया सहज हो गयी और–

"आपने शालभंजिका देखी है?"

उसके मन में आया कहे–"हाँ देख रहा हूँ। मेरे सामने ही तो खड़ी है।" पर कहा नहीं। पहली ही मुलाकात में यह सब कहना उचित नहीं लगा। सो–"हाँ देखी है गूगल पर।"

"गूगल पर देखना और रू-ब-रू देखने में बहुत फर्क है। वैसे दिव्यांशु रायचौधरी को पढ़कर भी बहुत कुछ जान सकते हो।"

"दिव्यांशु रायचौधरी! यानी अपने हमनाम को?"

"अच्छा तो आपका नाम भी दिव्यांशु है।" कहकर कोया चाय के लिए आगे बढ़ गयी।

वह उसे देखता रहा। फिर उसके ओठों पर एक मुस्कान मचल उठी और वह भी उधर ही बढ़ चला, जिधर चाय थी और कोया भी। कोया ने अपनी चाय ली और उस ओर चली गयी, जिधर लॉन में बहुत सी मूर्तियाँ रखी थीं। उन्हीं मूर्तियों के बीच एक स्त्री मूर्ति थी। श्वेत प्रस्तर की त्रिभंगी मूर्ति, जिसके ओठों पर ठहरी थी वह मुस्कान, जिसका कोई सानी ही न था। गढ़ने वाले ने इतनी बारीकी से गढ़ा था कि लग रहा था जैसे अभी, बस अभी ही बोल उठेगी। कोया मूर्ति की गढ़न में डूबी हुई थी।

"यह शालभंजिका है न?"

कोया ने पलटकर देखा वह उसके पीछे आ खड़ा हुआ था।

"सचमुच बहुत सुंदर है यह। अधरों पर ठहरी इस मुस्कान के सामने, मोनालिसा तो कहीं ठहरती ही नहीं।"

"मोनालिसा! मुझे लगता है हमें इस तरह की तुलना से बचना चाहिए। मोनालिसा मोनालिसा है और शालभंजिका शालभंजिका। दोनों दो अलग-अलग संस्कृतियों की वाहक हैं। इनकी तो तुलना ही नहीं हो सकती। मुझे तो यह समझ ही नहीं आता कि हम अपनी हर चीज की तुलना पश्चिम से क्यों करते हैं।"

"सहमत। आप शत प्रतिशत सही कह रही हैं।"

"यह तो शालभंजिका की प्रतिकृति है। इसमें वह बात है ही नहीं, जो ओरिजनल में है। प्रतिकृति तो प्रतिकृति ही होती है न। उस मूर्ति के ओठों पर ठहरी मुस्कान, तो देखते ही बनती है।"

"सच। आपने ओरिजनल देखी है! मगर वह तो संग्रहालय के सात तालों में बंद है। उस तक हम जैसे लोगों की पहुँच ही कहाँ है? आप उसके बारे में कुछ बताइए न?" उसने बहुत आग्रह से कहा।

कोया को लगा वह एक जिज्ञासु है। सो–"शालभंजिका भारतीय सौंदर्य में ढली एक ऐसी मूर्ति है, जिसे देखकर हर देखने वाले को लगता है कि वह उसी की ओर देख रही है। उसके विषय में कई धारणायें हैं, कुछ लोग उसे मदनोत्सव से जोड़कर, मदनिका के रूप में देखते हैं, तो कुछ उसे प्रसूता स्त्री के रूप में देखते हैं। जो भी हो मूर्ति का सौंदर्य अद्‌भुत है। बनाने वाले कलाकार की कला बेजोड़ है।"

कोया शालभंजिका के बारे में बताती रही और वह ध्यान से सुनता रहा। फिर तो कार्यशाला के दौरान वे अक्सर साथ रहते। कला पर बातें करते बहुत नजदीक आ गये थे। ज्यादातर कोया ही बोलती और वह सुनता। उसने कोया का नाम ही रख दिया था– 'शालभंजिका'। कोया को भी उसका साथ भाने लगा था। दोनों ने अपने प्रेम का इजहार लब्जों में नहीं किया था लेकिन...। सो उसे भी उसका इंतजार रहता। वह कार्यशाला का आखिरी दिन था। उस आखिरी सत्र में कला समीक्षकों के व्याख्यान होने थे। कोया उसका इंतजार रही थी लेकिन उस दिन वह देर से आया।

"इतनी देर कर दी? कहाँ थे आज?"

"बस यूँ ही कुछ पढ़ने लगा था। समय का पता ही नहीं चला।"

"तुम शालभंजिका के विषय में जानना चाहते थे न। आज प्रसिद्ध कला समीक्षक दिव्यांशु रायचौधरी जी का व्याख्यान है। वे कला के विशेषज्ञ हैं और

शालभंजिका पर तो उनकी ख़ासी कमांड है।"

"मुझे कुछ कहना है तुमसे। इस कार्यक्रम के बाद जाना नहीं। मेरा इंतजार करना।"

"क्या कहना है? अभी कहो न।"

उसने कुछ देर कोया को देखा फिर–"अभी नहीं, मगर तुम वादा करो मुझसे मिले बिना नहीं जाओगी।"

"ठीक है नहीं जाऊँगी।"

"पक्का वादा?"

"हाँ एकदम पक्का।"

उसने कोया का हाथ अपने हाथों में ले लिया और उसकी आँखों में देखा। वहाँ विश्वास लहरा रहा था। 'कितना सहज विश्वास है इसकी आँखों में और मैंने...? मुझे ऐसा नहीं करना था।' सोचा और–

"सारी।"

"किस बात की सारी।"

"मैंने तुमसे कुछ छुपा...।"

उसकी बात पूरी होती उससे पहले–"अब मैं मंच पर आमंत्रित कर रही हूँ प्रसिद्ध कला समीक्षक दिव्यांशु रायचौधरी को।"

वह उठा तो कोया ने सवालिया नजरों से देखा उसे। उसने इंतजार करने वाली बात फिर दोहरायी और मंच की ओर बढ़ गया। वह मंच पर जाकर उस कुर्सी पर बैठ गया, जिस पर दिव्यांशु रायचौधरी लिखा था। 'तो यह दिव्यांशु रायचौधरी ही है, पर इसने ऐसा क्यों किया? अपना परिचय छिपाने का तो कोई कारण नहीं था। फिर? सोचती वह आवाक सी उसे ही देखे जा रही थी। उसे गुस्सा आ रहा था उस पर और अपने आप पर। वह दिव्यांशु रायचौधरी के नाम और काम से परिचित थी। उसने उसके लेख पढ़े थे। उस दिन उसने शालभंजिका के विषय में जो कुछ उसे बताया था, उसमें दिव्यांशु रायचौधरी के भी विचार थे। 'उफ़ यह फरेब! जब अकारण ही इतना बड़ा फरेब किया, तो आगे तो न जाने क्या-क्या...। न मुझे इस फरेबी से अब कोई सम्बन्ध नहीं रखना। बात भी नहीं करनी इससे। अब तो इसका वक्तव्य भी नहीं सुनना मुझे।' सोचा और उठने लगी।

"अब स्वागत की इस कड़ी में, मैं दिव्यांशु रायचौधरी के स्वागत के लिए, आमंत्रित करती हूँ सुप्रसिद्ध कलाकार कोया जी को। वे आएँ और दिव्यांशु जी का स्वागत करें।"

अब तो और भी विकट स्थिति थी। इस वक्त वह जिससे दूर भाग जाना चाहती थी, अब उसी का स्वागत करना था। उसका मन किया वह उस घोषणा की डिनाई कर दे, पर यह तो बदतमीजी होती। सो वह मंच की ओर बढ़ गयी। एक लड़की ने उसे गुलदस्ता थमाया और वह उसके सामने जा खड़ी हुई। गुलदस्ता देते समय उसके चेहरे पर औपचारिक मुस्कान भी नहीं आयी। यंत्रवत गुलदस्ता थमाया और मंच से नीचे आ गयी। मन किया अपना बैग उठाये और निकल ले लेकिन किसी कार्यक्रम से यूँ निकल जाना सही नहीं लगा। सो अपनी सीट पर बैठ गयी। फिर भी मन में उथल पुथल सी मची रही। 'कुछ देर बैठती हूँ। फिर चली जाऊँगी।' सोचा। "यह वही कला समीक्षक है, जिसकी समीक्षा की तुम कायल रही हो।" उसके मन ने याद दिलाया।

"हुआ करे कला समीक्षक। मुझे इस फरेबी का वक्तव्य सुनना ही नहीं।" अपने मन को जवाब दिया।

"अब मैं आमंत्रित कर रही हूँ दिव्यांशु रायचौधरी जी को। यूँ तो दिव्यांशु जी किसी परिचय के मोहताज नहीं। कला जगत में जाना माना नाम है इनका। फिर भी परिचय की औपचारिकता निभाते हुए पेश है छोटा सा परिचय।"

मंच से दिव्यांशु का परिचय दिया जा रहा था और कोया का मन बाहर जाने का कारण तलाश रहा था। यूँ आजकल बहाना तलाशना भी कहाँ पड़ता है। बस मोबाइल कान से सटा लो और निकल लो। सो उसने भी मोबाइल कान से लगाया–

"नहीं? यह उचित नहीं। मस्तिष्क ने टोका।"

"क्यों उचित नहीं?उसने जो फरेब किया, वह उचित है?"

"वह भी उचित नहीं। पर यह...।"

परिचय दिया जा चुका था। अब दिव्यांशु माइक पर था। सो वह उठी और बाहर की ओर बढ़ी।

"कोया जी! बैठिए प्लीज। मेरे बोलने की सार्थकता तो तभी है न, जब आप जैसी कलाकार उसे सुनें, तो प्लीज!"

मंच से किए गये इस अनुनय के बाद तो कोई उपाय ही न था। सो बैठ गयी। कला के विषय में उसका ज्ञान तो था ही, उसका वक्तव्य भी प्रभावी था लेकिन कोया ने तो तय कर लिया था कि उसका वक्तव्य सुनना ही नहीं है। सो उसने कान में इयर फोन लगाया और–"आइए आपको ले चलते हैं। कला महोत्सव में।"

आकाशवाणी से कार्यक्रम का सीधा प्रसारण हो रहा था। सो उसके कानों

में दिव्यांशु की आवाज़ गूँज उठी। 'उफ़ यहाँ भी।' उसने झट से चैनल बदला, तो वहाँ वही कान फोड़ू संगीत वाले गाने बज रहे थे, जिनमें गीत तो कहीं था ही नहीं। सो उसने स्विच ऑफ़ कर दिया और न चाहते हुए भी दिव्यांशु को सुनने लगी।

"भारतीय मूर्तिकला की अपनी विशेषताएँ रही हैं। हमारा प्रचुर पुरा वैभव इसका प्रमाण है। आप शालभंजिका को ही ले लीजिये। उसके चेहरे पर ठहरी उस मुस्कान का कोई सानी नहीं। मोनालिसा भी उसके सामने कहीं नहीं ठहरती। सिर्फ शालभंजिका ही नहीं, ऐसी न जाने कितनी मूर्तियाँ हैं हमारे यहाँ। यहाँ मैं छत्तीसगढ़ की डिंडेश्वरी का नाम लेना चाहूँगा।"

छत्तीसगढ़ का नाम सुनते ही कोया के कान सजग हो उठे। उसने देखा वह बड़ी सहजता से डिंडेश्वरी की विशेषताएँ बता रहा था।

"ग्रेनाईट की वह मूर्ति अद्‌भुत है। कलाकार के हुनर कमाल का है। हमारा पुरा वैभव तो समृद्ध है ही, हमारा वर्तमान भी कम समृद्ध नहीं है। बस्तर जैसे वनांचल में लिंगाराम जैसे कलाकार हुए, जिनकी कृति मछेन्दरी विश्व विख्यात हुई थी।"

लिंगाराम का जिक्र आते ही कोया का मन आद्र हो उठा और उसका क्रोध गलने लगा। वह देर तक मछेन्दरी की विशेषतायें बताता रहा फिर–"आज उनकी पोती कोया कला को आगे बढ़ा रही हैं। हमारा सौभाग्य है कि वे आज हमारे बीच मौजूद हैं। पिछले कई सेशन में वे आप सबसे रू–ब-रू हो चुकी हैं।"

अब वह बोल रहा था और कोया मुग्ध मन सुन रही थी। प्रशंसा कलाकार की कल्पना के पँखों में उड़ान भर देती है और वह प्रशंसा अगर कला समीक्षक करे, तो वह उड़ान और ऊँची हो उठती है। वह अपनी कला के और नये आयाम रचने की कल्पना करने लगता है। कोया का मन भी कुछ और नया रचने की ओर अग्रसर हुआ। कार्यक्रम खत्म हुआ, जब लोग उठने लगे। उसने देखा दिव्यांशु लोगों से घिरा हुआ था। उसका भी मन किया कि उसे थैंक्स कहे। वह उठी भी फिर उसे याद हो आया कि वह उससे नाराज है। सो वह उसी ओर बढ़ गयी, जिधर मूर्तियाँ थीं।

10

"शालभंजिका!"

कोया ने पलटकर देखा। दिव्यांशु उसके पीछे आ खड़ा हुआ था। उसने

देखा दिव्यांशु की आँखें बहुत कुछ बोल रही थीं। उसकी आँखों में प्रेम लहरा मार रहा था। उसका मन पिघलने को हुआ, मगर मान अड़ गया।

"मेरा नाम कोया है। शालभंजिका नहीं।"

"कोया तो तुम औरों के लिए हो। मेरे लिए तो शालभंजिका हो। मैं तुम्हें उसी रूप में देखना चाहता हूँ। क्या तुम बनोगी मेरी शालभंजिका?"

"फरेब की बुनियाद पर शालभंजिका को पाना चाहते हो?"

"फरेब? नहीं तो। मैंने कोई फरेब नहीं किया। सब कुछ तो बता दिया तुम्हें।"

"सब कुछ बता दिया, मगर असल बात छुपा ली।"

"अच्छा मेरे परिचय वाली बात। वह फरेब नहीं था। मैं तुम्हें दिव्यांशु रायचौधरी के रूप में नहीं, एक साधारण प्रेमी की तरह पाना चाहता था और मुझे ख़ुशी है, मैंने तुम्हें उसी रूप में पाया।"

"फिर जब पा लिया तब?"

"सारी लेकिन यहाँ भी फरेब नहीं किया। सोचा तुम्हें चौंकाया जाय। देखना चाहता था कि अचानक सब जानकर तुम कैसा रिएक्ट करोगी और सचमुच दिव्यांशु रायचौधरी के नाम पर मुझे मंच पर जाते देख, तुम्हारी आँखों का वह भाव, सीधे मेरे मन में जा अड़ा था। फिर परिचय पाकर तुम्हारा वह चौंक उठना और फिर नाराज होकर बाहर जाने की कोशिश। मन किया था मंच से उतरकर तुम्हें वहीं बाहों में भर लूँ। लेकिन।"

"लेकिन?"

"लेकिन मन ने कहा नहीं, प्रेम का यूँ सार्वजनिक प्रदर्शन उचित नहीं और मैंने अपने आप से कहा–"प्रेम कोई दो मिनट वाला नूडल तो है नहीं कि झट से बनाया और पट से खा लिया। वो तो पुराने चावल का भात है, जिसका सीझना भी बहुत जरूरी है।"

"तो अब सीझ गया तुम्हारा भात?"

"न अभी पूरा नहीं सीझा। एक कनकी बाकी है अभी।" उसने उसकी आँखों में झाँका।

कोया ने थहाती सी नजरों से देखा उसे।

"ऐसे क्या देख रही हो?"

"देख रही हूँ कि अभी और क्या-क्या छिपाया है दिव्यांशु रायचौधरी ने।"

"छिपाया तो नहीं लेकिन चाहता हूँ छिपा लूँ।" उसकी आँखों में निश्छल प्यार के साथ मनुहार भी था।

"रायचौधरी साहब आप यहाँ हैं। हम आपको कब से ढूँढ़ रहे हैं। आपकी बाईट चाहिए।"

इस कथन के साथ ही कई कैमरों के फ्लैश चमक उठे। दिव्यांशु ने देखा अब तक चैनल के नीरज जी और कई पत्रकार साथी करीब आ चुके थे।

"हाँ जरूर। एक बाईट ही क्यों, हम तो कई बाईट देने को तैयार हैं। इन्हें तो आप लोग जानते ही होंगे। ये हैं सुप्रसिद्ध कलाकार कोया जी।"

उसके इस कथन के साथ कैमरों के फ्लैश फिर चमक उठे। अगले दिन कई बड़े अख़बारों में उनकी युगल तस्वीर के साथ इन्टरव्यू छपा। सो कला जगत में कला की चर्चाओं के बीच उनके बीच कुछ होने की सुगबुग भी सुगबुगाने लगी। उन्होंने इस सुगबुग का कोई खंडन भी नहीं किया। खण्डन या स्वीकार की कोई जरूरत भी नहीं थी। दोनों ने एक दूसरे के संग चलना तय कर लिया था।

कोया और दिव्यांशु ने तो अपने को एक दूसरे का हमसफर मान लिया था लेकिन सिर्फ उनके मान लेने से ही, सब तय तो नहीं ही होना था। दिव्यांशु का तो कोई था ही नहीं। सो उसकी तरफ से किसी अवरोध की बात ही नहीं थी लेकिन कोया? उसके साथ तो उसका परिवार और पूरा मुरिया (माड़िया) समाज था। वह समाज जो अपनी कुछ परम्पराओं को लेकर, रूढ़ी की हद तक रूढ़ था। सो कोया ने दिव्यांशु का संग तो गह लिया था, हर हाल में साथ निभाने की कौल भी भर ली थी लेकिन वह अपने परिवार को भी जानती थी। सो उसके चेहरे पर चिंता के बादल उतर आये थे।

"क्या हुआ शालभंजिके? तुम इतनी उदास क्यों? हमारे बीच तो विरह वियोग वाली बात भी नहीं। मैं तो तुम्हारे पास ही हूँ न?" उसने कोया की आँखों में झाँका फिर–"आज मुझे प्रसाद का एक गीत बेसाख्ता याद आ रहा है।" फिर उसकी आँखों में और गहरे डूबते हुए वह गुनगुना उठा–

"ले चल वहाँ भुलावा देकर
मेरे नाविक धीरे-धीरे।
जिस निर्जन में सागर लहरी
अम्बर के कानों में गहरी
निश्छल प्रेम कथा कहती हो,
तज कोलाहल की अवनी रे।
जहाँ साँझ सी जीवन छाया
ढीली अपनी कोमल काया

नील नयन से ढुलकाती हो
ताराओं की पाँति घनी रे।
जिस गम्भीर मधुर छाया में
विश्व चित्रपट चल माया में
विभुता विभु सी पड़े दिखाई
दुःख सुख वाली सत्य बनी रे।
श्रम विश्राम क्षितिज वेला से
जहाँ सृजन करते मेला से
अमर जागरण उषा नयन से
बिखराती हो ज्योति घनी रे।"

गीत खत्म हो चुका था लेकिन कोया के मन प्राण में उस भाव की लहरें अभी भी हिलोर रही थीं। वह कुछ देर उसे देखता रहा। फिर–

"तो शालभन्जिके तुम भी मुझे ले चलो अपनी उस दुनिया में। मैं सब कुछ भूल, केवल तुम्हारे संग चलना चाहता हूँ।" उसने उसके नयन नद में अवगाहन करते हुए कहा।

"मैं भी यही चाहती हूँ लेकिन यह आसान नहीं।"

इश्क आसान तो कभी नहीं रहा। यह तो हमेशा से ही मुश्किल रहा है। मुझे भी लगता है–

"इश्क का परिंदा जब उड़ान लेता है।
हर कमान से इक तीर भी निकलता है।"

"हूँ। मगर तुम्हें साधारण तीरों का नहीं, मुरिया बाणों का सामना करना होगा।"

"चलवाइए तीर मगर इतना भी समझ लीजिये। इसी दिल में तुम्हारा भी आशियाना है।" उसने उसकी आँखों में झाँकते हुए शायराना अंदाज में कहा।

11

तब दिव्यांशु कहाँ जानता था कि जंगल की राह आज भी आसान नहीं है। सो वह चल पड़ा था उसके साथ लेकिन कोया के परिवार में दिव्यांशु को स्वीकार नहीं मिला। उसके यायो और बाबो तो किसी तरह मान गये, मगर कोया के बूढ़ा बाबो (दादा)? उन्हें मनाना आसान न था। वे अभी भी खाँटी मुरिया थे। सो अपने परिवार में किसी और समाज को शामिल करने को तैयार ही नहीं थे। मुश्किल यह थी कि राजधानी से हजारों मील दूर इस अरण्य में वह अकेला

कैसे और कहाँ रहता। लौट जाना तो हार ही होती। सो वह लौटना भी नहीं चाहता था। ऐसे में कात्यायनी ने आसरा दिया उसे। उसने उसे 'अरण्य वाटिका' से जोड़ लिया। सो 'अरण्य वाटिका 'उन दोनों के मिलने मिलाने का जरिया भी बनी। फिर दिव्यांशु को मालूम चला कि मुरिया समाज में भगेला ब्याह भी होता है। माँ बाप की रजामंदी न मिले, तो लड़की लड़के के साथ भाग कर विवाह कर लेती है। बाद में परिवार उन्हें स्वीकार लेता है। सो दिव्यांशु ने एक दिन कोया से कहा–

"शालभन्जिके! ऐसे कब तक चलेगा? मैंने सुना है तुम्हारे समाज में भगेला ब्याह भी होता है। क्यों न हम भी भगेला ब्याह कर लें।"

"हाँ होता तो है। बाद में ब्याह को स्वीकार भी मिल जाता है लेकिन इसमें बदनामी भी होती है। परिवार को दंड भी भरना होता है। मैं इसके पक्ष में नहीं हूँ। दिबू मैं अपने बूढ़ा बाबो का गर्व हूँ। गुमान हूँ उनका। वे फक्र करते हैं मुझपर। सो अब इस उम्र में उन्हें, अपमान का दंश देना सही तो नहीं होगा।"

"तुम कह तो ठीक रही हो लेकिन ऐसे कब तक? अच्छा मैं तुम्हारे घर लमसेना बन जाऊँ तो?"

"लमसेना? लमसेना तो वह बनता है जो वधू का मूल्य नहीं चुका पाता। वह काम करके, अपने श्रम से उसका मूल्य चुकाता है।"

"वधू मूल्य?"

"हाँ। जैसे तुम्हारे समाज में लड़के वाले, दहेज के रूप में अपने लड़के की कीमत लेते हैं, उसी तरह हमारे यहाँ लड़की के माँ बाप, अपनी लड़की की कीमत लेते हैं।"

'अगर वर मूल्य यानी दहेज गलत है, तो वधू मूल्य भी तो गलत ही है। 'दिव्यांशु ने कहना चाहा, मगर अभी तो ब्याह में ही व्यवधान था। सो उसने कुछ कहा नहीं। कोया भगेला ब्याह के पक्ष में नहीं थी। दिव्यांशु को लमसेना रखा नहीं जा सकता था। सो बरसों इंतजार करना पड़ा उन्हें। बहुत मुश्किल और तमाम शर्तों के साथ कोया के बूढ़ा बाबो ने स्वीकार किया था उसे। उनकी शर्तों में पहली शर्त यह थी कि दिव्यांशु को मुरिया रीत नीत में ढलना होगा। उसे हमेशा उनके साथ, उनके बीच ही रहना होगा। दूसरी शर्त यह कि ब्याह मुरिया रीत के अनुसार ही होगा। तीसरी शर्त यह थी कि वह शहर की ओर लौटने की बात कभी नहीं करेगा। यह आसान न था। एक परिपक्व उम्र में आकर, अपने को पूरी तरह से किसी और रीत नीत में ढाल लेना लेकिन दिव्यांशु ने सब स्वीकार लिया। उनके ब्याह की तैयारी होने लगी।

दिव्यांशु खुश था लेकिन कोया को लग रहा था कि इस तरह सशर्त जुड़ना तो एकतरफा जुड़ना होगा। ब्याह के गठबंधन में तो दोनों ही जुड़ते हैं। दोनों एक दूसरे को अपनाते हैं। 'दिव्यांशु ने भले ही कुछ नहीं कहा। भले ही उसका कोई नहीं है, मगर उसकी जन्म भूमि तो है, जिसकी महक उसके भीतर समायी हुई है। अपनी जन्मभूमि से उसका जुड़ाव इतना गहरा है कि वह उसे याद करते हुए रोमांचित हो उठता है। अपनी जन्मभूमि को बहुत प्यार करता है वह। कार्यशाला के दिनों में उसने मुझसे कहा भी था–"मैंने जीवन में एक नहीं, दो प्यार किये हैं। एक तुमसे और दूसरा अपनी जन्मभूमि, अपने गाँव से। तुम दोनों ही मेरे लिए अमूल्य हो।" सोचती कोया ने महसूसा था इस ब्याह में दिव्यांशु का पक्ष पूरी तरह से छूट रहा है। उसने यह भी महसूसा कि ब्याह की ख़ुशी के बावजूद अक्सर उसकी आँखों में एक उदासी सी झलक उठती है। सो उसने तय किया कि वह ब्याह के पहले दिव्यांशु के गाँव जाएगी। वहाँ उसके रीति रिवाज के अनुसार ब्याह करने के बाद ही यहाँ ब्याह करेगी। जब उसने दिव्यांशु से अपनी बात कही, तो वह पल भर को उसे देखता ही रह गया। फिर ख़ुशी से भर उसे उठा लिया और–

"ओ शालभन्जिके! तुमने तो मेरे मन की बात कह दी। हर माँ की तरह मेरी माँ की भी इच्छा थी कि ब्याह के बाद उनकी बहू उनकी देहरी के भीतर...।"

दोनों निकल पड़े थे दिव्यांशु के गाँव की ओर। उनकी मंजिल आने ही वाली थी लेकिन आयी नहीं? कोया और दिव्यांशु की यात्रा अधूरी रह गयी थी। उस रेल दुर्घटना ने कोया का सब कुछ छीन लिया और कोया ब्याह से पहले ही विधवा हो गयी थी। कोया के लिए विधवा और सधवा देह की नहीं, मन की स्थितियाँ थीं। सो कोया का हर्ष उल्लास सब कुछ चला गया था उसके साथ। उसकी यायो ने समझाया भी था–

"देख पेड़की! पियार मोहबत अपना जघा सही है। फेर जिनगी सिरिफ प्यार मोहबत से नइ चलता रे। ये बात अमारा पुरखा लोग समझता था। तभी तो दूसरा, तीसरा केतना भी सादी करने का छूट दिया अमकू। त जो हुआ उसकू भूल के आघू बढ़ने का।"

लड़के वालों के कई-कई प्रस्ताव आये लेकिन कोया के मन ने तो तय कर लिया था कि अब और कोई नहीं। अब तो उम्र भी निकल चली थी लेकिन गुमान? उसने आकर...?

•

और भी गम हैं जमाने में

दुहिता धाम के प्राँगण में लगे इमली के पेड़ अब फलने लगे थे। फल तो कई सालों से रहे थे, पर अबकी अटाटूट फल आए। कात्यायनी ने लगाया था इन्हें। उसके अपने समाज में बगिया लगाने का चलन था। ज्यादातर आम की ही बगिया लगायी जाती थी। बगिया लगाना पुण्य का काम माना जाता था। उसने अपने गाँव की बगिया देखी थी। उसमें आम के साथ कटहल, बड़हल और जामुन के भी पेड़ थे, मगर इमली? इमली नहीं थी। एक बार उसने बड़की अम्मा से पूछा भी था–

"बड़की अम्मा अपनी बगिया में आम है, कटहल और जामुन भी है, पर इमली का एकव पेड़ नाहीं है?"

"इमली कय पेड़ लगाया नाहीं जाता। ऊ तव तो लमेहरी है। खुदे जाम जाती है। जइसे बिटिया।"

तब उसे उनकी बात समझ में नहीं आयी थी। उसने तो बहुत बाद में जाना और समझा कि इमली बिटिया और आम बेटे का प्रतीक था। सो आम का पौधा तो रोपा जाता था। उसकी देखभाल की जाती थी, मगर इमली। वह तो औचक ही जाम जाती थी और यह अंचल? यह तो इमली वन ही रहा है। यहाँ आम और इमली में भेद भी नहीं किया जाता लेकिन लमेहरा ऊग आये और तरतीब से रोपे पेड़ों में बहुत फर्क होता है। कात्यायनी समझ चुकी थी कि लमेहरा ऊग आने वाले पेड़ों में अपार जिजीविषा होती है। वे धरती के बहुत भीतर से अपना रस खींच लेने में माहिर तो होते हैं लेकिन इसमें उनकी जिंदगी, उनकी शक्ति का बहुत बड़ा हिस्सा यूँ ही जाया हो जाता है। सो उसने यहाँ इमली के पौधे रोप दिए थे, ठीक उसी तरह जिस तरह उसने, यहाँ दुहिताओं को रोपा था। कात्यायनी यह साबित कर देना चाहती थी कि इमली भी तरतीब से रोपी जाए, तो वह भी एक इतिहास रच सकती है। परिणाम बहुत सुखद रहा। 'यहाँ की इमली ने अपनी अलग पहचान बना ली और लड़कियों ने भी। उन्होंने तो हर क्षेत्र में अपना नाम किया।' सोचती कात्यायनी इमली के पेड़ों को निरख रही थी।

पहला पेड़ पूरे मन से लहक रहा था। उसकी हर शाख झूम रही थी। अपने गदराये फलों के भार से फुनगियाँ कुछ झुक तो आयी थीं, फिर भी उसका मन उमंग से लबरेज था। कात्यायनी ने महसूसा इमली का वह पेड़ वन्या है। वन्या ने राजनीति के साथ शिक्षा को अपना आधार बनाया। वनांचल की आँधी में शिक्षा का दीप जालये रखने की अनवरत कोशिश की। अपनी तमाम व्यस्ताओं के बाद भी दुहिता धाम और 'अरण्य वाटिका' से जुड़ी रही। शिवाँग ने कहा भी–

"राजनीति की व्यस्तताओं के साथ, 'अरण्य वाटिका' की जिम्मेदारी सम्हालना बहुत मुश्किल है। तुम माँ से कह दो, वे कोई दूसरा इंतजाम कर लेंगी।"

"राजनीति मेरे जीवन वृक्ष की शाखा है, तो 'अरण्य वाटिका' जड़ है मेरी और जीवन सत्व तो जड़ों से ही मिलता है न? बच्चों से मिलकर एक नयी उर्जा मिलती है मुझे और दिशा भी। जब हम बच्चों को पढ़ाते हैं, तो उनके साथ हम भी तो पढ़ते हैं। कई बार तो जिंदगी को जीवन रस भी वहीं से मिलता है। फिर वहाँ माँ भी तो हैं। सो अपनी जड़ों से अलग रहने का तो प्रश्न ही नहीं है।"

सो हर सप्ताह सूरज ऊगने से पहले, दुहिता धाम पहुँचकर कात्यायनी से मिलना। वहाँ की व्यवस्था देखना फिर 'अरण्य वाटिका' में अपनी क्लास लेना, वन्या के जीवन का अहम हिस्सा रहा। उसका अपनी जड़ों से यूँ जुड़े रहना कात्यायनी को भी अच्छा लगता। वह गर्वित थी अपनी वन्या पर। वन्या ही क्यों दड़मी और डंकिनी भी तो गर्व हैं उसकी। 'दड़मी के कारण ही तो दुहिता धाम की शाख उड़ीसा तक पहुँच पायी। सोचती' कात्यायनी को उसकी विदाई का वह क्षण याद हो आया, जब दड़मी कात्यायनी के गले लगी फिर उसके कदमों में झुकी और–

"माँ आप मुझे यूँ खाली हाथ विदा कर देंगी। कुछ देंगी नहीं।"

कात्यायनी ने चकित हो देखा उसे। उसे लगा दड़मी दहेज की बात कह रही है। सो कुछ देर चुप रही फिर–

"हाँ-हाँ बोलो क्या चाहिए। यहाँ से तुम्हारी ससुराल तक कोई सामान भेजना तो संभव नहीं। सो मैं चेक दिए देती हूँ।" फिर वन्या की ओर मुड़ी– "वन्या जरा मेरी चेक बुक लाना।"

"माँ! मुझे आशीर्वाद के साथ रुपये या सामान नहीं, यह दुहिता धाम चाहिए। मैं इसे ही अपने साथ ले जाना चाहती हूँ। मैं तो इसकी ही एक शाख हूँ न? सो मैं इससे विलग कैसे रह पाऊँगी। माँ मैं चाहती हूँ यह भी मेरे संग चले। वहाँ भी मेरे साथ रहे। इसकी शखाएँ प्रशाखाएँ वहाँ भी फूटें और मैं गर्व

से कह सकूँ कि यह मेरी कात्यायनी माँ का दिया उपहार है।"

'और दड़मी ने कर दिखाया। आज इस दुहिता धाम की शाखा, उड़ीसा के कालाहांडी में अपने पर फैला रही है। वही कालाहांड़ी जिसे दुनिया दुर्भिक्ष के लिए जानती है। सदियों से दुर्भिक्ष ही उसकी पहचान बनी हुई है। सदियाँ बदलती रहीं, मगर कालाहांडी के लिए कुछ नहीं बदला। हर सदी उसके लिए दुर्भिक्ष ही लेकर आयी। इंद्रदेव ने जब हमेशा के लिए उससे मुह फेर लिया, तो धरती की छाती चिहर गयी। माटी सूखकर रेत में बदल गयी। लोग पलायन को मजबूर हुए लेकिन जिन्हें अपनी जन्मभूमि से बहुत लगाव था, जिन्हें अपनी जनमदायनी धरती पर ही जीना और मरना था, वे कहीं नहीं गये और अकाल की अपनी संगी इमली का पानी पीकर, उसकी पत्तियाँ खाकर गुजारा करते रहे। आज भी वहाँ के लोग उस 'छप्पन सालार दरभकक्ष्य' को याद करके उदास हो उठते हैं लेकिन कालाहांडी हमेशा से ऐसा नहीं था। पूरावेत्ताओं को वहाँ पाषाणयुगीन विशाल कब्रिस्तान मिला, तो यह तो प्रमाणित ही है कि वहाँ आदि मानव का निवास था। पुराणों में भी कालाहांडी की कथा मिलती है। तब कालाहांडी इन्द्रवन कहलाता था। हरा भरा और सुंदर उपवन था कालाहांडी। कहते हैं वहाँ इंद्र विहार करने आते थे।' सोचती कात्यायनी कालाहांडी की पुरातनता को याद कर रही थी। 'वही तो वह धरती है जिसने बस्तर की जीवन दायनी इंद्रावती को जन्म दिया। यही इन्द्रावती जिसका जल बस्तर के आदिमानव की कथा कहता है। इतिहास बताता है कि मौर्यों को समृद्धशाली बनाने में कालाहांडी का भी योगदान रहा है। तब कालाहांडी की धरती अकालभूमि नहीं रत्नगर्भा थी। वहाँ रत्नों का अकूत भंडार था। मौर्य खजाने में शामिल तमाम बहुमूल्य रत्न कालाहांडी ने ही दिए थे लेकिन उसके बाद तो हर सदी ने कालाहांडी को सूखा ही दिया। फिर तो ताबड़तोड़ पड़ने वाले सूखे ने कालाहांड़ी की पुरानी पहचान ही छीन ली लेकिन दड़मी की जीवटता ने उसी कालाहांडी को अपना कर्मक्षेत्र बना लिया।'सोचती कात्यायनी का मन उड़ीसा की उस धरती पर विचर रहा था जहाँ एक ओर अकूत पुरा वैभव है, जिस पर देश को नाज है, तो दूसरी ओर भयावह दुर्भिक्ष का भी इतिहास है, जिसके चलते माँयें अपने दूधमुहें बच्चे बेचने को विवश हुईं और भी कितना कुछ ऐसा हुआ, जिसे यादकर मानवता भी शर्मसार हो उठती है लेकिन अब स्थितियाँ बदलेंगी। जरूर बदलेंगी। दड़मी की मेहनत अकारथ नहीं जाएगी।' सोचता कात्यायनी का मन अतीत और वर्तमान के बीच आवाजाही कर रहा था।

"माँ मैं जावरगुड़ा जा रही हूँ। एक नया मामला आया है। कुछ दिन वहीं

रहूँगी।" डंकिनी ने सूचना दी और सपाटे से बाहर निकल गयी। कात्यायनी उसे जाते हुए देखती रही।

2

दुबई में अपनी देह का चरम भुगतने के बाद, तो डंकिनी बिलकुल ही बदल गयी थी। कात्यायनी महसूस रही थी कि उसकी देह के जख्म तो दवाओं से भर गये। जंगली जड़ी बूटियों ने उसके तन के दाग भी मिटा दिए लेकिन मन? मन के जख्म तो अभी भी हरे ही थे। वो उसके भीतर लगातार रिस रहे थे। रिसकर मवाद का बाहर आना जरूरी होता है लेकिन डंकिनी की रिसन तो अंतर्मुखी थी। सो मवाद उसके भीतर ही समा रहा था, जो उसके मन के घाव को लगातर हरियर किये रहता लेकिन यह उसके अपने मन की स्थिति थी। समाज के लिए वह आज भी पहले वाली डंकिनी ही थी। अगर यह बाह्य समाज होता, तो अपने तानों से डंकिनी के तन मन के जख्म को कुरेदता रहता। उसे लहुलुहान करता रहता लेकिन जंगल का समाज वैसा नहीं था। सो समाज के पास डंकिनी की, उस रिसन को रोकने की भी बूटी थी। प्रेम की बूटी और डंकिनी को वह बूटी मिली थी। निखालिस बस्तरिया बूटी थी वह, जिसके लेप से जख्म तो जख्म, उसके निशान भी मिट जाते। प्रेम की उस बूटी का नाम था शिवराजन।

शिवराजन! शिवा के पालित पुत्रों में एक। नाम तो उसका राजन था लेकिन शिवा के सभी पालित पुत्रों ने शिवा का नाम, अपने नाम से जोड़ रखा था। सो उसने भी अपने नाम के आगे, उसका नाम जोड़ शिवराजन कर लिया था। शिवराजन डंकिनी को बचपन से पसंद करता था। वह जब भी शांति निकेतन से आती, वह शिवा के साथ दुहिता धाम जरूर आता। फल पेंडुम पर तो अक्सर उसके साथ ही रहता। जंगल से मीठे-मीठे फल तोड़कर खिलाता। फल पेंडुम पर मीठे फलों के साथ कड़वे फल खाने का भी रिवाज था लेकिन डंकिनी कड़वे फल खाती ही नहीं थी। सो वह उसे मीठे फल ही खिलाता और सारे कड़वे फल खुद खा लेता। डंकिनी कहती–"कैसे खा लेता है इतने कड़वे फल। मेरे तो टोंटा (गला) से नीचे जातच नई।"

"कड़वा फल किसी को नई भाता रे। फेर बाबो बोलते हैं हमको मीठे के साथ कड़वा फल भी खाना चाहिए।"

"मैं तो कभी न खाउँ ये कड़वे फल।" कहती वह मीठे-मीठे फल छाँट लेती। तब उसे कहाँ मालूम था कि जिंदगी ने अपनी झोली में, उसके लिए इतना कड़वा फल सहेज रखा है कि...।

सो शिवराजन की पसंद उम्र के साथ किशोर हुई और किशोर से युवा और वह उसके लौटने का इंतजार करने लगा लेकिन डंकिनी? उसकी तो पसंद ही बदल गयी थी और वन्या से ईर्ष्या ही उसकी पसंद बन गयी। तब वह कहाँ जानती थी कि वन्या से उसकी ईर्ष्या उसे, देह के उस परनाले में धकेल देगी लेकिन डंकिनी के इस बीहड़ समय में शिवराजन और भी प्रेमिल हुआ। शिवा की परवरिश ने उसे सुलझी हुई सोच दी थी। सो डंकिनी के लिए अब उसका प्रेम और गहरा गया था। अब वह चाहता था कि उसके जीवन की सारी पीड़ा अपने भीतर समो ले। उसने कई बार कोशिश भी की कि उससे अपना मन साझा करे, पर डंकिनी ने अवसर ही नहीं दिया। उसने फिर भी कोशिश जारी रखी और जब शिवा ने उसके लिए लड़की खोजने की बात चलायी, तो उसने अपने मन की बात कही। शिवा को भला क्या ऐतराज होता। सो वह बेटे का प्रस्ताव लेकर दुहिता धाम आ पहुँचा।

कात्यायनी भी चाहती थी कि दुबई के वहशत भरे निशान उसके जीवन से मिट जायें। वन्या और दड़मी की तरह उसकी भी अपनी सुंदर दुनिया हो लेकिन डंकिनी? उसके मन का पानी तो सूख चुका था। सो–

"माँ आप जो कहेंगी, मैं मान लूँगी लेकिन शादी? नहीं माँ। मेरे मन की मिट्टी सूख चुकी है और आप तो जानती हैं न कि घर बनाने के लिए गीली मिट्टी चाहिए। सूखी मिट्टी से घर कहाँ बनते हैं। माँ मुझसे यह नहीं हो पाएगा।" वह कात्यायनी के कदमों में गिर पड़ी।

कात्यायनी ने विवश हो प्रस्ताव लौटा दिया लेकिन उसने अपनी कोशिश जारी रखी। मौका देखकर वह शिवराजन की बात छेड़ देती और डंकिनी उस चर्चा से बचने के फिराक में रहती। सो उसने अपने को काम में इतना व्यस्त कर लिया कि दुहिता धाम उसका रैन बसेरा मात्र रह गया। लौटने में अक्सर रात हो जाती उसे। ऐसी ही एक रात जब वह लौट रही थी, तब अचानक एक आदमी दिखा। वह जोर-जोर से हाथ हिला कर गाड़ी रोकने का इशारा कर रहा था। ड्राइवर ने गाड़ी धीमी की।

"दीदी कोई लिफ्ट माँग रहा। फेर अतका रात को गाड़ी रोकना सही होयेगा का? वो लोग बी हो सकता?"

ड्राइवर की शंका वाजिब थी। पिछले दिनों इसी तरह की वारदात हो चुकी थी। गाड़ी को लिफ्ट के बहाने ही रुकवाया और गाड़ी में बैठते ही ड्राइवर की कनपटी पर पिस्तौल रख गाड़ी पर कब्जा कर लिया। सुबह बीच सड़क पर उनकी लाशें बिछी मिलीं। सो पल भर को उसे भी लगा कि इतनी रात में गाड़ी

रोकना सही नहीं होगा। फिर सोचा 'वह गाड़ी तो शासन की थी और वो लोग भी लेकिन यह गाड़ी तो दुहिता धाम की है। वे (नक्सली) इसे तो नहीं ही रोकेंगे। यह जरूर कोई मुसीबत का मारा होगा।' और–

"दिख तो अकेला ही रहा है। इस कड़कड़ाती ठंड में, आधी रात गये यूँ सड़क पर कोई यूँ ही तो नहीं...। जरूर किसी बड़ी मुसीबत में है। गाड़ी रोक लो।"

ड्राइवर ने गाड़ी रोक विंडो का शीशा नीचे किया, तो वह दौड़कर गाड़ी के करीब आया–

"हमरा के जगदलपुर जाने का हाय। मोड़ तलक पहुँचा देंगे?"

"जगदलपुर मोड़? इतना रात को? इतना रात में कोई सवारी गाड़ी तो मिलेगा नइ।"

"सवारी गाड़ी तो नई मिलेगा। फेर कोनों टरक-वरक तो मिलेगा न। कोनों तरह चले जायेंगे। ये मेरा घरवाली बहुते बीमार है।"

ड्राइवर ने इजाजत के लिए डंकिनी की ओर देखा और उसकी स्वीकृति पा सामने का दरवाज़ा खोला–"तुम लोग इदर आ जाओ।"

दोनों ड्राइवर की बगल में बैठ गये। डंकिनी ने देखा उसकी घरवाली ने अपने को सिर से पैर तक कपड़े से ढाँप रखा था। उसे आश्चर्य हुआ 'इस इलाके में औरतें इस तरह ढँकी मुंदी तो नहीं रहतीं। फिर यह! शायद ठंड से बचने के लिए या फिर बहुत बीमार होगी। अगर इसकी हालत बहुत खराब है, तो इसे जगदलपुर तक पहुँचाना होगा।' सोचा और–

"क्या बीमारी है इनको? बहुत ठंड लग रही है क्या?"

"का मालूम का है। ठंडा तो बहुत लागता है। लागता हाय कोनों बड़ा अजार हाय। ठीके नाहीं होता।"

"किसी डॉक्टर को दिखाया।"

"नई इहाँ जंगल म कोंहों अच्छा डाक्टर कहाँ हाय।"

"क्यों?अब तो अलगानार ने भी एक हास्पीटल है। अच्छे डॉक्टर भी हैं? तुम मेरे साथ चलो। मैं इनका इलाज करवाऊँगी। वैसे किस गाँव से हो?"

ड्राइवर ने भीतर की लाईट बुझाई नहीं थी। शायद बुझाना भूल गया था या फिर उन पर नजर रख रहा था। डंकिनी ने मिरर में देखा गाँव का नाम पूछते ही, उसने हड़बड़ाकर अपनी घरवाली को देखा। उसने न का इशारा किया, तो वह कुछ देर चुप रहा फिर–

"सुकमी।"

“सुकमी? वह तो यहाँ से बहुत दूर है, एकदम धुर दक्षिण में। उधर से तो हैदराबाद बहुत करीब है। फिर तुम लोग यहाँ कैसे?” डंकिनी के मन में आशंका की चिड़िया ने पर फड़फड़ाये।

डंकिनी ने देखा उसके मुख पर हड़बड़ाहट और गहरी हो गयी थी।फिर उसकी नजरें खिड़की के बाहर झाँकने लगीं। ‘कुछ तो गड़बड़ है। हमें पुलिस को खबर करना चाहिए।’ सोचकर डंकिनी ने थाने का नंबर डायल किया ही था कि अचानक गाड़ी का दरवाज़ा खोल वो दोनों कूद पड़े और जब तक गाड़ी रुकी वे जंगल में जा घुसे।

“आपको नंबर मिलाते देख, सायद वो सक खा गया। तभी तो पटाक से कूद गया। मेरे को तो पहिलीच सक था, के ये लोग सही नइ है।”

डंकिनी देर तक जंगल की ओर देखती रही। वहाँ से जगदलपुर मोड़ बहुत दूर नहीं था। जंगल के रास्ते से तो और भी नजदीक था। वह जानती थी इस इलाके का यह जंगल बहुत घना नहीं है। सो जब तक पुलिस आएगी, तब तक वे इसे पार कर मुख्य सड़क तक पहुँच जायेंगे। फिर भी उसने अपना फर्ज निभाया और थाने में खबर की लेकिन नतीजा वही ढाक के तीन पात और कुछ दिन बाद अखबारों में युवती के गायब होने, फिर दिल्ली में उसके बेचे जाने की खबर सुर्खियाँ बनीं।

फिर तो ऐसी और भी कई घटनाएँ हुईं। सो डंकिनी की शंका और बलवती हुई और उसे विश्वास ही हो चला कि जिस जाल में फँसकर उसका जीवन तबाह हुआ था, उसके तार यहाँ तक फैल गये हैं लेकिन जंगल के भीतरी तहों में सयत्न छिपाये उन तारों को ढूँढ़ना आसान तो नहीं था। सो वह चाहती थी कि यहाँ की लड़कियों को इतना सजग कर दे कि वे उन्हें खुद ही पहचान लें और उस जाल से बच जायें। अब तक वह जान चुकी थी कि लड़कियों की तस्करी के लिए बहेलिये किस तरह प्रेम जाल बिछाते हैं। मोटियारिनों को प्रेम जाल में फाँस लेना यहाँ मुश्किल भी नहीं है। कारण इस समाज में प्रेम आग का दरिया नहीं, जिसमें डूबकर पार जाना पड़े और प्रेम की मौत ही हो जाय। यहाँ तो प्रेम कलकल बहता नीर है। जिसकी मिठास और ठंडक जीवन को और उर्व्वर्सित कर देती है। तभी तो यहाँ के लोग प्रेम के मामले में बहुत ही सहज होते हैं। खासकर मोटियारिनें (युवतियाँ)। सो उसने गाँवों की बच्चियों और मोटियारिनों को सजग करने का विचार किया। डंकिनी जानती थी दुहिता धाम में कात्यायनी यह काम वर्षों से करती आ रही है। सो उसने कात्यायनी की बनायी राह पर ही चलकर, उसे सुदूर जंगल से जोड़ने का फैसला किया। सो–

"माँ! मुझे लगता है अब हमारे जंगल भी उस तरह सुरक्षित नहीं रहे, जैसे पहले थे।"

"हाँ! यदा कदा घटती घटनाओं के चलते ऐसा कह सकते हैं लेकिन यह पूरा सच नहीं है, हमारी कोशिशें कामयाब भी हुई हैं। यह सच है कि सब कुछ एकबारगी नहीं बदला जा सका लेकिन कुछ सार्थक बदलाव तो हुए ही हैं। अब पहले की तुलना में घटनाएँ नगण्य ही हैं।"

"माँ! मैं नक्सली वारदातों की बात नहीं कर रही। उसमें तो बहुत कमी आयी है। लोग सजग भी हुए हैं। वे अब उन छद्म नक्सलियों को भी पहचानने लगे हैं, जो अपनी वारदातों से असल नक्सलियों को बदनाम किया करते थे। मैं तो उस जाल की बात कर रही जिसमें फँसकर मैं...।" कहकर डंकिनी द्वार के बाहर देखने लगी।

कात्यायनी ने देखा उसके चेहरे पर दर्द की एक लहर सी उभर आयी थी। लग रहा था जैसे उस अधूरे वाक्य को उस लहर ने पूर दिया हो। कात्यायनी ने आगे बढ़कर उसे अपने सीने से लगा लिया। 'हम दोनों में यूँ तो कोई भी समानता नहीं है। न उम्र और न ही समाज, कुछ भी तो एक सा नहीं है। उत्तर और दक्षिण का फर्क है हममें लेकिन भाग्य! भाग्य बिलकुल एक जैसा। मेरे जीवन की उस एक घटना ने, मेरे पूरे जीवन को इस कदर आच्छादित किया कि उसकी टीस आज भी टीसती है। सो भले ही हमारी स्थितियाँ एक जैसी नहीं और घटने वाली घटना भी एक जैसी नहीं रही फिर भी तन और मन की टीस तो वैसी ही है? जब मैं अभी तक उससे नहीं उबर पायी, तो यह तो...। इसके मन में तो एक गिल्ट और भी है। इसके मन में यह पैठ ही गया है कि अपनी स्थितियों की जिम्मेदार यह खुद है। सब इसकी अपनी ही गलती का परिणाम है, तो हो सकता है इस काम से इसकी टीस मिट जाय और आगे जाकर यह भी अपने जीवन में आगे बढ़ने की सोचे।' सोचती कात्यायनी ने देर तक उसे अपने लिपटाए रखा। फिर–

"तुम्हारी सोच एकदम सही है। मैं खुश हूँ कि तुमने इस दिशा में सोचा। यह तुम्हारे और दुहिता धाम दोनों के लिए नये आयाम रचेगा।"

अब अपने काम के सिलसिले में डंकिनी को, जंगल के भीतरी भागों में जाना और लड़कियों से मिलना जरूरी था। सो वह गाँव-गाँव जाकर मोटियारिनों से मिलती। जरूरत होने पर उनके साथ रहती भी। इस तरह वह उन्हें अपनी संगी बनाकर, उनके सुख दुख में शामिल होती। फिर मौका देखकर वह उन्हें देश में घटने वाली घटनाओं से अवगत कराती। उनकी कहानियाँ सुनाकर उन्हें

चेताती कि बहेलिये किस-किस तरह के जाल बिछाते हैं। वह मोटियारिनों से कहती कि वे किसी भी पुरुष से प्रेम करने से पहले, उसे अच्छी तरह से परख लें। किसी पर भी आँख मूँदकर विश्वास न करें। अपनी जान पहचान वाले पर भी नहीं। कारण अब बहेलिये गाँव के लोगों को बिचोलिया बना लेते हैं। उनके माध्यम से उन्हें शिकार करने में और आसानी होती है। वह छोटी बच्चियों को भी सजग करती। उन्हें समझाती कि उनके कौन से अंग हैं जिन्हें किसी को नहीं छूने देना है। किसी के साथ अकेले कहीं नहीं जाना है। जंगल भी नहीं। डंकिनी ने जी जान लगाकर मेहनत की। सबको समझाया, सचेत किया फिर भी जावरगुड़ा वाली वह घटना हो गयी। अबकी बहेलिया कोई पुरुष नहीं था और उसके काँटे में प्रेम का चारा भी नहीं था। सो न तो मोटियारिनें कुछ समझ पायीं और न ही डंकिनी? इस अंचल की हवा तक को सूँघकर पहचान लेनेवाला, शिवा भी कहाँ जान पाया था कुछ। किसी ने कल्पना तक नहीं की थी कि इस तरह भी...

3

अब शिवा की कोशिश थी कि बस्तर की खोयी संस्कृति फिर से लौटे। लोग अपनी संस्कृति से जुड़ें, खासकर युवा वर्ग। सो उसने अपने राजनैतिक दायित्वों के साथ ही, सांस्कृतिक पुनर्जागरण का बीड़ा भी उठा रखा था। इसके लिए उसने गाँव के चेलकों और सियानों को मिलाकर एक समन्वित समिति बनाई। उद्देश्य था चेलक, सियानों के अनुभवों का लाभ लेकर अपनी उर्जा को सही दिशा में लगायें। जब भी मौका मिलता शिवा चेलकों को समझाता। सो जावरगुड़ा में जब कई गाँवों की मिलीजुली बड़ी पंचायत बैठी, तो उसने अपनी बात रखी–

"हम सब जानते हैं कि हमारी संस्कृति, हमारा लोक ही हमारी पहचान है लेकिन आधुनिकता की आँधी ने, हमारे लोक को तहस नहस करने में कोई कसर नहीं छोड़ी। पहले सँकरी और उबड़ खाबड़ सड़क और घने वन से आच्छादित दुर्गम केशकाल घाटी को पार कर बस्तर पहुँचना, सबके लिए आसान नहीं था लेकिन चौड़ी सपाट सड़कों ने आधुनिकता की बाँह थाम ली और उसे इस अंचल के भीतर ले आयी। आधुनिकता और परम्परा का तो छत्तीस का आँकड़ा ठहरा। परम्पराओं के मलबे पर ही आधुनिकता का मॉल कल्चर पनप रहा है, तो उसने हमारी परम्पराओं को नष्ट करना शुरू किया। परम्परायें ही तो लोक को आधार देती हैं। लोक की जड़ें होती हैं वे, तो आधुनिकता की कुल्हाड़ी ने सबसे पहले, उस जड़ पर प्रहार किया और उसने हमारे नाच गान,

मड़ई मेला, उत्सव और पर्व में अपनी पैठ बनायी और उनका स्वरूप ही बदल दिया। बस्तर की आदिम पहचान गोदना की कला को, गोदनहारिनों के हाथ से छीनकर मशीनों के हवाले कर दिया। हमारे इस अंचल के जन जीवन के प्राण, नाच गान के भीतर घुसपैठ कर उसे बाजार के हवाले कर दिया। हमारे नाच गान अब सहज आनंद के कारक नहीं, प्रदर्शन की वस्तु बनकर रह गये हैं। उत्सव और पर्व तो हमारी सामाजिकता के आधार रहे हैं। इनकी सामूहिकता लोगों को जोड़ती रही है लेकिन अब यह गायब ही हो चली है। आज की पीढ़ी को जगार के नाम पर, बस आठे जगार और लछमी जगार ही याद हैं। तुम लोगों ने तो बाली जगार का, नाम भी नहीं सुना होगा। सुना है तो बोलो।"

"नइ। कभी नइ सुना।" पंचायत में चेलकों और मोटियारिनों की समवेत आवाज उठी।

"सुनते भी कैसे?तुम लोगों ने जब आँखें खोलीं, उससे बहुत पहले ही यह खत्म हो चला था। महीनों चलने वाले इस पर्व और हमारे दूसरे उत्सवों को लोगों ने हमारा ठलहापन बता, हमें उससे अलग जो कर दिया था। जो कसर बची थी, उसे यहाँ पनपे आतंक ने पूरी की और हमारे बस्तर की खूबसूरती की आधार हमारी परम्पराएँ, दूर होती चली गयीं। अब हमें अपनी संस्कृति की विशेषताओं का भान हुआ, हमें पता चला कि ये पर्व तो हमारे सम्बन्धों का नवीनीकरण करते थे। नये सम्बन्ध जोड़ने के कारक बनते थे, तो हमने इन्हें फिर से सहेजने का विचार किया। आपको नहीं मालूम जगार तो बस्तरिया संस्कृति के प्रमुख आधार रहे हैं। बाली जगार तो मैंने भी नहीं देखा। अपने सियान लोग से बस सुना कि वो हमारा सबसे बड़ा जगार होता था लेकिन ख़ुशी की बात है कि आज हमारे बीच ऐसे सियान हैं, जो अपने जमाने में बाली जगार मढ़ा (आयोजन) चुके हैं इसीलिए मैंने तुम लोगों को समिति में उनके साथ रखा है। तुमको उनके अनुभव का लाभ लेना है। अपनी संस्कृति को फिर से सहेजना है।" शिवा ने कुछ देर रुककर उनकी भावनाओं को थहाया। फिर–

"तुम सब तैयार हो न?

"हव-हव।" का स्वर लहरा उठा।

"तो पहले ये जान लो कि बाली जगार क्या है? जगार यानी जगाना। देव धामी को जगाना जगार है। पहले साल भर में चार जगार हुआ करते थे। इन चारों में बाली जगार सबसे बड़ा जगार था। तिरानबे दिन तक चलने वाले इस जगार में अंचल भर के सभी देवी देवताओं को जगाया जाता था। देवी देवताओं को जगाने का काम हर कोई नहीं कर सकता था। सिर्फ गुरुमाय करती थीं

इसे। देवताओं को जगाने के लिए वे उनकी पूजा अर्चना करतीं। उनकी गाथायें गातीं। सो जगार के समय गुरुमाय ही हमारे पूरे समाज की अगुवा होती थीं। बाकी लोग उनका अनुशरण करते थे। पहले बाली जगार हर साल होता था। यह एक सामूहिक आयोजन था।"

"हव! अऊ ये सहजोग दिखाने का नाय होता था। सच्ची में सब मन से सहजोग करते थे।" धनुक साय ने पंचायत में प्रवेश करते हुए कहा।

"जोहार बबा। आपका ही तो इंतजार था। आप कहाँ रह गये थे?" शिवा ने आगे बढ़कर उनका स्वागत किया और–

"ये हैं धनुक साय बबा। इस इलाके के वो सियान, जो बाली जगार के साक्षात द्रष्टा और कर्ता धर्ता रहे। हमारा भाग्य है कि ये आज हमारे बीच उपस्थित हैं, तो अब हम इनसे बाली जगार के बारे में जानेंगे। जानेंगे कि लोग कैसे और किस तरह सहयोग दिया करते थे।"

धनुक साय! दुबली पतली हड़ियल सी देह। बंडी और पटुका पहने मंच पर खड़े हुए। सभा को एक नजर थहाया और–

"मय सहजोग का बात कहा था। तो हमारा ये बाली जगार म सब जात का सहजोग होता था। बड़े लोग अन्न का सहजोग देते, तो हम जैसा छोटा लोग अपना मिहनत का सहजोग देते। हमारा मरार लोग छिंद (खजूर) के पाना से चेंडू और महुड़ (मुकट) बनाके लाता, तो बढ़ई माची पायली और सोली (मापने का मापक) बनाता। माची, पायली अऊ सोली बी अइसा वइसा लकड़ी का नइ, खालिस डूमर (गूलर) लकड़ी का बनता। कुम्हार हँड़िया अउ दिया बनाके लाता अऊ पारदी लोग छिरनी काँड़ी बनाके लाते। धनुष का डोरी सिंयाड़ी (लता)से बनता था। जगार का सब काम मिलके करते हम लोग।"

धनुक साय कुछ देर थमके। लोगों की ओर देखते रहे। सच तो यह था कि वे लोगों को नहीं अपने भीतर समाये अतीत को देख रहे थे। सो कुछ देर चुप रहने के बाद-"जइसा मय बताया के ये सबका सहजोग का परब होता। त सबले पहले बैगा, सिरहा पंच लोग मिलके गुरुमाय को मँगनी (न्योता)देने जाते। तीन बेर मँगनी देने का नियम होता। पहिली मँगनी में कुकरा, मंद (मुर्गा शराब), अनाज और लूगा भेट देते। गुरुमाय जगार के लिए राजी हो जाता, तब वो दूसर मँगनी का दिन तय करता। दूसर मँगनी म जादा भेंट देना होता। ग्यारा कुकरा, ग्यारा हँड़िया मंद, ग्यारा लूगा (बस्तरिया साड़ी) संग ग्यारा टुकनी अनाज देना होता। दूसरा मँगनी म सब करार होता। येही म जगार म देने वाला भेंट भी तय

होता। उसका बाद तीसरा मँगनी होता। उसको बोड़ो मँगनी कहते। ये मँगनी म करार का आधा भाग देना होता। जब रुपिया पइसा का चलन नहीं था, तब कुकरा, मंद, अनाज अऊ लुगरा से करार करते। गुरुमाय लोग अपना मान पान (ख्याति) के जितना करार करती, फेर बाद म करार म रुपिया भी सामिल हुआ फेर तो कुकरा, मंद और अनाज का टुकनी संग हजार रुपिया ले पच्चास हजार तलक का करार भी होने लगा। गुरुमाय लोग का अपना टोली होता, जेमा तीन गुरुमाय होती। एक पाट गुरुमाय (मुख्य) अऊ दू नानी (छोटी) गुरुमाय। नानी गुरुमाय म एक त जगार गान सीखे सिखाय रहती। वो पाट गुरुमाय का पूरा संग देती। अऊ दूसरा वाली कचसिखिया होती। वो गान सीखती होती। तो उसका काम ऊपर का काम करना होता। जइसे धनुस म डोरी बाँधना, हँड़िया मढ़ाना अऊ कथा के बीच-बीच म हुँकारी पारना। मड़ई के जइसा ये जगार भी हमारा पहिचान रहा। फेर अब तो सब खतम।" कहकर वे चुप हो गये।

वे कुछ देर द्वार की ओर देखते रहे फिर बैठ गये। शिवा ने देखा उनके चेहरे पर उदासी सी उतर आयी थी। माहौल में भी उसका असर दिखा, तो शिवा ने बात की डोर थाम ली–

"हम लोग जानते हैं इस अंचल ने बहुत कुछ भुगता है। हमारे जंगल बदले तो हमारी मड़ई, हमारे गोटुल और हमारे जगार भी मरने लगे थे लेकिन अब ऐसा नहीं है। अब स्थितियाँ फिर बदलने लगीं हैं। जंगल अपने पहले वाले रंग में लौटने लगे हैं, तो हम मड़ई और गोटुल की तरह अपनी संस्कृति से जुड़े, इस बाली जगार को पुनर्जीवित करेंगे। ये सब तुम लोगों को ही करना है। बोलो करोगे न?"

"हव करेंगे।" कहते पंचायत में चेलक और मोटियारिनों की आवाज फिर गुंजायित हो उठी।

4

कई गाँवों के सियान, सिरहा और सरपंचों ने मिलकर तय किया कि बाली जगार जावरगुड़ा में किया जाय। जगार की निश्चित तिथि तो गुरुमाय से मिलकर ही तय होती लेकिन एक लमसम समय तो तय करना ही था। सो लगते फागुन माह के अंजोरी पाख में जगार का समय तय किया। उन लोगों ने गाँव-गाँव में संदेश भेजे, परचे बाँटे और लोगों तक बाली जगार की सूचना पहुँचायी और जगार की तैयारी में जुट गये। सबसे पहले गुरुमाय से अनुबंध करना जरूरी था। सो जगार की पहली मँगनी की सामग्री लेकर शिवा के साथ सरपंच, सिरहा

और कुछ चेलक (युवक) उड़ीसा की सीमा पर बसे, उस गाँव में पहुँचे, जहाँ उनका रहवास था।

"गुरुमाय का घर कौन सा है?"

शिवा ने गुरुमाय के घर का पता पूछा, तो लोगों ने अकचकाकर ऐसे देखा जैसे वो किसी अजूबे की बात कर रहा हो। शिवा ने तो इस बात की कल्पना ही नहीं की थी कि अब 'गुरुमाय' ही नहीं यह पद भी अतीत हो चुका होगा लेकिन यह एक सच्चाई थी कि समय ने बाली जगार के साथ ही इसे गाने वाली गुरुमायों को भी उजाड़ दिया था। फिर भी उसने आस नहीं छोड़ी। कई गाँवों में भटकने और बहुत पूछताछ के बाद एक व्यक्ति ने राह सुझायी–

"हम लोग तो उनका बारे में कभी सुना बी नइ। वो उधर गाँव बाहिर एक झोपड़ी देखाता है न। उहाँ एक सियान रहता। वो बताने को सकता।"

सब लोग उस इंगित दिशा में बढ़ तो चले लेकिन मन का उछाह छितरा गया था। कितना उछाह लेकर चले थे कि...। झोपड़ी दूर से जितनी पास नजर आ रही थी, उतनी थी नहीं। उस पर रास्ता भी ऊबड़ खाबड़। सो बाँस की झाड़ियों से उलझते उलझाते वे झोपड़ी तक पहुँचे। देखा तो झोपड़ी के द्वार पर फरिका (बाँस की कमची दरवाज़ा) ओधाया हुआ था। फरिका ओधने का मतलब था कि भीतर कोई नहीं है। साथ आये लोगों ने हताशा से शिवा की ओर देखा। शिवा ने आगे बढ़कर फरिका की झिरी से भीतर झाँका।

"यहीं कहीं होंगे आस पास। भीतर पनही (जूता) दिख रही है, तो बहुत दूर तो नहीं गये होंगे। कुछ देर में आ जायेंगे।" शिवा ने हताशा की राख में आस की चिनगी ढूँढ़ ली।

वे इंतजार करने लगे। जब खड़े-खड़े थक चले, तो द्वार के आस पास बैठ गये। दोपहर ढल चली थी लेकिन झोपड़ी के मालिक नहीं लौटे।

"चलो जी लहुँट चली। लाग रहा के सियान कहूँ नेवता ओनता म निकल गये।" एक साथी ने नाउम्मीद हो कहा।

"कभी-कभी जंगल से लौटने में देरी हो जाती है। सियान आदमी हैं। थोड़ी देर और देख लेते हैं।" शिवा ने उससे कह तो दिया लेकिन अब उसकी आस की चिनगी भी राख में बदलने लगी थी।

देर तक इंतजार करने के बाद वे हताश हो लौटने लगे। अभी कुछ दूर ही निकले थे कि सामने से एक बुजुर्ग आते दिखा।

"हो न हो ये वही सियान हैं।" शिवा ने कहा।

"हव मेरे को भी लाग रहा। जंगल से आता दिख रहा। देखो न अपना काँधा

म कुछ रखा भी है।" एक चेलक ने शिवा से सहमती जतायी। फिर लपककर सियान की ओर बढ़ गया। शिवा ने देखा पास पहुँचकर उसने उनके काँधे का काँदा अपने काँधे पर रख लिया।

"चलो ये चेलक लोग कू लाने का कुच्छ तो फाइदा हुआ।" साथ के एक सियान ने कहा।

"कुछ नहीं बबा बहुत फायदा है। सबसे बड़ा फायदा है, ये लोग आप लोग के संग रहके बिना सिखाये सब सीखेंगे। आगे जाके इनको ही तो सब सम्हालना है न।" कहते शिवा के चेहरे पर इत्मिनान झलक उठा।

वो करीब आए तो चेलक ने चहक कर कहा–"भाई! ये सियान बबा गुरुमाय का पता जानते हैं।"

सुनते ही सबके चेहरे पर ख़ुशी लहक उठी। शिवा की ख़ुशी दोहरी थी। उसके चेहरे का इत्मिनान और गहरा हो गया। सबने आगे बढ़कर जोहार किया।

"ये पिला (बच्चा) बताया, तुम लोग गुरुमाय खोजता?"

"हव। हम लोग ये बरस बाली जगार कराना माँगता। सब लोग बोला के तुमकू उनका ठिकाना मालूम।" सिरहा ने कहा।

"मलूम तो हय। फेर अब...।"

"अब क्या बबा?" शिवा के माथे पर लकीरें उभर आयीं।

"पिछला बरस वो ऊहाँ चला गया।" उसने आकाश की ओर देखा।

शिवा के कदम ठिठक गये। उसे ठिठका देख बाकी लोग भी रुक गये। सियान ने उन्हें रुके देखा तो–

"फेर एक गुरुमाय अऊ हय। नोबरंगपुर का नंदाहाँडी म।"

सुनकर शिवा के ठिठके कदमों में हरकत हुई और कदम फिर चल पड़े। सियान ने अपनी झोपड़ी का फरिका हटाया–

"आव बइठो।" कहा और लोटा ले हँड़िया की ओर बढ़ा, तो एक चेलक उठा और–

"बबा आप बैठो। पानी मैं देता हूँ।" लोटा उसके हाथ से ले लिया।

"जियत रह पिला। मन म दया मया बने रहे। बोड़गा देव हमिसा सुखी राखे।" सियान ने भर नजर उसकी ओर देखा और दिल से असीसा।

शिवा को लगा उसकी कोशिश अकारथ नहीं गयी। सियान ने छानी में खुँसी चोंगी (हरे पत्ते से बनी सिगारनुमा बीड़ी) निकाली और पास रखी गोरसी की राख हटा, छेना (कंडा) के अँगार से चोंगी सिपचाकर सिरहा की ओर बढ़ाया। साथ आये सियान चोंगी पीने लगे। बिना किसी झिझक के सब सियान एक ही

चोंगी से बारी-बारी से चोंगी पी रहे थे। मेहमान को माखुर पानी (तम्बाखू और पानी) पूछना इस अंचल का रिवाज था और बिना किसी भेद के एक ही चोंगी से पी लेना यहाँ का सौहाद्र।

"तुम्हारा लाइक त मेरा पास कुछु नइ हय। न चहा पत्ती, न सक्कर, न सिरगेट (सिगरेट)। फेर चाँउर पिसान हय। उद्दर बाहिर म लकड़ी छेना बी हय। मय पाना रोटी बनाता।" सियान ने शिवा से कहा।

"नहीं बबा। इसकी जरूरत नहीं है।"

"जररत कइसे नइ। दिन भर ले लाँघन भूखन बईठे हो।"

वो उठा तो शिवा और चेलक भी संग हो लिए। सियान ने एक पेड़ की ओर इशारा किया-"जा तो बाबू वो परसा (पलास) रुख ले पाना तोर के ले आ।"

सुनते ही दो चेलक उधर लपक चले। 'पिला लोग हय। छेदहा पाना झिन तोर ले।' सोचकर आवाज दी–"गे पिला बड़े-बड़े अच्छा वाला पाना तोरना।" ताकीद की फिर झौंहा (बड़ा टोकरा) में लकड़ी और सूखा पत्ता इक्कठा किया।

देखते ही देखते आग जल गयी। फिर सियान ने पत्ते पर ही आटा सान, उसे एक बड़ी रोटी का आकार दिया और उसे ऊपर नीचे पत्तों से लपेटकर अँगारे पर रखा। आजू बाजू के अँगारे उठा उसे अँगारों से ढँक दिया फिर गुरुमाय के बारे में बताने लगा–

"एक जमाना म इहाँ गुरुमाय लोग का घर होता। कथा गाने म एक लम्बर। बहुत फिमस होता इहाँ का गुरुमाय। फेर सब कतम हो गिया। ये जंगल का आगी सब लील गिया।" कहकर खामोश हो गया। अब उसके चेहरे पर उदासी की राख उभर आयी थी।

कुछ देर बाद रोटी पर लिपटे पत्ते जल गये, तो पत्ते निकालकर रोटी को अँगारे पर उलट पलटकर सेंका। अब लाल-लाल करारी रोटी तैयार थी। रोटी के आठ दस टुकड़े किये और बचे पत्तों पर परोस दिया।

"कोनो साग बी नाय हय। दिन बी बूड़ गिया हय। नइ त बारी ले पतार (टमाटर) धनिया तोर के उसको गूर के (मसल कर) चटनी बना देता। दिन बूड़े म रुख राई को नाय छूते न।" कहते चेहरे पर, सूखी रोटी खिलाने की ग्लानी उभर आयी।

"कोई बात नहीं। ये रोटी तो सुक्खा भी बहुत अच्छी लगती है।" शिवा ने उस ग्लानी को पोछने की कोशिश की।

"रात को पेड़ कार्बनडाय आक्साइड छोड़ते हैं। ये बात बबा को कैसे मालूम।" एक चेलक ने फुसफुस स्वर में अपने सँगी से कहा।

शिवा उनकी बात सुन रहा था। सो उसने कहा–"बबा को यह तो नहीं मालूम कि रात को पेड़ पौधे कार्बनडाय आक्साइड उत्सर्जित करते हैं लेकिन इनको ये मालूम है कि रात को पेड़ पौधे सोते हैं और उनकी नींद में खलल नहीं डालना चाहिए। हमारे सियान यह सब किसी स्कूल में नहीं, घर की पाठशाला में सीखते थे।"

पाना रोटी बहुत स्वादिष्ट थी। सो सबने चाव से खायी। चेलकों के लिए तो यह नया व्यंजन ही था। 'इस बाजारवादी युग में पले बढ़े ये युवा टू मिनिट मैगी को तो जानते हैं, मगर अपनी संस्कृति के इस स्वादिष्ट व्यंजन से अनजान हैं। दोष इनका नहीं, दोष इस नये परिवेश का है। अब इसे बदलने की बहुत जरूरत है। आधुनिक होना बुरा नहीं है लेकिन अपनी जड़ों से अलग हो जाना बुरा है।' उन्हें देखते हुए शिवा की सोच अतीत और वर्तमान को थहा रही थी।

"आज रात इहें अराम करके बिहान कू निकल जाना।"

"नहीं बबा। रात में निकल लेंगे तो बिहान होतेच नबरंगपुर पहुँच जायेंगे। नबरंगपुर से नंदाहाँडी भी तो जाना है न। बिहान में गुरुमाय भी घर में मिल जाएँगी।"

"हो ये बात त सही हय।"

चलते समय सियान ने नंदाहाँडी की गुरुमाय के विषय में और जानकारियाँ दीं। बताया कि इस अंचल की गुरुमायों के लिए तो, जगार गाथा एक धार्मिक काम था, तो जो कुछ मिलता उसे सहर्ष ग्रहण कर लेतीं लेकिन नंदाहाँडी वाली शुद्ध व्यवसायी हैं। बिना पेशगी के बात भी नहीं करतीं।

5

नबरंगपुर जाने के लिए कई रास्ते थे लेकिन शिवा को कोरापुट वाला रास्ता ठीक लगा। गाड़ी कोरापुट की ओर बढ़ चली। सड़क के दोनों ओर सघन साल वन थे। साल के पेड़ों पर बहार सी थी। चाँदनी रात और साल के पेड़ों का साथ। शिवा ने देखा साल के पेड़ों संग गलबहियाँ डाले चाँद को। जंगल में लहकते साल वन और उस पर चाँद का यूँ इतराना शिवा को मुग्ध करता था। बाकी लोग साथ न होते, तो शिवा यहीं ठहरकर इस रात को घूँट-घूँट पीता लेकिन इस समय तो...। सो उसने अपने मन को समझा लिया लेकिन चाँद जब उझक-उझक कर भीतर झाँकने लगा, तो उसका मन अकुला सा उठा और-

"गाड़ी जरा धीरे चलाना।"

ड्राइवर और शिवा का संग बहुत पुराना था। वह जानता था कि चाँद और

जंगल शिवा के मन को बाँध लेते हैं। सो उसने गाड़ी की गति धीमी की और उसके बिना कहे पेन ड्राइव लगा दिया। गाड़ी में ग़ज़ल लहरा उठी–

"आप की याद आती रही रात भर
चाँदनी दिल दुखाती रही रात भर
गाह जलती हुई गाह बुझती हुई
शम-ए-गम झिलमिलाती रही रात भर। आपकी याद...
याद के चाँद दिल में उतरते रहे।
चाँदनी जगमगाती रही रात भर।
कोई दीवाना गलियों में फिरता रहा।
कोई आवाज आती रही रात भर
कोई खुशबु बदलती रही पैरहन
कोई तस्वीर गाती रही रात भर। आपकी याद...
फिर सबा साया-ए-शाख–ए-गुल के तले
कोई किस्सा सुनाती रही रात भर
जो न आया उसे कोई जंजीरे-दर
हर सदा पर बुलाती रही रात भर।
इक उम्मीद से दिल बहलता रहा
इक तमन्ना सताती रही रात भर। आपकी याद..."

गजल के बोल के साथ शिवा की आँखों में, कात्यायनी का अक्स उतरता रहा। उसकी प्रियतर गजल थी यह। उसके जीवन के एकदम करीब। बरसों से सुनता आ रहा था इसे। उसे लगता मानों फैज साहब ने यह ग़ज़ल ख़ास उसी के लिए लिखी हो। खासकर यह बंद–"इक उम्मीद से दिल बहलता...।" 'सचमुच एक तमन्ना ही तो थी जो आज भी सताती है मुझे। मैं जानता हूँ कि वह कभी पूरी नहीं होगी। अधूरी ही रहेगी मेरी तमन्ना लेकिन मेरा मन? कात्यायनी तुमने तो कह दिया कि हम इन्द्रावती के दो किनारे हैं लेकिन मैं? अपने इस मन का क्या करूँ? मेरा यह मन तो आज भी...। यह आज भी उसी तरह दौड़ता है सरपट और बेलगाम। काश तुम इसे समझ पाती।' सोचता शिवा अपने आपमें में समाता चला गया। इंद्रावती अब उसके साथ-साथ बह रही थी।

"भाई! नबरंगपुर आने वाला है। थोड़ा यहाँ रुक लेते हैं।" एक चेलक ने कहा।

"अरे नबरंगपुर आ गया क्या?" शिवा ने देखा इंद्रावती का सुंदर तट सामने था।

"नदी के उस पार नबरंगपुर ही है।"

गाड़ी कोरापुट की सीमा पर थी। इस पार कोरापुट और उस पार था नबरंगपुर और दोनों तटों के बीच जल प्रवहमान था। शिवा ने देखा तो कुछ दूरी पर एक पुल भी नजर आया। शिवा को कात्यायनी का कहा फिर याद हो आया–"हम इंद्रावती के दो तट हैं और ये बच्चे पुल। तटों के बीच बहता यह जल, हमारा प्रेम है।" अतीत फिर आँखों में लहरा उठा। अतीत में डूबा शिवा देर तक इंद्रावती को निहारता रहा। फिर धीरे से जल में उतर गया।

तरोताजा हो सब आगे बढ़ चले। पुल के पार जाते ही एक सुंदर शहर नबरंगपुर सामने था लेकिन उन्हें तो और भी आगे नंदाहाँडी जाना था। सो ड्राइवर ने गूगल सर्च किया। गूगल महराज ने सौ से अधिक जगहें हाजिर कर दीं, जिनमें नंदादेवी की चोटी से लेकर बहुत सारे नाम थे, मगर नंदाहाँडी उनमें नहीं थी। 'वैसे भी आगे सघन वन है और गूगल महराज ठहरे शहरी। उस पर नेट का भी नखरा, तो गूगल महराज के साथ भटकने से तो अच्छा है के मैं किसी से राह पूछ लूँ।'सोचकर उसने एक राहगीर से उड़िया में पूछा–

"नंदाहाँडी किये डहर होबी?"

"येइ सड़क ले जाई कोरी, डाहाण दिग मुड़ी जीबे, सेइ नंदाहाँडी जीबे।" (इसी सड़क से आगे जाके दाहिने मुड़ जाना, वही सड़क नंदाहाँडी जाएगी)

राहगीर की बतायी दिशा में गाड़ी चल पड़ी। पतली सी सड़क के दोनों ओर सघन वनों का एक लम्बा सिलसिला। राह में न कोई गाँव न कस्बा। आदिवासी इलाका और सुबह का समय था। कोई राहगीर भी नहीं मिला। सो वे उसी राहगीर की बतायी राह पर बढ़ते रहे। घंटों चलने के बाद उस जगह पहुँचे, जहाँ सड़क से एक राह फूटकर, घने जंगल के भीतर जा रही थी। ड्राइवर ने फिर गूगल सर्च किया, मगर नतीजा सिफर। शिवा ने भी सर्च किया, पर गूगल बाबा भटकाने पर ही तुले हुए थे। तभी संयोग से एक औरत आती दिखी। उसके सर पर टोकरियाँ थीं।

"नंदाहाँडी किये डहर होबी?" ड्राइवर ने पूछा।

"सेई रोहे दूई मील चोलबी। सिटा नंदाहाँडी।" (इसी राह पर दो मील आगे नंदाहाँडी है)

सड़कनुमा पयडगरी पर गाड़ी आगे बढ़ी। रास्ता मोटर गाड़ी के लिए नहीं, भैंसागाड़ी के लिए था, तो भैंसागाड़ी के चलने से पयडगरी के, बीचोबीच बना उभार गाड़ी के नीचे से टकरा रहा था। गाड़ी मुश्किल से आगे बढ़ रही थी। कुछ दूर चलने के बाद गाँव नजर आया। ड्राइवर ने गाड़ी गाँव के बाहर पार्क

की और सब गाँव की ओर चल पड़े। नंदाहाँडी छोटा सा गाँव। उड़िया ढब के आदिवासी घर थे, जिनमें अधिकतर फूस की ही छाजन थी। कुछ घर की छाजन खपरेली थी लेकिन सभी घरों की दीवारें मिट्टी की थीं। गेरू पुतीं दीवारों पर उड़िया कला के भित्तिचित्र बने थे। गाँव एकदम सूना पड़ा था। गाय गोरू और मानुष कोई भी नजर नहीं आ रहा था। ऐसे में सवाल उठा पता किससे पूछा जाय। जिस सियान से इस गाँव का पता मिला था, वे पिछले जमाने के थे। सो गुरुमाय का मोबाइल नंबर भी नहीं था उनके पास। अब तो आगे बढ़ते रहना ही उनके हाथ था। संयोग से गाँव के आखिरी घर की परछी में एक बूढ़ी स्त्री नजर आयी।

"अम्मा! पाट गुरुमाय का घर किधर है।" शिवा ने पूछा।

अम्मा को हिंदी आती नहीं थी, मगर गुरुमाय शब्द को जानती थी, तो अनुमान लगा लिया कि बड़ी गुरुमाय का पता ही पूछ रहे होंगे। इशारे से घर का पता बताया। इशारा गाँव के दूसरी छोर पर बने एक घर की ओर था। पेड़ों के झुरमुट से घिरा वह घर सबसे अलग था। गाँव का एकमात्र पक्का घर लेकिन सबसे ज्यादा जर्जर। पक्की छत से लटकती घास और दीवारों पर ऊग आये पीपल और जंगली घास गुरुमाय की हालत बयाँ कर रहे थे। दरवाज़ा उढ़का हुआ था। शिवा ने दरवाजे पर दस्तक दी।

"किये।" भीतर से आवाज़ आयी।

"हम बाहर से आये हैं। आपसे मिलना है।" शिवा ने कहा।

दरवाज़ा खुला। सामने अधेड़ से बुढ़ापे की ओर जाती एक स्त्री थी। उड़िया ढब से दोहराकर पहनी गयी सम्बलपुरी साड़ी। नाक में दोनों ओर चवन्नी के आकार की फुल्ली (कील) हाथ में चाँदी की मोटी-मोटी चूड़ियाँ। गले में उड़िया ढब का चाँदी का सूता (हँसली)। साड़ी का आँचल सहेजते हुए उसने शिवा को देखा। फिर बाकी लोगों पर नजर डाली। कहा तो कुछ भी नहीं लेकिन आँखों में ऊगा सवाल, आने कारण जानना चाह रहा था।

"हम बस्तर से आए हैं। बाली जगार के लिए।"

"बाली जगार? बुआ गो। जाय जोगन्नाथ। सुरुज महाराज किदर से आया आज।" उन्होंने एक दिशा की ओर देख कर हाथ जोड़े। फिर "भीतर आव।"

उड़ीसा माने भगवान जगन्नाथ। यहाँ के जन मन में रमे हैं जगन्नाथ। जिस दिशा में उन्होंने हाथ जोड़े, सम्भवतः वह पूर्व दिशा रही होगी। पूर्व दिशा सूर्य की दिशा तो है ही। कोरापुट का जगन्नाथ मंदिर भी उसी दिशा में था। सो वे देर तक हाथ जोड़े उसी दिशा को देखती रहीं। फिर उन्होंने बताया– एक समय

था जब बाली जगार की गमक से उड़ीसा और बस्तर गमकता रहता था। तब हमारे पास समय का हमेशा टोटा रहता। सालों पहले अनुबंध कराते थे लोग। फिर जंगल की हवा बदलने लगी। उस हवा ने लोगों को धर्म कर्म से विमुख कर, हाथ में बंदूक थमा दी। बंदूक की आवाज़ ने जगार के मांदर की आवाज को निगल लिया और लाखों में खेलने वाले हम लोग दर बदर हो गये। कभी ये घर महल जैसा था और अब खण्डहर बनकर रहा गया है। "सोब ठाठ मेटा गेला।" (सब ठाट बाट खत्म हो गया) कहती वे आँचल से आँसू पोछ रही थीं।

"गुरुमाय! निश्चय। सोब अच्छा होयगा। तुमि तो बस बाली जगार खातिर हामी कोरि दो।" साथ आए सियान ने कहा।

"हो-हो! निश्चय? केबे के राख ले?"

"अगला मोहीना ठीक रहेगा?"

"हो। भोगवान जोगन्नाथ बेसी दयाकरी।" (भगवान जगन्नाथ ने बहुत दया की है)

बाली जगार का दिन तय हुआ। शिवा ने सियान और चेलकों के साथ पहली मँगनी की रस्म सम्पन्न की। पाट गुरुमाय तुलाबती ने छलकती आँखों से पेशगी की रकम और बस्तरिया साड़ी स्वीकार की। फिर सबने मिलकर सान मँगनी यानी दूसरी मँगनी की तिथि तय की। शिवा और उसके साथियों ने पहले ही सोच लिया था कि जगार में माँस-मदिरा शामिल नहीं होगी। सो -

"गुरुमाय एक बिनती है। हम लोगों को लगता है, माँस और मंद हमारी बढ़ोत्तरी को रोकते हैं, तो हम लोग आदिवासी समाज से इसको दूर करना चाहते हैं इसलिए मुर्गा और मंद को इस जगार में शामिल नहीं किये।"

"हो हो। बेसी भल कोरी।" (हाँ बहुत अच्छा किया)

"अच्छा तो अब हम लोग निकलेंगे।"

"ऐसा कैसा होगा। तुम लोग सकाल से निकला होगा। खाना नाय खिली (खाना नहीं खाया) न। मय अब्बी बनाती। "

उन्होंने दूमुहिया चूल्हा जला दाल भात चढ़ा दिया। बाड़ी से चेंच भाजी तोड़ लायीं। उबालकर लहसुन मिर्ची के साथ बघार दिया। कुछ ही देर में खाना तैयार हो गया। तुलाबती ने बहुत प्रेम से परोसा। शिवा को तो विशेष मनुहार से खिलाया। सबने महसूसा वह शिवा का कुछ ज्यादा ही ख्याल रख रही हैं। चलते समय गाँव के बाहर तक छोड़ने भी आयीं। जब शिवा गाड़ी में बैठने लगा, तो शिवा का हाथ थाम बोलीं–

"बाबू तू मेरा पिला जइसा दीखता। वो रहिता तो तुमारा जितना...।" उनकी

आँखें झर उठीं।

"क्या हुआ था उसे?"

"वोही जिसका कारन अमारा जंगल म आगी लग गिया। वो लोग उसकू उठा लिया अऊ उसका हात म कोलम (कलम) के जघा बंदूक धरा दिया। फेर एक दिन उसकू बी धाँय-धाँय। येई दारुण दुःख म उसका बापा मरि गेला।" कहती शिवा से लिपटकर रो पड़ीं।

देर तक रोती रहीं। उनके दुख से शिवा का मन विगलित हो उठा। उसकी आँखें भीग गयीं।

6

बाली जगार की तैयारी शुरू हुई। पहले सब काम समाजिक सहयोग से होता था लेकिन अब समाज की जगह बाजार था। पहले दीवारों पर गढ़ लिखतो बिता यानी (भित्तिचित्र बनाने वाले) कलाकार खुद से ही आकर भित्तिचित्र बनाते थे। यह उनके लिए सौभाग्य का अवसर होता था लेकिन अब यहाँ भी बाजार प्रवेश कर गया था। सो भित्तिचित्र बनाने के लिए चित्रकार बुलाये गये। बाजार से ही माची, पायली (मापने वाला काठ का बरतन) लाई, सूपा, , घड़ा और मुकुट खरीदा गया लेकिन धनुष और छिरनी काँड़ी तो बाजार में नहीं थे। शिवा को चिंता हुई कि अब क्या होगा 'इन्हें तो पुराने जमाने से पारधी ही बनाया करते थे। ये ही तो धनकुल के मुख्य उपकरण रहे हैं और धनकुल जगार का प्रमुख वाद्य। इसके बिना बाली जगार सम्भव ही नहीं होगा।' सो पारधी की ढूँढ़ शुरू की। अंचल के गाँवों में संदेश पहुँचवाया ही, सीमा से लगे उड़ीसा के गाँवों में भी, पारधी समाज की खोज की। शिवा को विश्वास था उड़ीसा में काम बन जायेगा। उसकी इस सोच का आधार था धनकुल। यह दोनों राज्यों के धार्मिक पर्व का प्रमुख अंग था। बस्तर का यह धनकुल ही उड़ीसा में धनकुला कहलाता था। वहाँ पारधियों के घर तो मिले लेकिन अब वे यह काम छोड़ नौकरी या किसी दूसरे धंधे में लग चुके थे। नयी पीढ़ी को तो छिरनी के बारे में मालूम ही नहीं था। हताशा के चरम पर पहुँच कर शिवा को पता चला कि उसके ही अंचल में, जंगल के बहुत भीतर एक गाँव में एक पारधी परिवार रहता है। उसके सियान सुखन पारधी बाली जगार के लिए छिरनी काँड़ी बनाया करते थे। शिवा ने उनसे तत्काल संपर्क किया, मगर सुखन पारधी तो खटिया धर चुके थे। उनकी हालत देख शिवा को लगा अब तो बाली जगार पूरा ही नहीं हो पायेगा, मगर–

"फिकर नको पिला। मय छिरनी बना नाय सकता। फेर बता तो सकता न। सिखा सकता मय। मय बतायेगा अऊ मेरा ये नतनिन बनायेगा। बोल बनाएगा न?"

"हो बबा।" पास खड़ी युवती ने अपनी स्वीकृति दी।

इस तरह दो धनुष, उसकी डोरियाँ और दो छिरनी काँड़ी बनी। फिर तो शिवा ने सब सियान और चेलकों के साथ जाकर सान मँगनी यानी दूसरी मँगनी की रीत पूरी की और बोड़ो मँगनी की तिथि तय की। नियत तिथि को तीसरी यानी बोड़ो मँगनी सम्पन्न हुई। इस मँगनी में शिवा के कहने पर एक और नवाचार हुआ। परम्परा के अनुसार अनुबंध के इस कार्य में केवल पुरुष ही शामिल होते थे। शिवा चाहता था कि बाली जगार के अनुबंध में स्त्रियाँ भी शामिल हों। उसका तर्क था--

"जब हमारे समाज में स्त्रियाँ हर क्षेत्र में बराबर की सहयोगी होती हैं, तो इसमें क्यों नहीं। यह सम्पूर्ण अनुष्ठान तो स्त्रियों के द्वारा ही किया जाता है। इस गाथा गायन में पुरुषों का तो कोई स्थान ही नहीं है। फिर इसके अनुबंध में स्त्रियाँ क्यों शामिल नहीं की जातीं।"

सियानों को शिवा की यह बात नहीं भायी लेकिन उसके प्रस्ताव को नकार देना संभव भी नहीं था। सो बोड़ो मँगनी में वन्या, कात्यायनी, डंकिनी, कुछ मोटियारिन और सियानिनों को भी शामिल किया गया। वे सब बोड़ो मँगनी के लिए न केवल नंदाहाँडी गयीं, बल्कि बोड़ो मँगनी की अगुवाई भी की।

जावरगुड़ा के देवगुड़ी में बाली जगार शुरू हुआ। पाट गुरुमाय अपनी दो नानी (चेलियों) गुरुमाय के साथ पधारीं। आकर वे गाँव की सीमा पर ठहर गयीं। वहाँ से उन्हें मान पान सहित गाँव में लेकर आना था। सो सब लोग नाचते गाते हुए उन्हें देवगुड़ी में लेकर आये। अंचल के गाँव-गाँव से लोग अपने देवों की डोली लेकर आए। सियानिनों (बुजुर्ग स्त्रियों)ने चाँउंर (चावल) पिसान और हल्दी से चऊँक पूरकर, उस पर कलश रख दीप जलाया। उसके चारों ओर चावल के आटे और हल्दी के घोल से हाता (हाथ की छाप) दिया। सभी देवी देवताओं को छिंद का महुड़ (मुकुट) पहनाया। नगाड़ा, मांदर और मोहरी बजने लगे। रीत के अनुसार पाट गुरुमाय और दूसरे नंबर वाली नानी यानी मझली गुरुमाय, माची के आसन पर आसीन हुईं। धनकुल बजाने के लिए बड़े-बड़े दो घड़ों को पैरा से बने गोल बेड़री (गुड़री) पर रखा गया ताकि उन्हें आधार मिल सके और बजाते समय अपनी जगह से हिले न। पाट और मझली गुरुमायों ने घड़ों के ऊपर सूप रख धनुष के एक सिरे को सूप

से सटाया और दूसरा अपने पैर से दबा लिया। फिर बाएँ हाथ की तर्जनी और अँगूठे से धनुष की डोर खींचकर, दाहिने हाथ से छिरनी काँड़ी को उस पर, एक विशेष लय से रगड़ा, तो धनुष की टंकार, हाँडी के उपर रखे सूपों, हाँडी और छिरनी काँड़ी पर बने दाँतों से मिलकर घूम छर, घूम छर का संगीत फूट पड़ा। छिरनी काँड़ी से धनुष की डोरी को, चिकारे तरह बजाना अपने आप में अनुपम था। सो दोनों गुरुमायों ने जब धनकुल बजाया, तो वातावरण में एक विशेष संगीत गूँज उठा। फिर पाट गुरुमाय उस संगीत में अपना सुर मिला देवों का आहवान करने लगीं–

"जगार बोल्लो ने जग आय। तेबेय त हामी जग मंड़ाउसे। नाहले जग मड़ाउसे बलूँसे।

"सये सरने लखे जुहार
सये सरने लखे जुहार
कोटी नमस्कार हरी बोल हरी बोल।"

(यह जगार हमारा जग (यज्ञ) है। तभी तो हम इस जगार का आयोजन कर रहे हैं और तुम सबका आह्वान कर न्योता दे रहे हैं। तुम्हारे चरणों में हमारा लाखों प्रणाम, करोड़ो प्रणाम)

फिर पाट गुरुमाय ने देबी डाको (देवी बुलावा) से आह्वान गान शुरू किया–

"रामो-रामो हरी-हरी जे
रामो-रामो हरी-हरी जे
धरिलू देबरि नामो बले जे
धरिलू देबरि नामो बले
माँ बलिबो पाठो रानी
पाठो रानी तमे माँगों जे
नाची-नाची आसी जिबार जे
डोली-डोली आसी जिबार
सुतर तागे जे आसी जिबार
पाठो रानी तमे जे बले।"

(राम राम हरी हरी। माता मैं तुम्हारा नाम लेकर पुकार रही हूँ। माँ तुम पटरानी हो नाचते हुए ख़ुशी ख़ुशी आना माँ। मोतियों के अपने महल से यहाँ पधारो माँ। राम-राम, हरी-हरी) इसके बाद उन्होंने भतरी देवी का गुणगान करते हुए उनको न्योता–

"भतरनिन देबी डाको
रामो-रामो हरी-हरी जे
रामो-रामो हरी-हरी जे
धरिलू देबरि नामो बले जे
माँ बलिबी पाठो रानी
पाठो रानी तमे माँगो जे
पाठो रानी तमे बले
नाची-नाची आसी जिबार जे
डोली-डोली आसी जिबार
सुतर तागे जे आसी जिबार
मोतिर माले आसी जिबार
पाठो रानी जे तमे बले
पाठो रानी जे तमे बले।"

(मैं भतरी देवी को न्योता दे रहीं हूँ। मैंने यह दिया उन्हीं के नाम जलाया है। मैं पाठो रानी का भी आह्वान कर रही हूँ। माँ नाचते-नाचते हुए ख़ुशी-ख़ुशी आना। जितने भी देवों और देवियों की डोलियाँ यहाँ आयी हैं सब से प्रार्थना है वे अपने मोतियों वाले महल से इस कुटिया में नाचते गाते आयें मैं उनके चरणों में जोहार करती हूँ।)

परम्परा के अनुसार तिरानबे दिन तक चले इस जगार में अंचल के कोने-कोने से लोग शामिल हुए। इस जगार ने बस्तरिया समाज के टूटे हुए सेतु को फिर से जोड़ दिया लेकिन यह कोई न जान सका कि इसी जगार का लाभ लेकर वह भी यहाँ घुस आयी है, जिसे जगार से कोई सरोकार ही न था। उसे तो सरोकार था लड़कियों की देह से। यहाँ की मोटियारिनों को फुसलाकर अपनी गिरफ्त में लेना ही उसका उद्देश्य था। इसके लिए जगार से अधिक उपयुक्त स्थल भला और कहाँ मिलता। फिर इस बार तो चोला भी बदल गया था उसका। अबकी गिरोह ने उसे उस रूप में भेजा था कि शक तो दूर, शक की कल्पना तक नहीं की जा सकी। तिरानबे दिन और तिरानबे रात का साथ। इतना समय बहुत था उसके लिए।

7

जगार का आखिरी दिन था। गुरुमायों की विदाई थी। बहुत ही मान पान से विदाई दी गयी। वहाँ उपस्थित हर गाँव, हर घर ने अपनी सामर्थ से बढ़कर

विदाई दी। विदाई में इतना कुछ मिला कि उसे ले जाने के लिए ट्रकें बुलवाई गयीं। रात को ही विदाई का सामान ट्रकों पर लादा जाने लगा। पाट गुरुमाय ने यह काम सबसे छोटी गुरुमाय को सौंप दिया। वैसे भी वह ऐसे ही कामों के लायक थी। पाट गुरुमाय ने यहाँ आने के बाद जाना कि उसे जगार और जगार गाथा की तो कोई जानकारी ही नहीं लेकिन अब कुछ किया भी नहीं जा सकता था, तो वे उससे इसी तरह के ऊपरी काम लिया करतीं। उस रात वह ट्रक पर सामान लदवा रही थी। उसने शिवा से कहकर तिरपाल वाले बंद ट्रक मंगवाये थे। सब जानते थे कि पूरे छत्तीसगढ़ में बस्तर में मानसून सबसे पहले दस्तक देता है लेकिन मानसून के यहाँ आने में अभी बहुत देर थी, पर नबरंगपुर में? शिवा जानता था कि वहाँ बहुत पहले आता है मानसून। दरअसल बस्तर में मानसून पूरब से उठता है। वह बंगाल की खाड़ी से आता है लेकिन नबरंगपुर का मानसून पश्चिम से उठता है। वहाँ मानसून अरब सागर से आता है। इसके अलावा मलकान गिरी की पहाड़ियाँ भी बादलों को घेरघार कर, कभी भी बारिश करवा देती हैं। सो शिवा ने तिरपाल वाले बंद ट्रकों की अनुमति दे दी। ट्रकों को भोर में रवाना होना था।

सबने तिरानबे दिन तक लगातार काम किया था। पूरी नींद लेने का अवसर नहीं मिलता था, तो बहुत से लोग उसी रात अपने-अपने घर को रवाना हो गये। जगार खत्म हो ही चुका था। सो ड्यूटी पर तैनात पुलिस को भी छुट्टी दे दी गयी। कार्यकर्ताओं में भी अधिकाँश अपने घर चले गये। ट्रकों और गुरुमायों की रवानगी सुबह आठ बजे की थी। 'मैं सुबह छै बजे भी निकलूँगा, तो आठ बजे तक यहाँ पहुँच ही जाऊँगा। फिर कुछ कार्यकर्ता तो यहाँ हैं ही।' सोचकर शिवा भी घर चला गया, मगर घर जाकर भी चैन कहाँ था उसे। सो– 'नहीं मेरा यूँ चले आना सही नहीं है।' सोचकर वह भोर होने से पहले ही आ पहुँचा। देखा एक ट्रक तो खड़ा था लेकिन दूसरा ट्रक वहाँ नहीं था। उसे आश्चर्य हुआ। 'दोनों ट्रकों को गुरुमायों के संग ही जाना था! फिर?' सोचकर वह ट्रक के पास पहुँचा। भीतर झाँककर देखा। जुगजुगी बल्ब जल रहे थे लेकिन ट्रक में ड्राइवर नहीं था।

उसने आस पास नजर मारी, मगर वह कहीं नजर नहीं आया। फिर तो उसे शक हुआ– 'कहीं ट्रक वाला सामान लेकर भाग तो नहीं गया। नहीं इस इलाके में किसी की इतनी हिम्मत तो नहीं।'सोचा और पंडाल की ओर बढ़ गया। देखा सभी बेसुध से सो रहे थे। सब इस कदर बेसुध थे कि उन्हें उसकी गाड़ी के आने आभास तक नहीं हुआ था। उसे आश्चर्य हुआ। 'ये लोग यूँ बेसुध सोने

वालों में तो नहीं। फिर? थक गये हैं शायद। लेकिन वह ट्रक? पता तो करना ही होगा।' शिवा फिर ट्रक की ओर गया। 'ये ट्रक भानू ने बुक किये थे। मेरे पास तो ड्राइवरों के मोबाइल नंबर भी नहीं हैं कि फोन कर लूँ। सोचते हुए आगे बढ़ा। पौ फटने में देर थी लेकिन चाँदनी छिटकी हुई थी। शिवा ने ट्रक ड्राइवर को ढूँढ़ना शुरू किया। तभी अचानक ट्रक के नीचे से मोबाइल की घंटी बजी और शिवा ने ठिठककर ट्रक के नीचे झाँका।

"हाँजी प्राजी। मैं? मैंने सुबेरे को निकलना है। न जी एकदम सुबेरे नहीं। आठ के बाद निकलूँगा।" वह अपने किसी साथी से बतिया रहा था।

"सरदार जी जरा बाहर आइए।"

सरदार जी सरकते हुए बाहर आये–"हाँ जी साब जी।" अपने बालों का जुड्डा ठीक करते हुए कहा।

"वह दूसरा ट्रक कहाँ गया?"

"साब जी वो राति रवाना हो गया सी!"

"ऐसे अकेले!"

"केले नइ साब जी। वो आप लोग का गुरुमाँ संग गयी।"

"गुरुमाय! बिना विदाई लिए चली गयीं! फिर तुम क्यों नहीं गये? तुमको तो उनके साथ जाना था?"

"वो बोली तुम सुबेरे रवाना होना। बाकी लोग के साथ।"

'बाकी लोग यानी सब गुरुमाय नहीं गयीं! इनकी विदाई तो एक साथ होती है। तीनों एक साथ ही असीस के अक्षत छींटते हुए विदा लेती हैं! फिर? शायद कोई इमरजेंसी आ गयी होगी।' सोचा।

ट्रक गुरुमाय के साथ गया था। सो शिवा कुछ निश्चिन्त तो हुआ था लेकिन उसे अभी भी कुछ समझ में नहीं आ रहा था कि आखिर ऐसा कैसे! सो वह गुरुमाय के डेरे की ओर बढ़ा। फिर 'नहीं उन्हें जगाना ठीक नहीं होगा। लड़कों से ही पूछता हूँ।' सोचा और पंडाल की ओर चल पड़ा।

"अरे भानू उठ तो, एक ट्रक नजर नहीं आ रहा।"

उसने नाम तो भानू का लिया था, मगर वह जानता था कि उसकी आवाज सुन सभी उठ बैठेंगे, पर उठना तो दूर, किसी ने करवट तक नहीं ली।

"अरे भानू उठ न रे।" उसने उसे हिलाया।

भानू पर हिलाने का भी कोई असर नहीं हुआ। उसके साथ सोये लोग भी उसी तरह बेसुध सोते रहे। 'यह स्थिति सामान्य तो नहीं ही है।' सोच शिवा का मन शंकित हुआ। फिर तो उसने भानू को पकड़कर झकझोर ही दिया। इस

झकझोरने का भी कोई फायदा नहीं हुआ, तो–"मैंने मना किया था कि जगार तक शराब को कोई हाथ नहीं लगाएगा लेकिन ये लोग...। "स्वलाप करते शिवा ने पंडाल में रखा घड़ा उठाया और पूरा पानी उड़ेल दिया फिर भी कोई फर्क नहीं पड़ा। वह कुछ देर अकचक सा देखता रहा। फिर दिमाग में एक क्लिक सा हुआ और उसने जल्दी से मोबाइल पर एक नंबर मिलाया।

"जावरगुड़ा जगार से एक ट्रक निकल भागा है। देखो सीमा पार न जाने पाय।"

"किदर को? कितना बजे?"

"ठीक-ठीक टाईम पता नहीं। यही कोई तीन चार घंटे पहले।"

"कोनो फिकर नइ भाई। तीन चार घंटा में सीमा पार तो नइ जा सकेगा।"

उधर खबर करके शिवा ने दूसरा नंबर डायल किया।

"जय हिन्द जनाब। एस पी आवास से मैं सिपाही...।"

"मैं शिवनाथन बोल रहा हूँ। अपने एस पी को खबर करो यहाँ से एक ट्रक नबरंगपुर को निकला है। उसे रोकना है।"

"जी जनाब।"

फोन किसी आमजन का होता, तो वारदात कब हुआ? ट्रक का नम्बर क्या था जैसे तमाम सवाल करता वह। फिर सो जाता लेकिन यह फोन तो शिवा जैसे कद्दावर नेता का था सो उसने एस पी को तत्काल सूचना दी। पुलिस तुरंत हरकत में आ गयी और सड़कों पर लाल नीली बत्तियाँ चमकने लगीं। पुलिस को खबर कर शिवा गुरुमाय के डेरे पर पहुँचा। देखा पाट गुरुमाय के डेरे से रौशनी झिर रही थी। यह सकाल (प्रातः) वंदना का समय था। सो उसने दरवाजे पर दस्तक दी। भीतर कोई प्रतिक्रिया नहीं हुई। उसने फिर दस्तक दी। फिर भी कोई आहट न पाकर दरवाजे को ठेला और भीतर का दृश्य देख तत्काल पलट गया।

"क्या हुआ साब? कुछ गड़बड़ है क्या? मैं देख रहा आप बहुत परिसान हैं।" शिवा को परेशान देख ड्राइवर उसके पीछे हो लिया था। उसकी नजर बगल वाले दरवाजे पर गयी और–"साब देखिये ये दरवाज़ा का सँकरी चढ़ा है।"

शिवा ने देखा दरवाज़ा बाहर से बंद था। ऊपर नीचे दोनों ही साँकल बंद थीं। 'यही तो मझली नानी गुरुमाय और नानी गुरुमाय का कमरा था, तो क्या ये भी उसके साथ...? लेकिन ट्रक ड्राइवर ने तो एक के जाने की बात कही।'सोचते लपककर साँकल खोली। मझली नानी गुरुमाय भी पाट गुरुमाय की तरह एकदम अस्त व्यस्त सो रही थीं। अब तो उसे यकीन सा हो चला कि जरूर कोई बड़ी घटना घटी है, पर क्या? यह सवाल अभी ऊगा ही था कि

मोबाइल स्क्रीन पर चमका, तपर्रा सरपंच।

"हलो।"

"मैं तपर्रा सरपंच बोल रहा। हमारा सब सियान लोग लौट आया। फेर गाँव का लड़की लोग नइ लौटा।"

"वो सब भी तो सियान लोग के साथ निकली थीं।"

"हव निकली तो थी फेर आधा रस्ता में रुक गयी। बोली नानी गुरुमाय से कुच्छ काम है। उनके संग मिल के बाद में आयेगी।"

नानी गुरुमाय का नाम सुनते ही ट्रक का समय से पहले रवाना होना, पंडाल के लोगों का बेसुध सो जाना और लड़कियों का अपने घर न पहुँचना सभी घटनाएँ एक में गुथ गयीं। अब तो सारा मामला ही साफ़ था। शिवा को लगा था यह चोरी का मामला है लेकिन यह तो युवतियों की तस्करी का मामला था। शिवा यह तो जानता था कि ह्यूमन ट्रेकिंग का जाल अब इस अंचल में भी फ़ैल गया है। कुछ घटनाएँ भी हुई थीं। वो सभी घटनाएँ प्रेम का रूप धरके आयी थीं इसीलिए तो डंकिनी मोटियारिनों को बराबर सजग कर रही थी, पर इस तरह! कोई गुरुमाय का वेश धरके आँख से काजल काढ़ लेगी, इसकी तो उसे कल्पना भी नहीं थी। यह इस इलाके के लिए और शिवा के लिए एक बड़ा झटका था। सो उसने फिर वही नंबर मिलाया, जिसकी पहुँच पर उसे पुलिस से भी ज्यादा भरोसा था। उसे सूचित किया–

"साथी मामला चोरी का नहीं, लड़कियों की तस्करी का है, तो हैदराबाद और विशाखापटनम की राह पर अपनी चौकसी बढ़ा लें। आप लोग अपनी पूरी ताकत झोंक दें। किसी भी क़ीमत पर ट्रक, राज्य की सीमा के पार न जाने पाये।"

फिर एस पी को फोन कर सूचना अपडेट की। 'पुलिस और वे दोनों ही अपने काम में जुट गये हैं। वे अपना काम तो करेंगे ही लेकिन यह घटना मेरे वजूद को ललकार है। मेरे अंचल में मेरे ही नाक के नीचे यह सब! मुझे इस मामले के तल में धँसना ही होगा।' सोचा और–"सुन धनुजय! मुझे गुरुमाय लोग से कुछ जानकारी जुटाना है। तू मेरे साथ चल।" फिर उसने उसे समझाया कि उसे क्या करना है और पाट गुरुमाय के कमरे की ओर बढ़ चला।

8

पाट गुरुमाय को होश आया, तो शिवा को सामने पा अकचका उठीं। अपनी अस्त व्यस्ता को सहेज–"पिला तुमि !अतना सकाले?" (बच्चे तुम इतने सबेरे) सकुचाते हुए कहा।

शिवा ने कोई जवाब न दे गहरी नजरों से देखा। वे उसके व्यवहार पर चकित थीं। कल तक पैर छूकर प्रणाम करने वाले शिवा ने, आज नमस्कार तक नहीं किया। ऊपर से उनके मर्म को छेदती सी उसकी आँखें। समझ नहीं पा रही थीं कि आखिर ऐसा क्या हुआ कि एक ही रात में इसका व्यवहार बदल गया! शिवा की आँखें देर तक थहाती रहीं उन्हें। 'मैंने तो इनमें अपनी यायो कीं छवि देखी थी। इन्हें देखकर मुझे लगा था जैसे बरसों रेगिस्तान में भटकने के बाद मैं साल के हरियर जंगल में पहुँच गया हूँ। मैंने तो कितना कुछ सोच लिया था इनके लिए। लेकिन अब। अब इन्हें पुलिस के सुपुर्द करना होगा।' सोचा। फिर– "इन्हें देखकर तो कहीं से नहीं लग रहा कि ये इस तरह के काम में...।" शिवा के मन ने कहा।

"किसी के माथे पर लिखा होता है क्या? इनकी उस चेली के माथे पर लिखा था कि वह...?" मस्तिष्क ने अपना तर्क रखा।

शिवा देर तक अपने मन मस्तिष्क से उलझता रहा। फिर उसने मन को पीछे ठेल दिया और–"गुरुमाय! आपकी रवानगी का समय हो रहा है। आप अपनी दोनों चेली को बुला लीजिये। मुझे आप लोगों से कुछ बात करनी है।"

शिवा ने हकीकत सामने न रख अभिनय किया, जिससे उनके भीतर की थाह ले सके। सो उसने अपनी निगाहें उनके चेहरे पर अड़ा दीं और उनके चेहरे के भीतर के चेहरे को पढ़ने की कोशिश करने लगा। शिवा ने महसूसा उनके चेहरे पर भावों की आवाजाही तो थी लेकिन उन भावों में डर वाला भाव रंच भर भी न था। जगार से सम्बन्धित अब तक जो भी बात हुई, वह पाट गुरुमाय से ही हुई थी। परम्परा भी यही थी। जगार में सब कुछ पाट गुरुमाय ही तय करती थीं। सो वे समझ नहीं पा रही थीं कि आज चलती बेर ऐसा कौन सा मसला है, जिसके लिए तीनों को साथ होना है। उन्हें यह अच्छा नहीं लगा था फिर भी–

"मुइ बलाती उनकू।"

"नहीं आप मत जाइए। मैं बुलवा लेता हूँ।" कहा और अपना अभिनय जारी रखते हुए अपने ड्राइवर को आवाज दी। "धनुजय! जा तो नानी गुरुमाय को बुला ला। दोनों को।" शिवा ने जानबूझ कर दोनों शब्द का उपयोग किया।

"जी साब।" तयशुदा उस नाटक के पात्र धनुजय ने अपना अभिनय निभाते हुए कहा और कुछ ही देर में गुरुमाय को लेकर उपस्थित हो गया।

"आइए!" कहते हुए शिवा ने स्वागत तो किया लेकिन उस स्वागत में सत्कार नहीं था।

ये मझली गुरुमाय सीबोती थी। उम्र और अनुभव में पाट गुरुमाय से कुछ ही

कम। इस जगार में महत्त्वपूर्ण भूमिका भी थी। शिवा ने गौर से देखा। चेहरे को पढ़ने की कोशिश भी की, लेकिन उसका चेहरा पाट गुरुमाय की तरह किताबी नहीं था कि उसे आसानी से पढ़ा जा सकता। शिवा देर तक उसके चेहरे के भावों को पढ़ने की कोशिश करता रहा। फिर–

"धनुजय वो दूसरी वाली कहाँ है? वो नहीं आयी।" शिवा के शब्द ड्राइवर से मुखातिब थे लेकिन उसने आँखें सीबोती के चेहरे पर गड़ा रखी थीं।

"साब वो तो रूम में नई है।"

"रूम में नहीं है। देखो पंडाल में होगी या फिर ट्रक के पास। "

"जी साब। अभी देखता।" ड्राइवर फिर अपने अभिनय में संलग्न हुआ।

कुछ ही देर में वह खबर लेकर हाजिर हुआ– "साब वो तो कल रात में चली गयी।"

"रात को चली गयी?" ऐसा कैसे हो सकता है?" शिवा ने सीबोती की आँखों में देखा।

"साब वो खाली हाथ नइ गयी। ट्रक को भी अपना संग ले गयी अऊ इहाँ का सरपंच तो बोल रहा के, इहाँ का मोटियारिन लोग भी गायब है।" यही तो इस नाटक और उसके अभिनय का क्लाइमेक्स था। जिसे उसने बखूबी निभाया।

"क्या? ट्रक और मोटियारिनें भी!"

"हाँ साब! लगता चेलक लोग को भी उसने बिहोस कर दिया है। मैं जाके देखता उनकू।"

"वो तो आप के साथ ही रहती थी न?" कहते शिवा की आँखें सीबोती के चेहरे पर गहरी हो गयीं।

"हो।" सीबोती सकपका सी गयी।

"फिर?"

"ओ रात कू आया। मेरे कू पीठा (ओड़िया पकवान) खिलाया। बोली बिदाई का पीठा है। फेर बोला मै पाट गुरुमाय कू पीठा दे के आता। फेर चला गया। जाते-जाते बोला मै थोरक देरी से आयेगा त बाहिर से सँकरी चढ़ा देती। उसका बाद मैं सूत(सो)गया। बाकी मेरे कू कुछ नइ पता। ईमान कसम कुछ नइ बताया मेरे कू।"

ट्रक और लड़कियों के गुम होने की बात सुन सीबोती को काटो खून नहीं। पाट गुरुमाय भी सुकुड़दम। उन्हें याद आया वह पीठा लेकर उनके पास भी आई थी। अपने हाथ से खिलाया और देर तक बैठी रही उनके पास। फिर उनकी आँख झपक गयी। उसके बाद सुबह यह सब। अब उन्हें शिवा के बदले

व्यवहार का कारण समझ आया।

"ये सोब का कारन तू है सीबोती। उसकू तू ही तो लाया न। मुई (मैं) तेरा ऊपर केतना बिसबास करती। दस पोंदरा बछर ले संग है तू। फेर ये बूढ़ती काल मे ये सब किया! मेरा नाम बदनाम हो गया।" कहकर पाट गुरुमाय गोहार पारकर रो पडीं।

यह सच था कि सुकालो नाम की उस नानी गुरुमाय को सीबोती ही लायी थी लेकिन वह उसके विषय में बहुत नहीं जानती थी। वह उसकी मितान की कोई रिश्तेदार थी। उसी के घर मुलाकात हुई थी उससे। मन्दिर आते जाते कभी कभार मुलाकात हो जाती। फिर तो जगन्नाथ की आरती में रोजाना मिलने लगी वह। उसके मधुर स्वभाव और भक्ति भाव ने सीबोती का मन जीत लिया। वह उसके घर भी आने लगी। उसकी उम्र ज्यादा नहीं थी। फिर भी उसका भक्ति भाव बहुत था। वह सीबोती से भगवान की ही बात करती। सीबोती बहुत प्रभावित थी उससे, तो जगार के लिए जब एक नानी गुरुमाय खोजने की बात चली, तो उसने सुकालो का नाम सुझाया–

"बोड़ भल है। हमिसा भोगवान जोगन्नाथ का ध्यान करता है। आज काल का लड़की माफिक नइ है। जगार का सोब काम समाल लेगा।" तब सीबोती को भी कहाँ मालूम था कि वह सब इस तरह सम्हालेगी कि...।

कुछ ही देर में पुलिस की गाड़ियों का सायरन गूँज उठा और ड्राइवर ने आकर खबर दी–

"साब पोलिस आ गया।"

पुलिस का नाग सुनते ही पाट गुरुमाय ने आँचल से अपना चेहरा ढँक लिया। फिर जोर से रोने लगीं। सीबोती के चेहरे का तो रंग ही उड़ गया। वह पुलिस का मतलब जानती थी। उसे याद हो आया वह दृश्य, जब उसके गाँव में रूपमति के घर पुलिस आयी थी। रूपमति पर तो शराब बेचने आरोप था। फिर भी किस तरह बेज्जत करके ले गये थे उसको। घसीटते हुए डग्गा में धकेल दिया था। उसका लूगा लत्ता खुल के धुर्रा में सन गया था। फिर यह तो बहुत बड़ा अपराध था। सो उसका दिल धकधका उठा। उसकी याचित नजरें शिवा की ओर उठीं–

"बाबू दयाकोरी। मु अपना खातिर नइ बोलती। मु गलती किया। उसका ऊपर बिसवास किया। फेर पाट गुरुमाय का कोई गलती नइ। ये उमर म पोलुस थाना। नइ बाबू इनकू छोड़ देव। मु तुमारा चोरण धरती बाबू।" उसने शिवा के पैर पकड़ लिए।

"अरे यह क्या? आप गुरुमाय हैं हमारी। पूज्य हैं। आप यूँ पैर न पकड़िए।"

फिर शिवा ने उसे और भी गौर देखा 'अपराध में ये दोनों शामिल हैं, ऐसा लग तो नहीं रहा। इस अपराध की जड़ें यहाँ हैं, ऐसा लगता भी नहीं। अब तक जितनी भी घटनाएँ यहाँ हुईं, उनकी जड़ें तो कहीं और मिली थीं। आखिर कौन थी वह नानी गुरुमाय? उसकी इतनी हिम्मत कि उसने यहाँ, हमारे ही बीच घुसकर...!' सोचते हुए शिवा बाहर निकल गया।

9

चेलकों को होश आ गया था। दरोगा उनसे पूछताछ में लगा था। एस पी साहब शिवा का ही इंतजार कर रहे थे। सो देखते ही दोनों उठ खड़े हुए और–

"जय जोहार।"

"जोहार। जोहार। कहिये कोई सूत्र हाथ लगा।"

"कुछ ख़ास नहीं साब। ट्रक ड्राइवर कह रहा है, वह दूसरे वाले ड्राइवर को बिलकुल नहीं जानता। ये लड़के तो बेहोश ही थे। ये बता रहे इन्हें प्रसाद कहकर कोई मीठा खिलाया था उसने।"

'ओह! तो यह सब पूरी तरह प्री प्लान था! क्या वह नानी गुरुमाय इस कदर शातिर थी कि अकेले सब...? लगता तो नहीं कि उसने अकेले इतनी बड़ी प्लानिंग कर ली होगी, तो क्या बाकी दोनों गुरुमाय भी...?' शिवा का दिमाग इस वारदात की जड़ तलाश रहा था।

"सर आपको किसी और पर शक है? मेरा मतलब बाकी की गुरुमाँ पर?"

"नहीं। पाट गुरुमाय का तो हाथ नहीं लगता इसमें। दूसरी गुरुमाय जरूर उससे जुड़ी थी। दोनों रूम भी शेयर रही थीं। उनसे कुछ सुराग मिल सकता है लेकिन वो हमारे जगार की गुरुमाय रही हैं। तो सम्मान का ख्याल रखें।"

शिवा ने पाट गुरुमाय तुलाबती को पुलिसिया तहकीकात से बचा लिया और उन्हें सम्मान विदाई दी। शिवा का अनुभव कह रहा था कि दूसरी गुरुमाय सीबोती भी इस अपराध में शामिल नहीं है। फिर भी उसके पास से अपराधी की, जानकारी जुटाई जा सकती थी। सो उसे तहकीकात के लिए रोक लिया। सीबोती से पूछताछ शुरू हुई।

"कहाँ की रहने वाली हो?"

"च ऽऽ चंदाहाँडी साब।"

"नंदाहाँडी की गुरु माँ को कैसे जानती हो?"

"संगी है मेरा? हम बछर-बछर से एक संग जगार करते है।"

"वो दूसरी वाली जो भाग गयी? वो तुम्हारे ही गाँव की है?" दरोगा ने ही पर विशेष बल दिया।

"हव साब रहता। फेर मेरा माफिक वो उसका गाँव नइ है।"

"उसका गाँव नहीं है? फिर कहाँ है उसका गाँव?"

"मु नइ जानता साब।"

"नहीं जानती फिर उसे अपने साथ कैसे जोड़ लिया?"

सीबोती चुप। गलती तो उससे हुई थी लेकिन उसे क्या मालूम था कि उसका भजन पूजन और भक्तिवाला रूप एक ढोंग था। उसने तो कल्पना भी नहीं की थी कि वह ऐसा कुछ...।

"मेरे सवाल का जवाब नहीं दिया? बताओ उसे कैसे जोड़ा।" दरोगा ने सीधे सीबोती की आँखों में देखा।

"साब वो मेरा गाँव मे रहता था। हम लोग संग-संग नद्दी पोखर जाता। मोंदिर बी जाता। फेर वो मेरा घर आने लगा।"

"तो दोस्ती थी दोनों की। तब तो ये भागने वाली बात भी बतायी ही होगी उसने?"

"नइ साब मु कुछ नइ जानता साब। भोगवान जोगन्नाथ का कसम साब। हे जोगन्नाथ भोगवान तुमि देखिबा वो रोंडी (रंडी) कू।" सीबोती ने पूर्व दिशा की ओर हाथ जोड़े।

दरोगा ने बहुत देर तक सवाल जवाब किया। पैतरे भी स्तेमाल किये लेकिन कोई सूत्र हाथ नहीं लगा।

"ठीक है अभी आराम करो। शाम को हम तुम्हारे गाँव चलेंगे।"

'गाँव? पोलुस संग गाँव। एतना बेजोती (बेज्जती) हे भोगवान।' सोचकर उसकी आँखें अँसुआ आयीं।

जंगल के चप्पे-चप्पे पर पुलिस थी। आने जाने वाले हर ट्रक की तलाशी ली जा रही थी लेकिन वह ट्रक नहीं मिला। शिवा के पुराने साथी भी उस ट्रक की खोज में थे। वे जंगल के भीतरी इलाकों में भी तलाश रहे थे। उन्हें लग रहा था कि शायद ट्रक सही समय के इंतजार में जंगल में ही छुपा है। शाम होने को थी, मगर किसी के हाथ कोई सुराग न था। शिवा के लिए तो यह साख का सवाल था। यह वारदात उसके इलाके में, उसके ही आयोजन में हुई थी। सो बहुत परेशान था वह। उसकी निगाहें लगातार मोबाइल पर जमी हुई थीं। वह किसी फोन का इंतजार कर रहा था और जैसे ही मोबाइल की स्क्रीन पर वह नंबर चमका, उसने तुरंत रिसीव किया–

"भाई हमारा सक सही निकला। ट्रक मिल गया।"

"कहाँ?

"कोरापुट के रस्ता में। बीच जंगल में झाड़ी से तोपाया खड़ा है। फेर कोनो फायदा नइ। उनने कोई सुराग नइ छोड़ा।"

"ठीक से तलाशो। कोई न कोई सुराग जरूर मिलेगा।"

"जी भाई। हमारी सर्च टीम भिड़ी हुई है।"

कुछ ही देर में स्क्रीन पर फिर वही नंबर चमका और–"भाई अमारी दूसरी टीम को कपड़ा मिला। लेडिस लोग का कपड़ा।"

"किस तरफ?"

"वारंगल तरफ। इसका मतलब है वो लोग साईद दूसरा रस्ता पकड़ा है। फेर फिकर नाय। अमारा टीम उद्दर भी है।"

उसने शिवा को आश्वस्त तो किया लेकिन आज कोई आश्वस्ति उसे आश्वस्त नहीं कर पा रही थी। 'ट्रक के अनुसार तो वो सब विशाखापटनम की ओर गये हैं और कपड़े बता रहे कि वे वारंगल से होकर हैदराबाद जायेंगे लेकिन हकीकत यह नहीं। कोई भी अपराधी अपनी सही दिशा में, कोई सुराग कभी नहीं छोड़ता, तो क्या वो लोग रायपुर की ओर? क्या मैं ही निकलूँ उधर? नहीं यह सही नहीं होगा। अभी निकलने पर मेरा प्रोटोकाल तंत्र, उन्हें और सतर्क कर देगा।' सोचता शिवा बचैनी से टहल रहा था। शिवा अब विपक्ष का नेता था। बड़े ओहदे की भी अपनी परेशानियाँ होती हैं। अपना निजी कुछ रह ही नहीं जाता। वह जानता था उसके चलते ही हूँऽ हूँऽ करती गाड़ियों की कतार पीछे लग जायेगी। सो चाहकर भी कोई कदम उठा नहीं पा रहा था।

उधर वन्या और डंकिनी भी कम बैचैन नहीं थीं। डंकिनी तो बहुत ज्यादा बेचैन थी। 'यह तो मेरा कर्मक्षेत्र था। मेरा तो एकमात्र मकसद ही यही था कि जो मेरे साथ हुआ, वह इस अंचल में किसी और के साथ न हो। तभी तो मैंने अपनी पूरी ताकत झोंक दी लेकिन मेरी सारी मेहनत बेकार गयी? मेरी तो कल्पना ने भी ऐसी कल्पना नहीं की थी कि ऐसा भी हो सकता है! लेकिन हुआ और कुछ इस तरह हुआ कि मैं तो मैं, शिवा काकू तक को भनक नहीं लगी।' सोचती डंकिनी की बेचैन नजरें शिवा के फोन का इंतजार कर रही थीं, तो जैसे ही मोबाइल पर हलचल होती उसकी निगाह स्क्रीन पर जा पहुँचती। फोन तो बहुत आ रहे थे लेकिन जिस फोन का इंतजार था, उसी का अता पता न था। कात्यायनी के न होने से वह अपने को एकदम अकेला महसूस कर रही थी। कई बार मन किया कि उसे फोन कर ले। फिर शिवा की चेतावनी याद हो आयी–

"देखो कात्यायनी को खबर नहीं करना। यह सब सुनते ही वह सब कुछ छोड़कर भागी चली आएगी। अभी उसका वहाँ रहना जरूरी है। ठीक है।"

10

कात्यायनी इस समय वहाँ, उसी गाँव में थी, जिसने उसकी जिंदगी को उस हाल में पहुँचा दिया था, जहाँ से निकलना असम्भव ही था लेकिन वह निकल भागी थी और तमाम अवरोधों को पार कर, आज इस मुकाम पर पहुँची थी। सो कल तक जो गाँव उसे कुल्टा और बदचलन करार देकर सजा सुनाने को आतुर था, आज वही फूल मालाएँ लिए उसके स्वागत में खड़ा था। उसे ख़ुशी थी कि उसका स्वागत करने वालों में उस गाँव की स्त्रियाँ भी शामिल थीं। अब यहाँ दुहिता धाम की अपनी एक प्रतिष्ठा थी लेकिन यह सब बहुत आसानी से नहीं हुआ था। यह दंडकारण्य तो था नहीं कि लोग दुहिता धाम को सहज ही स्वीकार लेते। सो दीपज्योति ने अथक श्रम किया था। कात्यायनी को दीपज्योति की बतायी बातें याद हो आयीं...

मुकदमे में मिली जमीन पर कब्जा लेना आसान न था। यह ऐसा इलाका था जहाँ न्यायालय की अवमानना तो होती ही रहती थी। इस प्रकरण में भी हुई और बहुत जबर्दस्त तरीके से हुई। वह तो दीपक की जीवटता और दीपज्योति की काबिलियत थी, जिसके चलते किसी तरह कब्जा मिल पाया था। दीपक और दीपज्योति ने जी जान लगा दिया था। दीपज्योति ने तो इसके लिए अपने बने बनाये करियर की भी परवाह नहीं की। कब्जा मिला लेकिन खाली जमीन और खेत पर, मगर दुहिता धाम के लिए तो जरूरत थी एक छत की। वह छत न बन पाए इसकी पुरजोर कोशिश हुई। सो आस पास से उन्हें ईंट, गिट्टी, रेत और सीमेंट कुछ भी नहीं मिला। यूँ तो इनमें बड़ी फूट थी लेकिन इस मामले में गाँव जँवार सब में जबर्दस्त एका हो गया था। सो बाजार को चेतावनी दी गयी–"खबरदार जो किसी ने कोई सामान सप्लाई किया।" कस्बे का बाजार था। इन्हीं लोगों के भरोसे जिन्दा था वह। सो किसी की हिम्मत नहीं थी कि विरोध करे। सो सारा सामान लखनऊ से मँगवाना पड़ा और मजदूर छत्तीसगढ़ से।

छत्तीसगढ़ के मजदूर तो मजदूरी करने देश के हर कोने में जाया ही करते थे। पलायन उनकी मजबूरी थी। सो दलालों के साथ वे दल के दल जाते और अक्सर शोषण और ठगी का शिकार होते थे। उस बार कात्यायनी ने उनसे सीधे

सम्पर्क किया और कहा–

"अयोध्या के पास एक गाँव में एक और दुहिता धाम बन रहा है। हमारे ही दुहिता धाम की शाखा है वह। मैं चाहती हूँ कि उसमें आप लोगों का हुनर लगे। उसे आप लोग ही बनाएँ और खास बात यह कि वहाँ कोई दलाल नहीं होगा। आप लोग किसी ठेकेदार के बँधुआ मजदूर नहीं, अपनी मर्जी के मालिक होंगे, तो जब जी चाहे काम छोड़ भी सकते हैं। पूरी मजदूरी सीधे आप लोगों के हाथ में आएगी।"

उन्हें कात्यायनी की बात भा गयी। इस तरह छतीसगढ़ के मजदूरों ने अवध में दुहिता धाम की नीव डाली। फिर तो विरोध और तेज हुआ और उसका तरीका भी बदला। कई बार कोशिश की गयी कि बनी दीवारें ढहा दी जाएँ लेकिन दीपक, पुलिस और मजदूर परिवारों की मौजूदगी में उन्हें सफलता नहीं मिली। सो तमाम मुश्किलों को पार करके दुहिता धाम की दीवारें तो खड़ी हो गयीं लेकिन उनसे उनकी दूरी ही रही, जिनके लिए यह बनाया गया था। दीपक और दीपज्योति ने अपने तइ तमाम कोशिशें कीं। वे जानते थे कि इस क्षेत्र की सबसे बड़ी समस्या पर्दा प्रथा ही है, जिसकी ओट में बहुत सी समस्याएँ जनमती हैं लेकिन इसी पर्दे की ओट में वे छुप भी जाती हैं। सो दुहिता धाम के प्रवेश द्वार पर उसके लोगो के ठीक नीचे मजाज़ का शेर लिखवाया–

"तेरे माथे पे ये आँचल बहुत खूब है लेकिन
तू इस आँचल से एक परचम बना लेती तो अच्छा था।"

सामने की दीवारों पर भी औरतों के महत्त्व को दर्शाते शेर लिखवाये जैसे शकील जमाली का यह शेर–

"अभी रौशन हुआ जाता है रास्ता
वो देखो एक औरत आ रही है।"

इतना ही नहीं उनकी बात स्त्रियों तक बखूबी पहुँचे, इसके लिए इंदीवर के लिखे इस फिल्मी गीत का भी सहारा लिया–

"कोमल है कमजोर नहीं तू
शक्ति का नाम ही नारी है
जग को जीवन देने वाली
मौत भी तुझसे हारी है।
सतियों के नाम में तुझे जलाया

मीरा के नाम पे जहर पिलाया
सीता जैसी अग्नि परीक्षा
जग में अब भी जारी है।
बहुत हो चुका अब मत सहना
तुझे इतिहास बदलना है
नारी को कोई कह न पाये
वो अबला है बेचारी है।"

इस गीत के हर बंद को अलग-अलग कर दीवारों पर लिखवाया। लिखवाने का असर तो हुआ लेकिन स्त्रियों पर नही पुरुषों पर। स्त्रियों और इन पंक्तियों के बीच तो अभी भी दीवार ही थी। एक ऐसी दीवार, जिसके पार न तो ये पंक्तियाँ जा सकती थीं और न ही इनके के अर्थ। मूँछें नहीं चाहती थीं कि इन पंक्तियों के अर्थ उनके घर के भीतर पहुँचे। सो मूँछें घर के दरवाजे बंद रखतीं। फिर भी उन्हें भय था कि कहीं दरवाजे की रंध्रों से ये हवा भीतर न जा पहुँचे। सो गाँव की तमाम मूँछें दुहिता धाम पहुँची।

"इस धाम के मालिक कहाँ हैं?"

"मालिक? इसका तो कोई मालिक नहीं है। यह तो एक सेवा संस्थान है और सेवा संस्थान का कोई एक मालिक कहाँ होता है।"

"तव कतने मालिक हैं तुम्हारे? हमरा मतलब है इस सेवा संस्थान के?"

यह वाक्य दीपज्योति को बरछी की तरह चुभा। भीतर एक तिलमिलाहट सी उठी लेकिन वह जानती थी कि यह सब तो होगा ही। उसने अपने को सम्हाला और–

"मालिक नहीं मालकिनें। बहुत सी मालकिनें हैं इसकी।"

"ओहो! तो सब पतुरियन का मलिकाना है यहाँ। तनिक उनका नाव बतावा जाय। हमहूँ तो जानी कउन-कउन मलकिन हैं इसकी?" एक गूँछ ने तंज भरे शब्द उछाले और अपने साथियों की ओर देखा।

दीपज्योति कुछ देर चुप रही, तो मूँछें और मनबढ़ हो आयीं। सो तीसरी, चौथी, पाँचवीं मूँछे भी उछलकर आगे आयीं–"हाँ-हाँ बताव-बताव।" सब शोर करने लगीं।

"बताते हैं। पहले आप लोग शांत हो जाइए।"

"इ लेव। अब मेहरियन का हुकुम चली हम पे। इ हमार पंचन कय मुँह म ढक्कन लगइहें।" एक मूँछ ने कहा और सारी मूँछें ठहाके लगाकर हँसने

लगीं।

तभी उनकी हँसी के बरक्स दीपज्योति के ओठों पर एक नाम उभरा और उनकी हँसी ठिठक गयी। दुहिता धाम की मालकिनों में पहला नाम उचारा उसने–

"लखनदेई।"

यह नाम सुनते ही बड़की मूँछ सकपका सी गयी। फिर दीपज्योति ने जितनी भी मूँछे वहाँ बैठी थीं, सबके घर की औरतों, उनकी बेटियों और बहनों के नाम लिए। फिर तो मूँछें बौखला ही गयीं और–

"तुम्हारा ये धंधलपन यहाँ नहीं चलेगा। हमारी बहू बेटियाँ यहाँ? हरगिज नहीं। इस दुहिता धाम की दीवारों पर यह जो लिखवाया है न? इसे भी तुरंत हटाव।" बड़ी मूँछ ने हुक्म सुनाया।

"हाँ तुरंते हटाव।" बाकी मूँछों ने समर्थन किया।

"ठीक है हम यह सब हटवा देंगे।"

दीपज्योति जानती थी कि इस समय इनकी बात नहीं मानी गयी तो मामला और बढ़ेगा। शब्दों के बाद लाठियाँ आयेंगी और उसके बाद कट्टे। सो अड़ने से कोई फायदा नहीं होगा। वह जानती थी कि किसी भी समाजिक संस्था को समाज के सहयोग के बिना चलाया ही नहीं जा सकता। सो उसने उनकी बात मान ली। सारे गीत और शेर हटवा दिए लेकिन प्रवेश द्वार पर लिखा मजाज़ का शेर बरकरार रखा। उन लोगों ने समझा कि उनकी जीत हुई। दीपज्योति को उनके इसी मुगालते का फायदा उठाना था। सो उसने एक योजना बनायी और दुहिता धाम को ग्राम्य उद्योग केंद्र में बदलने का फैसला किया।

इन दिनों गाँव में रहते हुए उसने देखा था कि गाँव से हस्त कलाएँ मिट सी गयीं थीं। अब गाँव भी अपनी जरूरतों के लिए मशीन पर निर्भर थे। नोइया, मउनी, ओड़िया, डलिया, बेना (पँखा), खरहरा (अरहर के पौधे से बनी लंबी झाड़ू जिससे द्वार झाड़ा जाता था), खैंची, झउआ जैसी चीजें नयी सदी के साथ गायब ही हो गयी थीं। उनकी जगह प्लास्टिक की छोटी बड़ी टोकरी और पँखे आ गये थे। दीपज्योति का ममियाउर इसी इलाके में था। वह जानती थी कि झउआ, खैंची और खरहरा तो पुरुष बनाते थे लेकिन ओड़िया, नोइया तो स्त्रियाँ ही बनाती थीं। सो उसने तय किया स्त्रियों की इस घरेलू कला को फिर से जीवित करेगी और इसी बहाने स्त्रियों को इस दुहिता धाम तक ले आयेगी।

11

अबकी दीपज्योति ने घर-घर जाकर संपर्क किया। अपने संपर्क में उसने पुरुषों को पहली तवज्जो दी। उनकी बात मानकर दुहिता धाम से नारी चेतना वाले शेर और गीत हटवा लेने से उनका रुख नरम भी हो गया था। उन्हें लग रहा था कि उनकी बात को महत्त्व दिया जा रहा है। फिर दीपज्योति ने स्त्रियों के आर्थिक स्वालम्बन की बात न करके हस्तकला के संरक्षण की बात रखी। सो अधिकाँश घरों ने सहमति दे दी। बस कुछ ही घरों ने अड़ियल रुख अपनाया, मगर बाद में वे भी मान गये। काम शुरू हुआ। स्त्रियाँ घूँघट काढ़कर दुहिता धाम के प्राँगण में आ गयीं लेकिन वो मूँज चीरने कैसे जायँ। उसके लिए तो सरयू के किनारे-किनारे दूर तक जाना होता और उसकी इजाजत नहीं थी उन्हें। यहाँ वही पर्दा प्रथा आड़े आ रही थी, जिसे दूर करना दुहिता धाम का एक उद्देश्य था लेकिन दीपज्योति जानती थी अभी इस विषय को छूना माने, पुरुषों का विरोध मोल लेना। सो उसने इस काम में लड़कियों और प्रौढ़ स्त्रियों को लगाया। वे मूँज और सींक चीरकर लातीं और बहुएँ मूँज को रंगकर सुखातीं। फिर उन बुजुर्ग स्त्रियों की तलाश की गयी, जो इस कला में पारंगत थीं और सब मिलकर मूँज और सींक से ओड़िया, नोइया और बेना बनाने लगीं।

श्रम और गीत तो एक दूसरे के पूरक रहे हैं। शायद यही कारण है कि देश के हर प्रांत में काम करते समय गीत गाये जाते हैं। दुहिता धाम में भी गवनई की लहरियाँ उठने लगीं। पुरनिया औरतें कभी नकटा कढ़ा लेतीं, तो कभी कोई ब्याह गीत। बाकी सब उनका साथ देतीं। नयी पीढ़ी की लड़कियाँ और बहुयें नये जमाने के गीतों से उनका परिचय करातीं। इस तरह दोनों पीढ़ियाँ एक दूसरे को अपने हुनर सिखा रही थीं, जो स्त्रियाँ पढ़ी लिखी नहीं थीं, युवतियाँ उन्हें अक्षर ज्ञान भी दे रही थीं। सो कला की बाँह गह शिक्षा भी चल पड़ी थी। दीपज्योति चाहती थी कि इस इलाके की सभी वर्ग की स्त्रियाँ दुहिता धाम में एक साथ आयें। एक दूसरे की पीड़ा को समझें। सो उसने पुरवा जाकर उनसे भी सम्पर्क किया लेकिन यहाँ जातिगत खाई इतनी गहरी थी कि यह संभव नहीं हुआ। सवरणी मूँछें फिर विरोध पर उतर आयीं–

"ये नाहीं हो सकता। हमरे घर की मेहरियन संग ऊ लोग। हरगिज नाहीं।"

दीपज्योति मूँछों से पूछना चाहती थी–"पुरवा की इन्हीं स्त्रियों को खेत, खलिहान और अपने बिस्तर पर बिछाते समय, आप लोगों की जात नहीं जाती। उसमें कोई बट्टा नहीं लगता और यहाँ साथ बैठने से जात चली जाएगी।" लेकिन

पूछा नहीं। पूछने के लिए यह समय उचित था भी नहीं। सो पुरवा की स्त्रियों के लिए अलग पाली रखी गयी। वे रात में आने लगी थीं। वैसे भी वे श्रमजीवी स्त्रियाँ थीं उनके पास दिन में समय भी कहाँ था।

पुरवा की औरतें आयीं, तो उनके साथ नयी हस्त कलाएँ भी आयीं। जो कलाएँ अब तक पुरुषों के नाम होने से, दुहिता धाम में प्रवेश नहीं कर पायी थीं, वे उन कलाओं को अपने संग लेकर आयीं। फिर तो झउआ, खरहरा और खैंची बनने लगी। गीत उनके यहाँ भी थे लेकिन दिन वाले गीतों से एकदम अलहदा थे। दर्द दोनों का स्थायी भाव था, मगर दर्द के प्रकार में बहुत अंतर था। घर और बाहर का दोहरा शोषण था उनके जीवन में। उनके बच्चों के मुख गवाही थे कि उनके पिता वे नहीं, जिन्हें वे दादा, बप्पा कहते हैं। उनके पिता तो वे हैं जिनके यहाँ उन्हें मजूर बनना है। फिर भी उन स्त्रियों के ओठ मुस्काते थे लेकिन उनके गीत दर्द को बयाँ कर ही देते। पुरानी पीढ़ी की स्त्रियों ने इस दोहरे शोषण को अपनी किस्मत मान लिया था लेकिन नयी पीढ़ी समाज के इस दोहरेपन को समझने लगी थी।

सो वह इसका विरोध करती, पर बाहुबलियों के आगे उनका विरोध अक्सर ढह ही जाता और दुहिता धाम की चाह थी कि उनका यह विरोध यूँ ढहे नहीं। अपने स्व के लिए तन कर खड़ा हो जाय और इसके लिए जरूरत थी सवरणी मूँछों से अलहदा, उनके लिए आर्थिक आधार और शिक्षा की। सो दीपज्योति ने उनके लिए रात्रि स्कूल की व्यवस्था की। उनके साथ-साथ उनके बच्चे भी पढ़ सकें, दीपक और दीपज्योति ने इसके लिए भी कोशिश की। गाँव में स्कूल तो पहले भी थे लेकिन व्यवस्था नहीं थी। सो वहाँ पढ़ाई के अलावा बाकी सब काम होते थे। जुआरियों और गंजेड़ियों का तो अड्डा ही था वहाँ। दीपक ने सरपंच और शिक्षा विभाग से मिलकर स्कूल को व्यवस्थित करवाया। वहाँ मिड डे मील की सुविधा उपलब्ध करायी। शुरुआत में तो दुहिता धाम ने राशन भी दिया, जिससे स्कूल में दोपहर का भोजन चल सके। यह बहुत जरूरी था। खाना गरीब बच्चों को स्कूल तक खींच लाता। सो पुरवा के बच्चे भी पढ़ने लगे थे।

अब समाज के दोनों वर्ग की स्त्रियाँ अलग-अलग दिशा से आगे बढ़ रही थीं लेकिन उनकी मंजिल एक थी। ख़ास-खास मौकों पर वे साथ भी होतीं। अब वे साथ-साथ तीज त्यौहार मनातीं। दरअसल तीज त्यौहार तो उन्हें साथ लाने का एक बहाना ही होता था। दुहिता धाम की कोशिश थी कि उनके बीच की दूरियाँ कम हों। दूरी कम हो रही थी। युवतियाँ एक दूसरे के करीब आ रही थीं। सच तो यह था कि उनके बीच बहुत दूरी थी भी नहीं। दूरी तो थी घरेतिन

स्त्रियों में। उनके मन में जो विभेद की दीवार उठाई गयी थी, वह सीमेंट के पक्के जोड़ से भी ज्यादा मजबूत थी। उसे गिराने के लिए किसी डायनामाइट की दरकार थी और वह मिल गया था।

12

वह फागुन की फगुनाहट का समय था। रुख राई सब बौरा से गये। ऐसे में हमेशा से बौराइ रहने वाली मूँछें भला कैसे न बौरातीं। खेत कटाई का समय हमेशा से उनके अनुकूल हुआ करता था। सो कभी खेत में तो कभी खलिहान में, वे अपनी सेज सजाते रहते। विरोध? विरोध का तो सवाल ही न था। न तो उनके बाबा का विरोध हुआ था और न ही उनके बप्पा का। "मरद जात काँस की थारी। माँज धोय देव फिर चकाचक।" यह उक्ति हमेशा उनके पक्ष में खड़ी मिलती। सो बहुत मनबढ़ थे सब, तो एक दोपहर गाँव की बड़की मूँछ के छोटके यानी किसनु ने मौका ताककर झरबेरी को घसीट लिया लेकिन वह कोई नाजुक लता तो थी नहीं, काँटों से भरी झरबेरी थी। फिर भी देह से तो कमजोर ही थी। सो झरबेरी अपने को बचा तो नहीं पायी लेकिन उसने अपने नख दंत के ऐसे निशान छोड़े कि...!

"ऊ झरबेरिया की इतनी हिम्मत कि हमरे बेटवा...!" बड़की मूँछ हैरान हुई।

बड़की मूँछ को मालूम ही नहीं था कि अभी तो हैरानी के कई-कई झटके लगने वाले थे। सो अगला झटका झरबेरी का थाने में, छोटके के खिलाफ एफआईआर करवाना और थानेदार का एफआईआर लिख लेना था। यहाँ के थाने के इतिहास की पहली घटना थी यह कि किसी दलित स्त्री की एफआईआर दर्ज हुई लेकिन यह उतने झटके वाली बात नहीं थी। बड़की मूँछ को जोर का झटका तो तब लगा, जब एफआईआर की कॉपी सामने आयी। गवाही में लखनदेई के दस्तखत देख, बोल ही नहीं फूटे। 'ई कैसे! यहके खातिर तो करिया अच्छर भँइस बराबर रहा। फिर ई दसकत!' कुछ देर भौचक से खड़े रहे फिर मन में आया कि दनदनाते हुए दुहिता धाम जाएँ और बार पकर के घसीट लाएँ उसको लेकिन अब मामला थाने जा पहुँचा था और उस मामले में लखनदेई झरबेरी की ओर थी। फिर उसके अकेले के नहीं, गाँव भर की औरतों के दस्तखत थे उसमें। सो मन मसोसकर इंतजार करने लगे और उसके आते ही–

"ये क्या किया तुमने?"

"ऐसा का किया हमने, जो नाहीं करना था।"

"अपनय पूत के खिलाफ कोनो गवाही देता है भला?"

"अपने पूत के खिलाफ गवाही नाहीं दिए हैं हम। हम तो एक बलात्कारी मर्द के खिलाफ साँच का साथ दिए हैं।" लखनदेई ने सीधे पति की आँखों में देखा।

"अच्छा तो तू अब अपने पूत भतार के खिलाफ जाएगी?"

पूत भतार के खिलाफ? न हम अपने पूत भतार के खिलाफ कबहूँ नाहीं जायेंगे। फेर बलात्कारी मरद को नाहीं छोड़ेगे। चाहे ऊ हमार...।"

"ससुरी बहुत चरबी बाढ़ गयी है। हमसे जबान दराजी कर रही।" उसे मारने को लपके कि–

"खबरदार जो हमें हाथ लगाए। अबहीं थाने जाके कसवाय (हथकड़ी लगवाना) देबय।"

बड़की मूँछ सन्नाई सी देखती रह गयी। उसे लखनदेई के इस तरह बदल जाने का भान ही नहीं हुआ था। दरअसल गाँव के पुरुष अभी भी वहीं के वहीं थे। अपने पुरुषत्व मद में डूबे हुए लेकिन स्त्रियाँ बदल रही थीं। वे पुरुषसत्ता की चाल और उसके शोषण को समझने लगी थीं। यही कारण था कि जब लुटी पिटी झरबेरी दुहिता धाम पहुँची, तो स्त्रियों ने पहले की तरह उसे दोष नहीं दिया बल्कि उसके पक्ष में खड़ी हो गयीं। उनके लिए बलात्कारी उनका पिता, पति और भाई न होकर केवल बलात्कारी था। यही कारण था कि लखनदेई सबसे पहले दस्तखत कर झरबेरी के पक्ष में हो गयी थी, मगर कुछ स्त्रियाँ भी पुरुष ही होती हैं। इस गाँव में भी थीं। उन्हें लखनदेई का यह कदम बिलकुल अच्छा नहीं लगा। अगले दिन वो सब जुरियाकर उसके घर आयीं और लखनदेई को समझाइस देने लगीं–

"देखव दुलहिन! दूसर कय अँधियार म दिया जलावे का चाही। यह नीक (अच्छी) बात है, मुला आपन घर फूँक (जला) के नाहीं।" चचिया सास ने कहा।

"हाँ बहिनी आपन घर बिगार के केहका भला हुआ है? तव पहिले आपन घर सेंतों।" रिश्ते की जेठानी ने समझाया।

"बहिनी हम तो सुना है कि झरबेरिया लरिकन का खुदय बोलाती है। छटी छिनार है।"

"बस करो दीदी। हम हाथ जोर रहे हैं। कोई के बिटिया के बारे म ऐसा कहना भी अपने उपर पाप चढ़ाना है। आखिर कब तलक हम लोग मरदन के

कुकरम (कुकर्म) को तोप-तोप के राखेंगे? हम उनका ऐब तोपते हैं, तभी तो वो लोग ई सब...।"

"हमका का। तुम आपन घर बोरव की राखव। देखत हो अम्मा! भलाई कय तो जमानय नाहीं रहा।" उसने चचिया सास से उलाहना दिया।

"चलव चली। धूर म पिसान ओसाए (धुल में आटा डालना) से कउनव फायदा नाहीं है।" दूसरी ने कहा और वे सब चली गयीं।

फिर तो कईयों ने अपनी-अपनी तरह से समझाया। समझाया क्या यह अहसास दिलाया कि वह गलत कर रही है। वो दूसरे के लिए, अपने लड़के की जिंदगी बर्बाद कर रही है। कुछ ने तो कुलनासिन की उपाधि भी दे डाली। घर के मरदों ने भी समझाया। धमकाया भी, पर लखनदेई अपनी बात से नहीं डिगी। वह दीपज्योति के इस कथन से पूरी तरह सहमत थी कि "स्त्रियाँ बलात्कारी पुरुष का पक्ष लेकर, उन्हें बेदाग़ बरी कर देतीं हैं। जब बलात्कारी की माँ, बहन और उसकी पत्नी उसका विरोध करेंगी। उसके विरोध में अड़ जायेंगी। उसका एकदम से बहिष्कार कर देंगी, तब बलात्कार अपने आप खत्म हो जाएगा। कारण हम सब जानती हैं। स्त्री के बिना पुरुष का जीवन, एक कदम भी नहीं चल सकता।"

राज हठ, बाल हठ और त्रिया हठ, सब ज्ञानी कहते हैं कि ये तीनों हठ बड़े विकट होते हैं। सो इस बार अवध के इस छोटे से गाँव की स्त्रियाँ हठ पर उतर आई थीं। अड़ गयी थीं कि झरबेरी के बलात्कारी का साथ नहीं देंगी। इस इलाके के लिए पहला अवसर था, जब कोई माँ अपने ही बेटे के खिलाफ उठ खड़ी हुई थी। उसने ममता की गलबहियाँ झटक, इंसाफ का दामन थामा था। वह जानती थी कि उसकी राह आसान नहीं होगी। घर में उसके लिए बेल के काँटे बिछाये जायेंगे। यह भी मालूम था कि मायका भी नाराज होगा लेकिन यह नहीं मालूम था कि माँ उसे अपनी बेटी मानना ही छोड़ देंगी।' कतना अच्छा होता कि एक दुहिता धाम हमरे नइहर में भी होता। तब अम्मा ऐसा नाहीं करतीं।'लखनदेई सोचती।

मुकदमा चला लेकिन बहुत लम्बा नहीं चला। दो हियरिंग में मामला निपट गया। कारण अपराधी ने बिना किसी न नुकर के अपना अपराध स्वीकार लिया। सजा तो होनी ही थी। हुई भी। पिता ने बहुत नामी वकील किया था लेकिन बेटे ने उसे बहस का कोई मौका ही नहीं दिया। जेल ले जाते समय उसने माँ को एक भरपूर नजर देखा और जेल की गाड़ी में चढ़ गया। बड़की मूँछ ने लखनदेई की ओर हिकारत भरी नजर डाली और आगे बढ़ गयी। लखनदेई वहीं

खड़ी देखती रही उस दिशा को, जिस ओर उसके बेटे की गाड़ी जा रही थी।

लखनदेई के लिए अब घर में रहना आसान नहीं था। फिर भी दाँतों के बीच जीभ की तरह अपने दिन काटने लगी। एक-एक पल युग सा बीतता। बेटे से मिलने भी तो नहीं जा सकती थी। जाने की इच्छा तो बहुत होती लेकिन मन मसोस कर रह जाती। दीपज्योति के कहने पर एक बार जाने को तैयार भी हुई। फिर 'कहीं उसने मिलने से इंकार कर दिया तो?' सोच बढ़ते कदम पीछे खींच लिए। अब उसका अधिकाँश समय दुहिता धाम में ही बीतता। उसने रात्रिकालीन स्कूल में अपना नाम भी लिखवा लिया था। सो अक्सर रात में वहीं रुक जाती। उस रात भी वह दुहिता धाम में रुकी हुई थी। अगले दिन स्वतंत्रता दिवस था। इस बार देश आजादी का पछत्तरवाँ पर्व मना रहा था। सो दुहिता धाम भी इसे मनाने की तयारी में संलग्न था। दीपज्योति ने इस बार प्लास्टिक या कागज के वन्दनवार की जगह सुतली के वंदनवार बनवाये थे। वही सजाये जा रहे थे, तभी उसके मोबाइल पर जिला जेल का नंबर चमकने लगा–

"हलो।"

"हलो हम जिला जेल गोंडा से रामपरताप बोल रहा हूँ। जेलर साहब बात करना चाहते हैं।"

कुछ देर बाद उधर से आवाज आयी "आपको एक सूचना देनी है। आजादी के इस अमृत महोत्सव पर अच्छे आचरण के बिना पर, कुछ कैदियों की बाकी सजा माफ़ कर दी गयी है। उनमें एक आपका भी कैदी है बालकृष्ण। वह अपनी माँ से बात करना चाहता है। क्या इस समय बात हो पायेगी?"

"जरूर।" दीपज्योति लखनदेई से मुखातिब हुई–

"काकी आपका फोन।" दीपज्योति ने मोबाइल उसकी ओर बढ़ाया।

"हमरा फोन! हमरा कऊन नाव लेवा है जउन...। "अचरज से देखते हुए मोबाइल ले लिया।

"हलु।"

"अम्मा हम तुम्हरा किसनु। अम्मा! काल्ह पन्दरा अगस्त है। आजादी का दिन आउर हम छूट रहे हैं। हम चाहते हैं जब हम जेल से निकरें, तो सबसे पहिले तुमका देखें। अम्मा तुम आओगी न?"

"हाँ बच्चा हम आयेंगे। जरूरे आयेंगे।" कहती लखनदेई रो पड़ी।

यह उसकी ख़ुशी के अतिरेक के आँसू थे। उसका दिल ही जानता था कि किसनु की सजा के ये साल उसने कैसे काटे थे। उसे न दिन को कल था और न रात को आराम। जिस माँ का बेटा जेल में हो उसे कल पड़ता भी तो कैसे।

फिर वह तो वो माँ थी जिसके कारण ही उसका बेटा जेल की तकलीफें सह रहा था। सो चौबीसों घंटे का कलपना ही उसका नसीब बन गया था। घर बाहर के ताने उलाहने सुनते-सुनते उसके कानों में छाले पड़ चुके थे। तसल्ली की बात यह थी कि बेटे ने माँ की भावनाओं को समझा था। उसे अपनी गलती का अहसास हुआ और उसने सच्चे मन से प्रायश्चित किया। सो आज लखनदेई गर्व से भर उठी थी।

लखनदेई के इस गर्व में पूरा दुहिता धाम शामिल था। तय हुआ कि किसनु की इस रिहाई में सब लोग जायेंगे। दुहिता धाम में झंडा फहराने का समय नौ बजे होता था लेकिन इस बार उसे छै बजे रखा गया ताकि समय से जिला जेल पहुँचा जा सके। लखनदेई को मारे ख़ुशी के रात भर नींद ही नहीं आयी। वह बार- बार उठती। बाहर जाकर देखती कि भोर होने में अभी कितनी देर है। सो भोर होने के बहुत पहले सरयू की ओर चल पड़ी। नहाकर घर गयी। द्वार पर पहुँचते ही बड़की मूँछ ने अँगार भरी आँखों से देखा लेकिन उसने अनदेखा किया। आज ख़ुशी का दिन था। सो किसी लड़ाई झगड़े में उलझने का मन नहीं था। अपनी इस उपेक्षा से क्षुब्ध बड़की मूँछ उसे देर तक घूरती रही। सुंदर सी साड़ी पहन तैयार होकर लखनदेई दुहिता धाम पहुँची।

"का काकी आज तो सब कुछ बड़ा ख़ास है।" झरबेरी ने कहा।

लखनदेई ने महसूसा झरबेरी के इस कहने में कटाक्ष नहीं सहजता थी। दरअसल किसनु के माफ़ीनामा और लखनदेई के स्नेहिल व्योहार ने उसका आक्रोश पोछ दिया था। अब वह सहज थी।

"झरबेरी! साड़िया तो तोहरी भी बहुते ख़ास है।"

"हाँ काकी! दिदिया दिहें हैं। सबका दिहें हैं। तुमका नाहीं दिहिन?"

"लिए हैं। काकी खातिर भी साड़ी लिए है। काकी यह रही आपकी साड़ी।"

लखनदेई ने साड़ी ले तो ली लेकिन उसे पहनने का मन नहीं किया। कारण जो उसने पहन रखी थी वह किसनु को पसंद थी और आज वह उसकी पसंद ही पहनना चाहती थी। दीपज्योति ने उसे असमंजस में देख उबारा–

"काकी आप ये ही पहिरे रहो। ये ज्यादा अच्छी है और फब भी बहुत रही है।"

दुहिता धाम में झंडा फहराने के बाद जेल के लिए प्रस्थान का समय आया। सब लोग ट्रेक्टर ट्राली में सवार होने लगीं लेकिन झरबेरी पीछे होती गयी। भले ही किसनु ने अपना अपराध स्वीकार लिया था और सब लोगों ने उसे माफ़ कर भी दिया था। कहने को तो उसने भी माफ़ कर दिया था लेकिन मन की कहे,

तो नहीं ही कर पायी थी। कुछ अपराधों की माफ़ी नहीं दी जा सकती, उनमें पुरुष का यह अपराध भी शामिल है। सो उसका मन कर ही नहीं कर रहा था कि सबके साथ जेल जाकर, उसकी अगुवानी में शामिल हो।

"क्या रे झरबेरी ऐसे पीछे काहे खड़ी है? इधर आ हमारे पास।" दीपज्योति ने बुलाया।

"जी दिदिया।"

"झरबेरी के कदम तो आगे बढ़े लेकिन मन? मन कदमों के आगे जा अड़ा– "ऐसे कैसे चल पड़ी तुम? भूल गयी उन पलों को जब तुम चिल्लाती रही और वो...? खबरदार जो आगे बढ़ी।" मन की इस लताड़ ने झरबेरी के कदम ठिठका दिए।

दीपज्योति दुहिता धाम की अगुआ और झरबेरी की मार्ग दर्शक थी। आज झरबेरी जहाँ थी, उसमें दीपज्योति का ही हाथ था। सो वह उसे सीधे मना नहीं कर पा रही थी लेकिन उसकी बात मानकर साथ जाना, स्वीकार भी नहीं पा रही थी। दीपज्योति ने उसके बढ़ते फिर ठिठकते कदमों को देखा। वह समझ गयी कि उसका मन जाने को तैयार नहीं है।

"सुनो झरबेरी! हम चाहते हैं तुम यहीं रुक जाओ। हम सब चली जाएँगी, तो यहाँ कौन सम्हालेगा। तो तुम यहीं रुको।"

"जी दिदिया।" झरबेरी को तो जैसे मुराद ही मिल गयी।

ट्रैक्टर अपनी मंजिल की ओर चल पड़ा। 'स्त्रियाँ मन से मृदुल और रागात्मक होती हैं। यह अलग बात है कि जीवन की चक्की में पिसकर उनकी यह रागात्मकता चूल्हे में समा जाती है। फिर भी जब भी अवसर मिलता है वे अपनी रागात्मकता का दामन थाम ही लेती हैं।' दीपज्योति ने सोचा और गवनई गाने को कहा लेकिन गीत कढ़ाये (शुरू करने) कौन पर बात अटकी गयी? तुम शुरू करो, तुम शुरू करो सब एक दूसरे से कह रही थीं। सो दीपज्योति ने कहा–"इ का पहले आप पहले आप वाला लखनऊआ शिष्टाचार निभाय रही हो। ऐसे करते तो गोंडा ही पहुँच जायेंगे। चलो हम शुरू करती हैं। तुम सब उठाना (दोहराना) इसे।" और–

"हम अलबेली गोदाय आयीं गोदना
हम अलबेली गोदाय आयीं गोदना
हम जो गयीं पनिया भरन को
हमरे संग-संग चले आये अपना
टूट गयी रसरी लटक गये अपना

हम अलबेली...
हम जो गयीं रोटिया पोवन को
हमरे संग-संग चले आये अपना
फूलि गयी रोटी पिचक गये अपना
हम अलबेली...।"

"का दिदिया तुम तव बहुते छुपी रुसतम निकरीं। कितना बढ़िया गाती हो।" एक ने कहा तो सब दीपज्योति की तारीफ़ करने लगीं।

"ऐसे तारीफ़ करके छुटकारा नाहीं मिलने वाला। सब को गाना है।" दीपज्योति ने कहा तो एक ने कढ़ाया–

"सरौता कहाँ भूलि आये प्यारे ननदोइया।"

फिर तो गवनई की लहरें ही उमड़ पड़ीं। एक बात और थी आज किसी के मुख पर घूँघट नहीं था। सो आफ़ताब की आब से दमक रहा था उन सबका मुख। ट्राली में जश्न का सा माहौल था। आज एक अपराधी सही मायने में अपराध मुक्त हो रहा था। सो सब बहुत खुश थीं और लखनदेई? वह तो बहुत ही खुश थी और बेचैन भी। वह चाह रही थी कि ट्रैक्टर में पँख लग जाएँ और वह जल्दी से बेटे के सामने जा पहुँचे लेकिन ट्रेक्टर तो अपनी रफ्तार से ही चल रहा था। लखनदेई देख रही थी छोटे-छोटे गाँव कस्बे पीछे छूटते जा रहे थे। वह पहली बार शहर जा रही थी। सो उसे यह तो मालूम ही नहीं था कि कौन से कस्बे या गाँव के बाद उसकी मंजिल आएगी। बहुत देर बाद एक तख्ती दिखी जिस पर बड़े-बड़े अक्षरों में लिखा था गोंडा। उसे देखते ही उसका दिल ख़ुशी से उछला। फिर जोर-जोर से धड़कने लगा।

13

ट्रैक्टर शहर में प्रविष्ट हुआ। शहर का हर चौराहा तिरंगे के रंग से रंगा हुआ था। दूर-दूर तक तिरंगी झंडियों का वंदनवार सजा था। पोल पर लहराता गगनचुंबी तिरंगा अपनी आजादी का अमृत महोत्सव मना रहा था और–

"हम लाये हैं तूफ़ान से कश्ती निकाल के
इस देश को रखना मेरे बच्चों सम्हाल के।"

देशभक्ति गीत गूँज रहा था। ट्रैक्टर गोंडा जेल के प्राँगण में जा पहुँचा। लखनदेई उतरते ही गेट की ओर लपकी।

"अम्मा जी आप पहले इधर आइए।" खाखी वर्दी ने आवाज दी।

लखनदेई सकपका गयी। मुड़कर दीपज्योति की ओर देखा। उसका इशारा पा लौट आयी। जेल में बाहरी लोगों का प्रवेश निषेध तो रहता ही है। जेल अधीक्षक की अनुमति के बगैर प्रवेश ही नहीं होता। फिर आज तो यहाँ गृह मंत्री राजा भैया आ रहे थे। वे मुख्य अतिथि थे। सो उन लोगों को गेट के बाहर रोक लिया गया। दीपज्योति के पास अनुमति थी। सबके नाम का कार्ड भी था। फिर भी उन्हें कन्फर्म तो करना ही था। सो देर तक जाँच ही होती रही। लखनदेई की अकुलाहट बढ़ती जा रही थी लेकिन जेल प्रशासन को उसकी अकुलाहट से कोई सरोकार कहाँ था। सो वह अपनी ड्यूटी निभाता रहा। बहुत देर बाद प्रवेश मिला उन्हें। लखनदेई ने देखा पूरे प्राँगण में झंडियाँ लहरा रहीं थीं। सामने एक बड़ा सा मंच बना था, जिसमें फूलमालाओं के वंदनवार लटक रहे थे।

मंच के एक ओर मुक्त होने वाले कैदियों को बिठाया गया था। दूसरी ओर वो कैदी बैठे थे जिनकी मुक्ति नहीं हुई थी। उनके तीन ओर (दाँयें बाएँ और पीछे) बंदूकधारी सिपाही तैनात थे। सामने की रो मंत्री महोदय के चेले चपाटों के लिए तय थी। सो दुहिता धाम की स्त्रियों को आठ दस रो के बाद बिठाया गया। अपनी सीट की ओर बढ़ती लखनदेई की नजरें अपने किसनु को तलाश रही थीं लेकिन वह नजर नहीं आया। लखनदेई का मन धुकुर पुकुर करने लगा। तमाम आशंकाए जन्म लेने लगीं– 'कहूँ रिहाई का आदेश किन्सिल (कैंसिल) तो नाहीं हो गया। नाहीं भगवान अतना निरदय तो नाहीं है कि...।' सोचकर मन को तसल्ली दी। फिर भी अकुलाहट और बढ़ चली तो 'हे बरम बाबा, हे धमसा महरानी हम तुम्हारे थान (उनके देव स्थान) पर कथा सुनेंगे।' मन ही मन कथा भी मान दी। फिर भी अकुलाहट कम नहीं हुई, तो आकुल होकर दीपज्योति से पूछा–

"बिटिया हमार किसनु नाही देखाइ परा।"

"काकी वहाँ उन लोगों में बैठा होगा। इतनी दूर से कैसे नजर आयेगा। आप फिकिर न करो। बस कुछ ही देर में आपका किसनु आपके साथ होगा।" कहती दीपज्योति की नजरें भी उसे तलाशने लगीं।

किसनु की तलाश तो बड़की मूँछ को भी थी। उसके पास भी विशेष अनुमति थी। सो उसका मन भी जल्दी से जल्दी उसके पास जाने को आतुर था। उधर किसनु को अधीक्षक ने अपने कक्ष में बिठा रखा था। आज के कार्यक्रम में उसे ही हाईलाईट करने की योजना थी। प्रशासन की नजर में यह एक रेयर और आदर्श केस था। किसनु ने अपना अपराध स्वीकार कर अदालत का

समय और एक लड़की को उस मानसिक प्रताड़ना से बचाया था, जो अदालती कार्यवाही में होती है। सो अधीक्षक महोदय मुख्य अतिथि का इंतजार कर रहे थे। मुख्य अतिथि के आगमन की सुगबुग होते ही जेल का सारा अमला सतर्क हो उठा। संचालक ने माइक पर उद्घोषणा की–

"हमारे मुख्य अतिथि पहुँचने ही वाले हैं। कुछ देर माइक खामोश रहा फिर "लीजिए जिनका हमें इंतजार था वे अब प्राँगण में पधार चुके हैं। हम उनका वंदन अभिनंदन और स्वागत करते हैं।" उसकी चाशनी में डूबी वाणी मंच से होकर पंडाल तक लहराने लगी। मंत्री महोदय अपने चेलों के साथ प्राँगण में आये, तो जेल अधीक्षक ने झुककर निवेदन किया–

"सर पहले ध्वजारोहण कर लेते हैं।"

"अब यहाँ भी करना है? हमारे क्षेत्र के लोग माने ही नहीं। अड़ गये कि झंडा तो आप ही फहराएँगे, तो जस्ट अभी-अभी वहीं से लौट रहे हैं।"

"वो तो है भैया जी। आपके क्षेत्र के लोग तो पूजते हैं आपको।" एक चमचे ने कहा और लपककर मंत्री महोदय की बगल में आ गया।

बाकी भला क्यों पीछे रहते तो–"जी भैया जी। लोकप्रियता में तो आपको बाबा भी नहीं पा सकते।" बाबा उनके बीच कोड वर्ड था, जो मंत्री महोदय को आल्हाद से भर देता था। सो दूसरे ने उसी का सहारा लिया और उनके दूसरी बगल में आ पहुँचा।

बाकी बेचारे "इसमें भी कोई शक है भला।" कहते उनके पीछे चलने को मजबूर हुए। मंत्री महोदय ने झंडे की डोर खींच अमृत महोत्सव का आगाज किया। फिर मंच पर आसीन हो गये और उनके चमचे सामने की कुर्सियों पर। स्वागत का क्रम चल पड़ा। जेल प्रशासन के अफसर से लेकर तृतीय और चतुर्थ वर्ग के, चुने हुए लोगों के स्वागत धर्म निभाने के बाद संचालक ने उद्घोषित किया–

"अब स्वागत की इस कड़ी में आ रहा है वह युवक, जिसने अपने अपराध की मुआफी माँग देश के सामने एक मिसाल पेश की है। इस युवक का नाम है बालकृष्ण।"

उद्घोषणा के साथ ही मंच के बगल वाले द्वार से किसनु मंच पर आया और उसके मंच पर आते ही लखनदेई उठ पड़ी।

"अबहीं नाहीं काकी। कुछ देर बाद चलेंगे।" दीपज्योति ने हाथ पकड़ बिठा लिया।

बालकृष्ण ने माला मंत्री महोदय के गले में डाली। जेल अधीक्षक ने मंत्री

महोदय के कान में कुछ बताया और मंत्री महोदय ने तपाक से अपने गले का हार उसके गले में डाल दिया। पंडाल तालियों से भर उठा। एक चमचे ने नारा बुलंद किया–

"भैया जी जिंदाबाद।"

"जिंदाबाद–जिंदाबाद।"

"जब तक चाँद सितारा रहिहें।"

"भैया जी कय नाम दमकिहें।"

इस बीच बालकृष्ण ने मंत्री महोदय से कुछ कहा। मंत्री ने अधीक्षक से अधीक्षक ने अफसर से और अफसर ने उद्घोषक के कान में और–

"बालकृष्ण अपनी माता जी का आशीर्वाद चाहते हैं, तो माता जी लखनदेई जी मंच पर आयें।"

इस घोषणा के होते ही। "ससुर ई मेहरिया के आगे हमरी तो कउनव पूछ ही नाही है।" बड़की मूँछ कुड़कुड़ाई। बाप होने के नाते मंच पर जाना तो उसका ही जन्मसिद्ध अधिकार था लेकिन...।

लखनदेई ने अपना नाम सुना, तो अकचकाकर दीपज्योति की ओर देखा। "जाओ काकी। आपको मंच पर बुला रहे हैं।"

लखनदेई आगे बढ़ी तो कुछ चमचों ने घेर लिया। वो मंच पर चढ़ने का अवसर ही तलाश रहे थे। सो– "आइए माता जी आइए।" कहते उसे साथ लेकर मंच पर चढ़ गये।

किसनु ने अपने गले से माला निकाल लखनदेई के गले में डाली और उसके कदमों में झुक गया। लखनदेई का मन किया उसे उठाकर लिपटा ले और जोर-जोर से रोये लेकिन वह मंच पर बैठे तमाम लोगों के सामने ऐसा नहीं कर पायी और डबडबाई आँखों के आँसू घुटकती संकुचित सी खड़ी रही। मंत्री ने अधीकक्ष से फिर कुछ कहा और अधीकक्ष ने अफसर से। अफसर तपाक से एक माला ले आया। अधीकक्ष ने माला गुड़ीमुड़ी कर मंत्री महोदय को थमायी और उन्होंने बढ़कर लखनदेई का स्वागत किया। तालियाँ फिर गड़गड़ा उठीं और मंच पर चढ़ आये चमचों ने फिर नारे उछाले–

"भैया जी जिंदाबाद।"

मंत्री महोदय ने किसनु और लखनदेई को मंच पर बिठाया और गदगद मन माइक की ओर बढ़, उद्घोषक से माइक ले लिया और–"भाइयों और बहनों...।"

यह सब इतनी जल्दी में हुआ कि उद्घोषक उनका परिचय तक नहीं दे

पाया। उसे लगा अब तो उसका सस्पेंशन तय है। सो भयभीत हो अधीकक्ष की ओर देखा। उन्होंने इशारे से आश्वस्त किया तो कुछ राहत मिली।

वह मंत्री ही क्या जो माइक पकड़ते ही अपनी उपलब्धियाँ न गिनाये। सो उन्होंने भी गिनायीं फिर कैदियों की सजा माफ़ी का जिक्र करते हुए किसनु का जिक्र किया और–"मैं माता जी को प्रणाम करता हूँ। हमारे देश को ऐसी ही माताओं की जरूरत है। फिर देर तक फिर से अपनी उपलब्धियाँ गिनाते रहे और मंच पर बैठी लखनदेई कसमसाती रही। वह सोच रही थी कि कब भाषण खत्म हो और वो अपने बेटे से खुलकर मिले लेकिन भाषण देने वाले नेता कब किसी की सोचते हैं। सो मंत्री जी बोलते ही जा रहे थे। बहुत देर बाद उनका भाषण खत्म हुआ, तो कार्यक्रम की अध्यक्षता कर रहे नेता ने माइक थाम लिया। उनकी उम्र हो चली थी। सो उन्होंने अपनी जीवनी ही बाँचनी शुरू कर दी। सारे श्रोता ऊब चले थे। कुछ तो पीछे से खिसक भी लिए लेकिन मंच पर बैठे लोग सजा भुगतने को मजबूर थे। बहुत देर बाद उनका भाषण खत्म हुआ तो धन्यवाद ज्ञापन वाले अफसर माइक पर आये। बीस मिनट तक कथा बाँचने के बाद, उनका धन्यवाद ज्ञापन सम्पन्न हुआ। कार्यक्रम समाप्त होते ही किसनु ने लखनदेई का हाथ थामा और बगल वाले द्वार से बाहर आ गया। अब माँ बेटे दोनों एक दूसरे के आमने सामने थे। लखनदेई कुछ देर देखती रही उसे। फिर लपककर सीने से लगा लिया और फफक उठी।

"इ का अम्मा? अब तो हम बाहर आ गये। देखो तनिकव दूबर नाहीं हुए। मुला तुहरे हाथ की हथपोई बहुत याद आती थी। अब जल्दी चलो हमको आज वोही रोटी खाना है।" कहते किसनु ने अपने आँसुओं को अपनी पलकों पर रोक लिया।

"हाँ बेटवा काहे नाहीं।" वो कहना तो चाहती थी कि जब से तू हिंया आये, हम हथपोई बनाये ही नाहीं।" लेकिन आँसुओं ने वाणी अवरुद्ध कर दी। बहुत देर बाद आँसू थमे तो दोनों पंडाल की ओर चले।

"अम्मा! बप्पा नाहीं दिख रहे?"

"का मालूम होइहें कहूँ।"

"काहे तुम्हरे संगे नहीं आये।"

लखनदेई ने कहना चाहा कि हमरे संग कैसे आते। हमने उनके बेटे को जेल जो करवा दिया था लेकिन कहा नहीं। लखनदेई की नजरें उठीं तो देखा सामने से बड़की मूँछ लपकी चली रही थी। सो वह कुछ पीछे हो गयी। किसनु

ने पैलगी की। बड़की मूँछ ने तपाक से किसनु को बाहों में समेट लिया, मगर पिता पुत्र के इस मिलन में बेटे का वैसा प्यार नहीं छलका, जैसा जेल आने से पहले छलका करता था। तब पिता किसनु के हीरो थे लेकिन अब उसे लगने लगा था कि उनकी शह न मिलती तो वह सब न होता।

"चलो अपने घरे चलो।" बड़की मूँछ ने बेटे से कहा।

बेटे ने माँ की ओर देखा।

"तुम इनके संगे जाव। हम आते हैं।"

"ई का? आज तो ख़ुशी का दिन है। आज हमार बेटवा घरे लौट रहा है और तुम मुँह फुलाए खड़ी हो! आज तो वैसे भी माफ़ीवाला दिन है न।" बड़की मूँछ ने मिश्री सी घोली।

लखनदेई ने पास खड़ी दीपज्योति को देखा। उसके चेहरे पर स्निग्ध सी मुस्कान खेल रही थी! लखनदेई अपने परिवार के साथ बढ़ चली, अपने घर की ओर।

'जब भी कोई अपराध होता है अख़बार, और मीडिया पर उसकी चर्चा होने लगती है। सोशल मीडिया पर वह वायरल हो उठता है लेकिन किसी अच्छे काम की गूँज उस तरह नहीं हो पाती। जबकि अच्छाई को वायरल होना चाहिए।' दीपज्योति सोचा करती। सो उसने इस अच्छाई को समाज तक पहुँचाने के लिए लखनदेई और किसनु को सम्मानित करने का सोचा। दुहिता धाम की यह पहली सफलता थी। अब जाकर इसे यहाँ के समाज में स्वीकार मिला था। दुहिता धाम के प्रति अब लोगों का नजरिया बदल गया था और इस बदलने का श्रेय किसनु और लखनदेई को भी था। इन दोनों ने बड़की मूँछ को दुहिता धाम की अच्छाईयाँ और उसका उद्देश्य बताया तो उसका नजरिया बदला। जब मुखिया बदलता है, तो गाँव भी बदलने लगता है। सो दुहिता धाम को लेकर अब गाँव का रुख सकारात्मक हो चला था और सम्मान का यह आयोजन सबके सहयोग से हो रहा था।

इसी आयोजन में आमंत्रित थी कात्यायनी। वह देख और महसूस रही थी अपने उस गाँव और उसके लोगों को। कार्यक्रम में कात्यायनी ने लखनदेई और किसनु का सम्मान किया। लखनदेई को सम्मानित करके कात्यायनी खुद भी सम्मानित हुई थी। इस गाँव जँवार में यह कात्यायनी का सम्मान ही था कि वह आज उसी गाँव के मंच पर थी, जिसने कल उसे...। गाँव में कितना कुछ बदल गया था लेकिन कुछ लोग थे, जो अभी भी नहीं बदले थे। खासकर कात्यायनी की जेठानी रामावती। उनकी नजरों में कात्यायनी अपराधी थी। उसने उनकी

गृहस्थी उजाड़ दी थी। दीपज्योति ने बहुत कोशिश की। बहुत समझाया लेकिन वे कार्यक्रम में नहीं आयीं।

कात्यायनी चाहती थी कि वे अपने दुख से बाहर आयें। सो कार्यक्रम के बाद उनसे मिलने गयी लेकिन उन्होंने अपना द्वार बंद कर लिया। कात्यायनी को उनके दुख का भान था। उनकी गृहस्थी उजड़ जाने का मलाल उसे भी था, मगर अपराधी को सजा दिलवाने का कतई मलाल नहीं था।

14

कात्यायनी लौट रही थी। राह तो वही थी। कर्नलगंज स्टेशन भी वही था लेकिन अब बहुत कुछ बदला हुआ था। तब की लुटी पिटी कात्यायनी छिपते छिपाते यहाँ तक पहुँची थी और आज की कात्यायनी को लोग ससम्मान विदा करने आये थे। कात्यायनी खुश थी अपने इस मुकाम के लिए और दुहिता धाम के लिए भी। दुहिता धाम की बढ़ती साख, मन में एक नई उम्मीद जगा रही थी। लखनऊ तक ट्रेन की यात्रा के बाद, कात्यायनी को रायपुर की फ्लाइट लेनी थी। चारबाग़ पहुँचकर कर अमौसी जाना था उसे। सो कात्यायनी चारबाग़ स्टेशन पर उतर एक नंबर प्लेटफार्म की ओर बढ़ चली। उसने देखा प्लेटफार्म के खंभों पर बड़े-बड़े पोस्टर लगे थे और उस पर लिखा था 'पंडवानी की एक शाम अवध के नाम।' उसके नीचे तम्बूरा पकड़े हुए एक स्त्री की तस्वीर थी। कात्यायनी जानती थी पंडवानी का नाम अब अनचिन्ह नहीं रहा। उसके कदम बहुत पहले देश की ड्योढ़ी पार कर, विदेशी ड्योढ़ी के भीतर प्रवेश कर गये थे। फिर भी अपने अंचल की कला को यहाँ उपस्थित देख उसे ख़ुशी हुई। सो वह उस पोस्टर की ओर बढ़ गयी और गायिका के नाम, धनबाई गोमंगा पर नजर पड़ते ही मन पल भर को चिंहुक सा उठा। नाम में कुछ साम्य था लेकिन तस्वीर देखी, तो कोई साम्य नजर नहीं आया। कात्यायनी ने तस्वीर को एक बार फिर गौर से देखा। फिर–'न वह नहीं है। वह तो सब छोड़कर शादी...।' सोचती कात्यायनी ने एक गहरी निःश्वास छोड़ी। स्टेशन से बाहर निकल टैक्सी ली और टैक्सी एयरपोर्ट की ओर बढ़ चली।

एयरपोर्ट के भीतर प्रवेश करते ही फिर उसका बड़ा सा कटआउट सामने था, जिसमें उसने अपना तम्बूरा वाला हाथ ऊपर उठा रखा था। कात्यायनी ने कुछ देर ठिठककर फिर उसे देखा और आगे बढ़ गयी। बोर्डिंग पास ले सिक्योरिटी चेकिंग पर अपना सामान लेने पहुँची, तो देखा एक आधुनिका का हैण्डबैग बैग खुलवा कर चेक किया जा रहा था। ट्रे में तमाम जूलरी रखी हुई

थीं। उसमें रखी ककनी ने कात्यायनी का ध्यान खींचा। फिर उसने गौर किया उस ट्रे में छत्तीसगढ़ में पहनी जाने वाली ऐंठी, रुपिया, सॉँटी और करधन जैसे तमाम जेवर थे। सिक्योरिटी ऑफिसर की आपत्ति थी कि वह चाँदी के इतने सारे जेवरों को लेकर नहीं जा सकती। उस आधुनिका का कहना था जेवर चाँदी के नहीं, डालडा चाँदी (गिलट जैसी नकली चाँदी) के हैं, मगर वह मानने को तैयार ही नहीं था। कात्यायनी जानती थी कि छत्तीसगढ़ में डालडा चाँदी के जेवरों का चलन है लेकिन एयरपोर्ट पर सिक्योरिटी अफ़सर सर्वेसर्वा होता है, अगर वह अड़ जाये, तो फिर कोई कुछ नहीं कर सकता।

सो कात्यायनी ने अपना बैग कलेक्ट किया और आगे बढ़ गयी। वेटिंग लाबी सामने ही थी। सो वहाँ से भी वह नजर आ रही थी। बहुत झिकझिक और लिखा पढ़ी के बाद इजाजत मिली थी उसे। सो झल्लाते हुए उसने जेवर बैग में ठूँसे और आकर कात्यायनी की बगल में बैठ गयी। कात्यायनी उससे परिचय करना चाहती थी। कारण वो जेवर ही थे। उन जेवरों का उसकी पर्सनाल्टी से कोई मैच ही नहीं था। सो वह जानना चाहती थी कि छत्तीसगढ़ के इन जेवरों से उसका क्या सम्बन्ध है, पर वह अभी भी झल्लाई हुई थी। सो कुछ नहीं पूछा।

कुछ देर बाद वह कुछ सहज हुई और–

"आप को कहाँ जाना है?" वह कात्यायनी से मुखातिब हुई और उसे देखते ही चिंहुक सी उठी–

"आप! प्रोनाम।" उसने झुककर पैर छुए फिर "आप तो अलगानार में रहती थीं न?"

"अभी भी वहीं रहती हूँ। कुछ काम था यहाँ लेकिन तुम कैसे जानती हो मुझे?"

"आपने नहीं पहचाना मुझे। मैं धानी हूँ।" कहकर उसने अपना गॉगल्स उतार दिया।

"तुम धानी! सचमुच नहीं पहचान पाए तुम्हें। कितनी बदल भी तो गयी हो! अच्छा ये बताओ तुम यहाँ कैसे?"

"यहाँ प्रोग्राम था मेरा। पंडवानी का।"

"अच्छा वह जो स्टेशन से लेकर यहाँ तक पोस्टर लगे हैं, वो तुम्हारे हैं? तो तुम्हीं हो धनबाई गोमंगा? तुम सोच भी नहीं सकती मैं कितनी खुश हूँ लेकिन तुम्हारी तो शादी होने वाली थी न? क्या तुमने वो शादी नहीं की?"

"मेम शादी की मैंने। उसी समय और उसी मुहूर्त में की और यह उस शादी का ही परिणाम है कि मैं अपनी कला को जिन्दा रख सकी। वरना...।"

कहती उसकी आँखों में एक उदासी सी लौंकी लेकिन उसने उसे झटक दिया और- "वन्या कैसी है? क्या कर रही है वो?"

"अच्छी है। अब वह राजनीति में है। 'अरण्य वाटिका' में पढ़ाती भी है।"

"शादी हो गयी उसकी?"

"हाँ! हो गयी।"

"मेम लोग गलत सोचते हैं कि शादी जीवन में अवरोध ही लेकर आती है। अब मुझे ही देखिए। मेरे जीवन से अवरोध को हटाया है इसने और इसमें मेरे पति का बहुत सहयोग रहा। उसने मेरे को समझाया कि कला एक नियामत है। यह हर किसी को नहीं मिलती। इसे यूँ नष्ट करना बेवकूफी है। मेरे को भी लगा यह तो सचमुच बेवकूफी ही होगी, तो मैंने भी अवरोध को पीछे ठेल दिया और अपनी कला को समर्पित हो गयी।" कहती धानी की आँखों में विगत के कुछ पल उभर आये लेकिन उसने उन्हें धकियाकर पीछे ठेल दिया, पर वो इतने जिद्दी थे कि फिर-फिर सामने आने लगे।

"अरे यार परिसान कर दिया इन लोगों ने।"

"उसकी आवाज सुन धानी तंद्रा से बाहर आयी–"क्या हुआ?"

"कहते थे तम्बूरा खोल के दिखा। फेर खोलने के बाद तम्बूरा बचता क्या?"

"फिर? इसके तार तो सही हैं न?" धानी ने उठकर तम्बूरा उससे ले लिया।

"हो कुछ नइ हुआ। फेर बहुत मुसकिल में माना।"

धानी तम्बूरा अपनी गोद में रख उसे सहलाने लगी, मानो वह बाहर से खेलकर आया कोई शिशु हो, जिसके अंग प्रत्यंग सहलाती माँ टोह रही हो कि कहीं कोई चोट तो नहीं लगी। कात्यायनी देख रही थी पंडवानी के उस मुख्य वाद्य को और सोच रही थी– 'तुमा यानी गोल लौकी की खोल से बना यह तम्बूरा, सचमुच बहुत नाजुक है और सुंदर भी। तभी तो पंडवानी गायिकाएँ हमेशा अपने हाथ में रखती हैं इसे।'

"अरे हाँ। मैं आप लोगों का परिचय कराना तो भूल ही गयी। हीरा ये मेरी मेम हैं। 'अरण्य वाटिका' की डायरेक्टर और मेरी गुरु माँ। मेम ये है हीरा। आज मेरे हाथ में यह तमूरा है न? यह इसी के कारण है और मेम आपको मालूम है? इसे बनाया और सजाया भी इसी ने। देखिये ये इसका फुंदरा, ये घुँधरु और ये आदिवासी औरत का चित्र।"

कात्यायनी ने गौर किया तम्बूरे में लगे फुन्दरे और घुँघरुओं ने उसकी सुन्दरता को कई गुना बढ़ा दिया था और आदिवासी युवती का वह चित्र, तो सचमुच अद्भुत था। बस्तर की आदिवासियत से कुछ अलग से उस चित्र ने

तम्बूरे में चार चाँद ही लगा दिया था। वह देर तक उस तम्बूरे को निरखती रही फिर–

"सचमुच तुम एक बेहतरीन कलाकार हो। अपनी इस कला को आगे बढ़ाओ। मैं चाहती हूँ तुम 'अरण्य वाटिका' से जुड़ो। हमारे बच्चों को एक नयी कला मिलेगी।"

सुनकर धानी कुछ असहज सी हो उठी। हीरा का 'अरण्य वाटिका' से जुड़ना यानी हमें वहीं रहना होगा और वहाँ तो वह...। नहीं यह नहीं होगा। मैं अब फिर उसके सामने... नहीं।' सोचा और–

"मेम इससे बड़ा सौभाग्य और क्या होगा लेकिन मेम ये मेरी पंडवानी का रागी है। (रागी जो हारमोनियम की संगत के साथ ही गायन को टेक भी देता) और मैंने अपनी पंडवानी को ओड़िया के लोक से जोड़ने का फैसला लिया है। फिर भी जब भी कोई कार्यशाला या विशेष आयोजन होगा ये जरूर शामिल होगा। है न हीरा।"

"अं ऽऽ हाँ।"

कात्यायनी और हीरा इस इंकार की असली वजह समझ ही नहीं सके। धानी चाहती भी नहीं थी कि कोई उसके मन के उस खूँट तक पहुँचे।

"रायपुर जाने वाले यात्रियों से निवेदन है...।"

बोर्डिंग की घोषणा ने धानी को राहत दी। वह उठ खड़ी हुई। कात्यायनी की सीट सामने थी और उनकी सीट सबसे पीछे। सो वे विमान में पहले प्रवेश कर, पीछे वाली सीट पर चले गये और इस फासले के कारण और कोई बात हो नहीं पायी। धानी तो चाहती ही थी यह फासला बना रहे और कोई बात न हो। सो उसने अपने मन के पन्नों पर उकेरी पंक्तियाँ एक बार फिर दोहरायीं -

इक तेरा ही गम नहीं कि मर ही जाएँ तेरे बिना
और भी गम हैं जमाने में तेरी मोहब्बत के सिवा।

•

उजास की तलाश में

रायपुर एयरपोर्ट पर उतरते ही स्क्रीन पर शिवा का मैसेज उभरा-एक जरूरी मीटिंग है। तुम जल्दी बाहर आ जाओ। कात्यायनी बाहर आयी। शिवा निकास द्वार पर इंतजार ही कर रहा था। सो बाहर निकलते ही वे मीटिंग के लिए रवाना हो गये।

"क्या बात है इतनी अर्जेंट मीटिंग क्यों। दुहिता धाम में सब ठीक तो है?" कात्यायनी घबरा उठी।

"रिलेक्स। वहाँ कुछ नहीं हुआ है।"

"फिर?"

"अंचल में एक घटना घटी है।"

"क्या हुआ? क्या फिर नक्सली...।"

शिवा उसे बता पाता उससे पहले ही गाड़ी, महिला आयोग के गेट पर जा पहुँची। महिला आयोग के सामने गाड़ी रुकी देख, कात्यायनी की नजरों में फिर प्रश्न उठा।

तभी उसकी नजरें आयोग के गेट पर गयीं। वहाँ डंकिनी और वन्या को देख उसे और हैरानी हुई।

"बात क्या है? वन्या और डंकिनी भी हैं? जरूर कोई बड़ा कारण होगा? बताओ तो क्या हुआ?"

"कारण तो वास्तव में बहुत बड़ा है और चिंताजनक भी।" फिर शिवा ने उसे सब कुछ बता दिया।

"इतनी बड़ी बात हो गयी और तुमने मुझे बताने की जरूरत नहीं समझी?"

"इतने अरसे बाद तुम्हारे जीवन में, ख़ुशी और सुकून के कुछ पल आये थे। उसे मिटा देने का मन नहीं किया। बस इसीलिए। वरन तुम्हारी जरूरत तो बहुत थी। सभी को और मुझे भी।"

कात्यायनी को देखते ही वन्या लपककर उसके पास आयी–"माँ काकू ने बताया तो होगा न कि वो नानी गुरुमाय...। उसकी इतनी हिम्मत कि हमारे इलाके में घुसकर...। लेकिन माँ आप फ़िक्र न करें कार्यवाही चल रही है।

जंगल में भी और यहाँ भी।"

वन्या ने अपनी बात कही लेकिन डंकिनी? वह वहीं खड़ी आयोग की दीवार को देखे जा रही थी। सो कात्यायनी उसकी ओर बढ़ गयी। उसके कंधे पर हाथ रखा, तो वह पलटी और लिपटकर फफक उठी।

"यूँ रोते नहीं। इसमें तुम्हारा क्या दोष। तुमने तो अपने तइ पूरी कोशिश की। तुम्हें क्या मालूम था कि अब इस रूप में भी...। तुम परेशान न हो। सब ठीक हो जायेगा।"

"माँ मैं भी इसे समझाती रही हूँ लेकिन यह पगली है। इसे लगता है यह इसकी असफलता है।" कहती वन्या ने उसकी पीठ पर हाथ रखा।

मीटिंग शुरू हुई। वही सब घिसी पिटी बातें। कब, क्या और कैसे से शुरू होकर बातें वहीं गोल-गोल घूमती रहीं। कात्यायनी जानती थी इस मीटिंग से कोई परिणाम नहीं निकलेगा। बात तो जमीनी लड़ाई से ही बनेगी। सो वह मन ही मन अपने संपर्क खंगाल रही थी। मीटिंग खत्म हुई और गाड़ी अलगानार की ओर बढ़ चली।

वही राह थी। रूख राइ और घाटी भी वही थी लेकिन मन। आज किसी का मन पहले जैसा नहीं था। गाड़ी के भीतर एक ख़ामोशी सी पसरी हुई थी। कात्यायनी ने गाड़ी में पसरी उस ख़ामोशी को महसूसा। डंकिनी तो खामोश ही रहती थी लेकिन हमेशा चहकने वाली वन्या भी आज एकदम खामोश थी। वह लगातार बाहर देख रही थी। उसके माथे पर चिंता की लकीरें थीं। चिंता की बात भी थी। घटना को तीन दिन हो चुके थे और उनके हाथ कुछ भी नहीं लगा था। अपोजिट पार्टी के सांसद और विधायक अभी तो खामोश थे लेकिन वन्या जानती थी वे खामोश नहीं रहेंगे और इस पूरी घटना को राजनीतिक रंग देकर, सारा दोष उनकी पार्टी पर मढ़ देंगे। यही चिंता शिवा को भी थी। 'बाली जगार हमारी पार्टी का आयोजन नहीं था। वह तो बस्तरिया लोगों का समवेत आयोजन था। इसीलिए तो राजनीति से परे जाकर मैंने सभी को सम्मिलित भी किया लेकिन अब? अब तो दोष मेरा ही माना जाएगा। 'सोचता शिवा बार-बार मोबाइल स्क्रीन देख रहा था। उसे इंतजार था उस कॉल का, जो नेटवर्क के जाल में अरझ गया था।

चिन्तित तो कात्यायनी भी थी। उसकी सोच का सिरा बार-बार हैदराबाद की ओर जा रहा था लेकिन उसे कोई आधार नहीं मिल पा रहा था। तभी -

"माँ! मैं सोच रही थी। हमें अपनी पड़ताल में हैदराबाद पर अधिक फोकस करना चाहिए।" डंकिनी ने कहा।

'मेरे मन की बात इसकी जुबान से! कुछ तो जरूर है तभी हम दोनों...। सोचती कात्यायनी ने उसकी ओर देखा– "हाँ मैं भी यही सोच रही थी। इन दिनों हैदराबाद में मानव तस्करी जोरो पर है।"

"हाँ माँ। मेरे दिमाग में भी बार-बार हैदराबाद ही अटक रहा है। आप कहें तो मैं हैदराबाद पर ही अपना फोकस करूँ? फिर–"काकू आप क्या सोचते है?"

"किस विषय में?"

"लो पूरी रामकथा सुनने के बाद पूछ रहे हैं कि राम कौन हैं।" कात्यायनी ने चुटकी सी ली।

"क्या बातें हो रही थीं। मैं सचमुच नहीं सुन पाया।"

"काकू मैं अपने को हैदराबाद पर फोकस करना...।"

डंकिनी की बात अभी पूरी भी नहीं हुई थी कि शिवा का मोबाइल बज उठा...।

"भैया एक सुराग मिला लेकिन...।"

"क्या?"

"एक लाश मिली है। मेरे को लगता गायब मोटियारिन में ये भी थी।"

"कहाँ मिली?"

"कवारगाँव।"

"ठीक है मैं पहुँचता हूँ।"

"सुनों मुझे जगदलपुर उतार देना।" ड्राइवर से कहा।

डंकिनी ने अकचकाकर शिवा की ओर देखा। उसकी बात का कोई जवाब नहीं मिला था। वह शिवा से कम ही बोलती थी। सो उसने फिर कोई सवाल नहीं किया। वन्या शिवा की मुहलगी थी। उसने जानने की चाह में उसकी ओर देखा लेकिन उसे गंभीर देख वह भी चुप रह गयी। यूँ जगदलपुर में अचानक उतरने के, इस फैसले का कारण जानने की चाह कात्यायनी को भी हुई।

"क्या हुआ? जगदलपुर क्यों?"

"कुछ काम है। आज ही करना है।"

शिवा ने सुराग वाली बात दबा ली। सच तो यह था कि यह सुराग पुलिस को नहीं, उन्हें मिला था। सो बताना सही नहीं लगा। कात्यायनी ने जानने की कोशिश नहीं की। वह समझ रही थी कि जरूर कोई सीक्रेट होगा, तभी यह अपनी गाड़ी से नहीं जा रहा। गाड़ी शिवा को जगदलपुर उतारकर आगे बढ़ गयी।

2

शिवा कुछ देर खड़ा रहा। फिर स्टेशन की ओर बढ़ गया। ट्रेन के जाने में अभी समय था। सो स्टेशन के भीतर न जाकर बाहर ही खड़ा रहा। कुछ देर यूँ ही टहलता रहा। फिर रेलवे ट्रेक की लीक पर चलकर नीचे कच्ची सड़क पर उतर गया। वहाँ एक मिलट्री रंग की जीप उसी की प्रतीक्षा में थी। उसके बैठते ही जीप रवाना हो गयी। दरअसल शिवा को कवारगाँव पहुँचना तो था लेकिन अपने जाने की भनक किसी को नहीं लगने देनी थी। इसीलिए उसने जीप को इस रेलवे ट्रेक के नीचे बुलाया था। जीप कवारगाँव की ओर बढ़ रही थी और शिवा का मस्तिष्क सुराग की ओर। 'कवारगाँव में लाश मिलने का मतलब वो लोग हैदराबाद की ओर गये यानी डंकिनी की सोच सही दिशा में है, मगर हैदराबाद के लिए तो और भी रास्ते हैं। जगदलपुर से तो एकदम सीधी पहुँच है। फिर इधर? शायद पुलिस को चकमा देने के लिए। या फिर जंगल के भीतर-भीतर उधर पहुँचने का प्लान रहा होगा।'सोचते उसके चेहरे पर एक बेचैनी सी तारी थी। जीप में ड्राइवर था, तो फोन पर चर्चा भी संभव नहीं थी। जीप अब जंगल की राह पर थी। शिवा यहाँ आने का कोई सुराग नहीं देना चाहता था। सो उसने मोबाइल ऑफ कर उसकी सिम निकाल ली। कवारगाँव के बहुत पहले जीप रुक गयी।

"साब इहाँ से आगू ट्रेक करने का।" ड्राइवर ने कहा।

उसके उतरते ही जीप आगे बढ़ गयी। शिवा ने देखा सड़क से उतरकर एक पयडगरी जंगल के भीतर जा रही थी। वह उसी पर बढ़ चला। दूर तक चलते चले जाने के बाद हूप-हूप की आवाज़ आयी। कोई अनजान, सुनता तो सोचता बंदर की आवाज़ है लेकिन शिवा जानता था, वह आवाज़ बंदर की नहीं। वह उस आवाज़ का मतलब समझ गया और पयडगरी छोड़ उसी दिशा में चल पड़ा। अब जंगल और सघन हो उठा था। शाम भी गहरा गयी थी। सो अंदाज से ही आगे बढ़ रहा था। वह अभी कुछ दूर ही गया था कि उसके सामने धप्प से कोई कूदा। उसने टार्च की रौशनी में तसदीक की कि कोई और तो नहीं। फिर–

"जोहार भैया।"

"जोहार।"

फिर रास्ते भर वे चुपचाप आगे बढ़ते रहे। उनमें कोई बात नहीं हुई। सो पत्तों की चर्र मर्र के सिवा कोई आवाज़ नहीं हो रही थी। दोनों उस जगह पहुँचे जहाँ लाश रखी थी। शिवा ने टार्च की रौशनी में उसका चेहरा देखा लेकिन...।

"भैया उनने मू को अइसा खराब कर दिया के कोई पिचान नई हुआ। उनने सब निसान भी मेटा दिया। फेर इसका अंग का गोदना बताता के ये अमारा मोटियारी है।" लाश की निगरानी कर रहे आदमी ने कहा।

"ये तुम लोगों को कहाँ मिली?"

"वो टेड़गा नाला के पास।"

"फिर?"

"फेर अम लोग इसकू जंगल के तरफ खेंच के ले गये। जिससे उनकू लगे के लास कोनो जिनावर ले गिया। फेर अम अपना खांदा (कंधा) में उठा के इहाँ लाया।"

"हूँ।"

शिवा ने नजरें गड़ाकर भी देखा लेकिन उस अँधेरे में गोदने वाली शिनाख्त तो मुश्किल ही थी। सो रात बीतने का इंतजार करना था। जैसे तैसे रात बीती। पौ फटी तो सब कुछ उजागर हुआ। शिवा ने देखा उसके हाथ पैर पर गुदे गोदने को। फिर उसकी नजर उसकी मुंदरी पर गयी। अब तो पहचान न आने का सवाल ही नहीं था। वह जानता उस मुंदरी का प्रसंग। 'यह मुंदरी भानू की निशानी है। उसने इसे मेरे साथ ही तो खरीदा था, नारायणपुर की मड़ई से। अपनी इस प्रिया के लिए। सगाई में हमारे यहाँ मुंदरी पहनाने का रिवाज नहीं है। फिर भी उसने अपनी सगाई में यह नवाचार किया। क्या इसीलिए की आज यह मुंदरी इसकी पहचान का साधन बने। अभी तो इसने जिंदगी को ठीक से देखा तक नहीं और!' सोचते शिवा की आँखें पनिया आयीं। कुछ देर पनियायी आँखों से उसे देखता रहा। फिर–

"इसे लेकर जाना यानी अपनी इस कामयाबी का सुराग दे देना है, तो इसे यहीं जंगल के भीतर माटी देना (दफनाना)।"

"जी भैया।"

"और हाँ। माटी देके उस जगह को एकदम पटिया देना। उसके ऊपर घास ओर झाड़ी भी लगा देना। लगना नहीं चाहिए कि किसी को माटी दिए हैं।

"जी भैया।"

शिवा ने लौटने में भी वही तरीका अपनाया। सो जंगल से बाहर कच्ची सड़क तक अकेले ही गया। वहाँ जीप इंतजार में थी। उसने उसे रेलवे ट्रेक के किनारे छोड़ दिया। फिर स्टेशन के बाहर से टैक्सी ली। टैक्सी अलगानार की ओर बढ चली लेकिन शिवा का दिमाग अभी भी वहीं अरझा हुआ था। 'इन लड़कियों को कैसे भगाया होगा? वो कौन सा प्रलोभन रहा, जिसने इन

सबको...? और इसे? इसका तो ब्याह होने वाला था। कितना प्रेम करता था भानू इसे और ये भी। जगार में भी तो दोनों मौके तलाशते रहते। फिर? क्या चेलकों की तरह इन्हें भी, पर बेहोश लड़कियों को उठाकर ले जाना! वह भी अकेले! यह तो संभव ही नहीं, तो क्या बाहरी लोग भी थे यहाँ? या फिर हमारे अपने ही? बहुत संभव है हमारे अपने लोग, जो विपक्षी...।' इन्हीं सोचों में डूबे शिवा को समय का भान ही नहीं हुआ।

गाड़ी दुहिता धाम के गेट पर जा पहुँची। दुहिता धाम अपनी दिन चर्या में डूबा हुआ था। दूर कहीं गीत बज रहा था–

"तेंहा आगी के ओखी आये रे, भरमाये रे
अऊ काया म दाग लगा दिये ना।
काया म दाग लगा दिये काबर
चोला म दाग लगा दिए ना।
गाँव गे रहिन दाई ददामन
रहेंव अकेल्ला घर म
आनी बानी गोठियाये रे बैरी
छलडारे मोला छल म
घटा बरोबर छाये काबर
काबर पाप लगा दिये ना।"

(तुम आग माँगने के बहाने आये और मुझे भरमाकर मेरी देह में दाग लगा दिया। तुमने मुझे धोखा क्यों दिया?मेरी देह में यह दाग क्यों लगाया? घर में मैं अकेली थी। मेरे माँ बाप दूसरे गाँव गये थे। मुझे अकेली पाकर तुमने मुझे अपनी बातों से फुसलाकर, मुझे छल लिया। तुम मुझ पर घटा की तरह क्यों छा गये? तुमने मुझे इस पाप में क्यों डूबो दिया?)

शिवा के कदम ठिठक से गये। उसने यह गीत पहले भी सुना था लेकिन आज उसे यह बहुत प्रासंगिक लगा। लगा जैसे यह गायब हुई मोटियारिनों का उलाहना हो। पछतावा हो उनका। गीत जाने कब का खत्म हो चुका था लेकिन शिवा देर तक वहीं ठिठका रह गया। फिर भीतर गया तो डंकिनी नजर आयी। वह उसी की ओर बढ़ गया। वह इमली के पेड़ तले, अपने आप में डूबी सी खड़ी थी। शायद वह भी उसी गीत में अपना मर्म तलाश रही थी। कदमों की आहट पा पलटी–

"काकू आप? कब आये?"

"बस अभी-अभी। उस दिन तुम कुछ कह रही थी न। बीच में ही फोन

आ गया था तो...।"

"जी काकू। वो मैं सोच रही थी कि हमें हैदराबाद पर फोकस...।"

"मुझे भी यही लगता है। ऐसा न हो हम जंगल-जंगल भटकते रहें और वे रेत के सागर में समा जायें।"

रेत के सागर का अर्थ डंकिनी से बेहतर और कौन समझ सकता था। उसने तो रेत के उस सागर की तपिश को इस कदर झेला था कि उसके घाव अभी तक मिटे ही नहीं थे। इसीलिए तो वह नहीं चाहती थी कि वह कहानी फिर दोहरायी जाय। सो इसके लिए वह उस शहर की ख़ाक भी छानने को तैयार थी, जिससे उसका कोई परिचय तक नहीं था। अब उसे कात्यायनी और शिवा की अनुमति की प्रतीक्षा थी। सो वह उसी आस में खड़ी थी। शिवा ने देखा कात्यायनी पीछे आ खड़ी हुई थी।

"हमारी आशंका जायज है लेकिन दंडकारण्य से निकलकर रेत के सागर तक, पहुँचना इतना आसान भी नहीं, जितना उन लोगों ने समझ लिया था।"

"उन लोगों ने समझ लिया था। मतलब और भी लोग थे न जगार में। मुझे लग ही रहा था। कोई सुराग मिला क्या?" कात्यायनी प्रश्नाकुल हो उठी।

"नहीं।"

शिवा ने जान बूझकर नहीं बताया कि भानू की...। वह जानता था अपराधियों का सूचना तंत्र, यहाँ भी जरूर सक्रिय होगा। अभी सब बता देने का मतलब अपराधियों को सजग कर देना था। सो उसने बात छिपा ली और–

"डंकिनी तुम्हें हैदराबाद जाने की जरूरत नहीं पड़ेगी। तुम चिंता मत करो। तुम्हारा यह काकू है न। तुम तो बस इसे एक गिलास चाय पिला दो।"

"अभी लाई काकू।" कहती डंकिनी रंधनी खोली (रसोई) की ओर बढ़ी।

कात्यायनी को अब ख्याल आया कि 'यह वहाँ से सीधे यहाँ आया है और मैंने बैठने तक को नहीं कहा।'

"चलो वहाँ बैठते हैं।" कात्यायनी ने बरगद की ओर इशारा किया।

उस बरगद को शिवा बोधि वृक्ष कहता था। अपनी उलझन और थकन के क्षणों में, उसे एक गिलास चाय और इस वृक्ष की छाया की दरकार हुआ करती थी। दोनों उस ओर बढ़ गये। बरगद के इर्द गिर्द मिट्टी का चबूतरा बना था ताकि पेड़ को कोई नुकसान न हो और वहाँ बैठा भी जा सके। चबूतरे के चारो ओर लटकती उसकी जड़ों ने झालर सी बना रखी थी। चबूतरे पर बैठ शिवा ने उन झालरों देखा। हजारों हजार बार देखी उन झालरों को देर तक देखता रहा और कात्यायनी उसे। बहुत देर बाद शिवा की नजरें उसकी ओर गयीं।

"ऐसे क्या देख रही हो।"

"देख रही हूँ कि कुछ है जिसे छिपा रहे हो।"

'ये कितनी गहराई से समझती है मुझे और मेरे को मन। फिर भी एक जिद है, जिसे हरियल (हारिल) की तरह पकड़े हुए है।' सोचते हुए बीते सालों के कई-कई पल उसकी आँखों में डोल उठे। उसके मन में आया बढ़कर उसका हाथ थाम ले और कहे कि...। लेकिन यह समय इस बात के लिए नहीं था। सो अपने मन को टाल दिया और–

"छिपाया नहीं। बस स्थगित किया है। तुमसे छिपा सकता भी नहीं। चाय नहीं आयीं अब तक।"

"चाय हाजिर है काकू और साथ में भजिया (पकौड़े) भी।"

"ओहो पोई का भजिया, तो तुमको भी मालूम है कि मुझे यह पसंद है।"

"काकू मैं ही नहीं इस दुहिता धाम का पत्ता-पत्ता जानता है कि आपको क्या पसंद है और क्या नापंसद।"

शिवा ने कात्यायनी की ओर देखा। मन में सहसा ये पंक्तियाँ उमड़ आयीं–"पत्ता-पत्ता बूटा-बूटा, हाल हमारा जाने है। जाने न जाने गुल ही न जाने बाग़ तो सारा जाने है।"

इस गीत का मीठा सा उलाहना उसकी नजरों में भी उतर आया और उसकी नजरें कात्यायनी की नजरों से जा मिलीं। फिर डंकिनी की उपस्थिति का भान होते ही सम्हलीं और बरगद की जटाओं में उलझ गयीं। कुछ पल को कात्यायनी भी असहज हुई। सो एक चुप सी पसर रही। यह कोई बोझिल मौन नहीं था। सो इस मौन के जल में कुछ खुबसूरत पल तैर रहे थे, जिसे शिवा और कात्यायनी दोनों ही महसूस रहे थे। लोग कहते हैं कि प्रेम आँखों से बोलता है। स्पर्श से बोलता है। शायद बोलता भी हो लेकिन यहाँ वह अपनी महक से बोल रहा था, तभी तो एक दूसरे की ओर बिना देखे, दोनों एक ही धरातल पर महसूस रहे थे उसे और डंकिनी? उसकी मनःस्थिति उनसे एकदम अलहदा थी। वह तो उसी घटना का छोर ढूँढ़ रही थी। सो–

"काकू! इतना बड़ा काण्ड उस अकेली के बस का तो नहीं था न। मुझे लगता है और भी लोग रहे होंगे। शायद हमारे यहाँ के भी।"

"हाँ! तुम सही सोच रही हो। यह कोई छोटी घटना नहीं है। इसके तार दूर तक फैले हैं, पर तुम चिंता मत करो। हम जल्दी उस तार का सिरा ढूँढ़ लेंगे।" फिर कात्यायनी से मुखातिब हो–"चलो जंगल की ओर चलते हैं।"

नदी और जंगल। ये दोनों शिवा के जीवन के दो पहलू थे। सो जंगल और

नदी का अर्थ समझती थी कात्यायनी। जंगल माने समस्या की गहन वीथियों से होकर गुजरना। शिवा के लिए इस समय की, सबसे गहन समस्या तो स्वयं में एक जंगल ही थी, जिसमें प्रवेश का कोई बिंदु मिल ही नहीं रहा था। शिवा के पास बस वही एक सुराग ही था लेकिन सिर्फ उसके सहारे वह, उस जंगल में प्रवेश नहीं कर पा रहा था। सो परेशान था वह। उसे सुराग को गोपन रखना था लेकिन कात्यायनी से नहीं। इसीलिए उसने जंगल को चुना। सो देर तक खामोश चलते रहने के बाद जब वे नेटवर्क एरिया से बाहर पहुँचे तो–

"कात्यायनी ! जो सुराग हमें मिला है, वही जिसके बारे में तुम्हें बताना मैंने स्थगित रखा था। वह कुछ ख़ास न होकर भी बहुत खास है। उसकी मुंदरी से मुझे विश्वास हो गया वो भानू की प्रेमिका है।"

"भानू वही न, जो इस जगार का कर्ताधर्ता था?"

"हाँ लेकिन मैंने उसे कुछ नहीं बताया।"

"बताना सही भी नहीं। बात फैलेगी और वो लोग और सतर्क हो, कोई और ही राह पकड़ लेंगे।"

"कोई और राह है ही नहीं उनके पास। वे चारों ओर से घिरे हुए हैं, मगर उन्हें यूँ घेरे रहने में भी एक बड़ा खतरा है।"

"कैसा खतरा?"

"यही जो हमें सुराग के रूप में मिला है। वो एक-एककर हमारी लड़कियों को यूँ ही मारते रहेंगे।"

तभी उसके मोबाइल पर मैसेज उभरा–"एक सुराग और।"

"मेरी आशंका एकदम सही निकली। उन्होंने एक और...।"

"फिर?"

"मुझे लगता है हमें उन्हें, निकल भागने की राह देनी होगी। हम उन्हें उस ओर से भागने पर विवश करेंगे, जिधर उन्हें आसानी से पकड़ सकें।"

फिर उसने मैसेज का जवाब भेजा–"उत्ती से हवा जाने दो।"

यह एक कोड वर्ड था, जिसका मतलब था, पूर्व दिशा से हट जाओ। फिर उसने ताबड़तोड़ कई मैसेज किये और कात्यायनी से मुखातिब हुआ–

"तुम लौट जाओ।"

"और तुम।"

शिवा ने कोई जवाब नहीं दिया। कात्यायनी कुछ पल देखती रही उसे। फिर लौट चली।

3

शिवा के रात दिन अब जंगल के हवाले थे। वह अब जंगल के उस हिस्से में था, जहाँ सूरज की रौशनी भी पहुँच नहीं पाती। जहाँ दिन और रात में कोई फर्क ही नहीं था। ऐसे अँधेरे में बारह दिन और बारह रातें बीत गयीं। उसने अपने कैम्पिंग की जगहें भी बदलीं लेकिन कोई लाभ नहीं हुआ। अपराधी बाहर नहीं निकले, तो नहीं ही निकले। शिवा को अब अपनी प्लानिंग फेल होती नजर आ रही थी। सो वह हताशा की हद तक हताश हो उठा। उसे लगने लगा कि अब तो लड़कियाँ नहीं, उनका सुराग ही हाथ आएगा। सो उसके दिन व्याकुल और रातें बहुत हताश हो उठी थीं। ऐसी ही एक हताश रात में, कुछ दूर पर कुछ चमकता सा नजर आया। ध्यान से देखा तो दिपदिप करती रौशनी का एक गोला सा था। उस अँधेरे बियावान में रौशनी का नजर आना, किसी के भी मन में भय जगाने के लिए पर्याप्त था लेकिन शिवा किसी की श्रेणी में नहीं था। सो उस गोले की ओर बढ़ चला।

अभी वह कुछ ही कदम चला था कि वह गोला गायब हो गया। शिवा के मन में बचपन की बातें उभर आयीं। खासकर यायो (माँ) की कहानियाँ जिनमें रात में जंगल के भीतर न जाने की नसीहतें होती थीं। उसकी यायो बतातीं कि रात में जंगल भूत प्रेत का डेरा हो जाता है। तब उसे कहाँ मालूम था कि आने वाले दिनों में उनका बेटा भी भूत बन जंगल में पनाह लेगा। तब उसने भी कहाँ सोचा था कि एक दिन उसके हाथ, स्टेथो की जगह बंदूक थाम लेंगे। पल भर को शिवा की आँखों में वह शिवा उभर आया, जो कभी इस इलाके में खौफ़ का पर्याय था? तो उसके लिए भूत प्रेत जैसी बातें, तो बहुत पहले पीछे छूट गयी थीं। सो उस गोले का गायब होना डर नहीं, आशंका का सबब बन व्याकुल कर गया। अब तो उसका पता लगाना जरूरी हो गया था लेकिन रौशनी और आवाज के बिना ही। रौशनी से सतर्क हो वह गोला कहीं दूर निकल सकता था। सो मोबाइल ऑफ़ कर अँधेरे में आगे बढ़ने लगा वह।

शिवा कुछ दूर तक बिलइ (बिल्ली)कदमों से आगे बढ़ता रहा, फिर पेड़ की आड़ में सपट गया। अब जंगल में न कोई आवाज़ थी और न कोई हलचल। अँधेरे को भी मात देता अँधेरा और चारों ओर गहन सन्नाटा। शिवा को यकीन था रौशनी का वह गोला बहुत देर छिपा नहीं रह पायेगा। वह निकलेगा जरूर। सो दम साधे खड़ा रहा। कुछ देर बाद गोला निकला और शिवा की ओर बढ़ने लगा। अबकी उसकी झिलमिल कुछ मद्धिम थी। वह धीरे-धीरे उसी की ओर

बढ़ता आ रहा था। अब उसे पकड़ना आसान हो रहा था। सो सतर्क हो शिवा ने पोजीशन ली और जैसे ही वह पास आया, उसे अपने कब्जे में ले, उसका मुँह हथेली से दाब लिया और पिस्टल उसकी कनपटी पर अड़ा दी। वह एक मानव देह ही थी। अचानक किसी की गिरफ्त में आ जाने से, छटपटा रही थी वह। इसी छटपट में कुछ ऐसा हुआ कि वह शिवा के और करीब आ गयी। इतनी करीब कि उसके दिल की धड़कन उसे साफ़ महसूस होने लगी। देह के स्पर्श से शिवा ने अनुमान लगा लिया कि वह कोई स्त्री है। सो–

"कौन हो तुम?" शिवा ने धीमी आवाज़ में सख्ती से कहा। उसने कोई जवाब नहीं दिया। "बताना तो पड़ेगा। बोलो कौन हो?"

अबकी गों गों की धीमी सी ध्वनि उभरी। तब शिवा को याद आया कि उसने तो उसके मुँह को जकड़ रखा है। सो उसके मुँह पर रखी हथेली कुछ ढीली की। फिर भी वह खामोश रही, तो शिवा ने उसकी देह पर अपनी जकड़ और बढ़ा दी। जकड़न इतनी मजबूत थी कि उसकी देह कसमसा उठी और–

"बोल नहीं तो अभी ट्रिगर...।"

"हाँ तो मार दे न। फेर मय तेरे को कुछ नाय बताएगी।"

उसकी अक्खड़ता कह रही थी, उसे जान की कोई परवाह नहीं। जान लेने से कुछ हासिल भी न था। यह शिवा का उद्देश्य था भी नहीं। फिर भी जानकारी तो हासिल करनी थी। उसे लेकर टेंट की ओर बढ़ने लगा लेकिन उसका विरोध लगातर जारी था। सो वह जितने कदम आगे बढ़ता, उतने ही कदम वह पीछे ले जाती। इसी रस्साकसी में उसके बाल खुल गये और झिलमिल रौशनी का वह पुंज बिखरने लगा। दिपदिप करती रौशनी के सारे हेतु उड़ने लगे। शिवा ने गौर किया वो जुगनू थे। 'ओह तो इसने अपने जूड़े में जुगनू बाँध रखे थे।' हवा में दिपदिप कर उड़ते उन जुगनुओं ने उसे वह रात याद दिला दी, जो उसने पहली बार गुप (जंगल) में गुजारी थी। यायो संग गुजरी उस रात की परछाइयाँ उसकी आँखों में डोल उठीं...

वह यायो के संग बूढ़ी यायो (नानी) के गाँव गया था। उस समय यहाँ के गाँव आज की तरह तो थे नहीं और जंगल? जंगल तो अपने बस्तरिया (गोंड़ी) नाम गुप को पूरी तरह सार्थक करते थे। तब जंगल और गाँव में कुछ ख़ास फर्क भी कहाँ होता था। सो गाँव जाने का मतलब एक जंगल से दूसरे जंगल जाना ही था। लौटते समय वे जंगल में भटक गये। उस जंगल में दिन में भी गुप अँधियार था। माँ बेटे दिन भर भटकते रहे लेकिन राह नहीं मिली। शाम घिरते ही अँधेरा गहरा गया और रात? वह जब भी उस रात को याद करता है,

तो उसे लगता है कि स्याह को भी मात करती स्याह रात थी वह लेकिन रात के उस अँधेरे के लिए वह आज भी कोई सटीक शब्द नहीं तलाश पाया है। सो उस रात की याद आज भी सिहरा देती है उसे। लेकिन यायो? वह जरा भी नहीं डरीं और उसका हाथ थामे टोह-टोहकर आगे बढ़ती रहीं, तभी एक झाड़ी में जुगनुओं की झिलमिल दिखी। उसी ओर बढ़ गयीं और उन्हें पकड़-पकड़ कर अपने घने बालों में अरझाती चली गयीं। फिर बालों का खोपा (जूड़ा) बना लिया और उस दिपदिपाती रौशनी में उन्होंने अपनी रात गुजारी थी। तब यायो ने उसे बताया–

"ये आगि कीरा हय।"

फिर उसे पकड़ने का तरीका भी सिखाया कि मुट्ठी को न तो बहुत कसना है कि जुगनू मर ही जाएँ और न इतनी ढीली रखना है कि वे उड़ जायँ।

"तुमकू मालूम ये आगि कीरा अम मुरिया लोग का सँगी है। बहुत काम आता ये। तुमारा बुढ़ी यायो अमकू बताता। पहिले अमारा जंगल म माटी तेल नाय मिलता, तब अम लोग महुआ तेल का दिया जलाता। एक साल जंगल कू बेमारी हुआ। जंगल का सब महुआ कंदा (खराब) गया। त वो साल महुआ फल नाय मिला। तब औरत लोग ये कीरा कू अपना खोपा में अरझा के अपना झोपरी में अँजोर किया।"

'तो क्या ये भी मुरिया ही है? नहीं। यह कोई आधार नहीं। कोई भी इस तरह के प्रयोग कर सकता है।' सोचते हुए शिवा ने उसे गौर से देखा लेकिन उस अँधेरे में उसकी कोई शिनाख्त कैसे होती। बस उसकी बोली बता रही थी कि वह मुरिया है लेकिन बोली के आधार पर भी कोई, पुख्ता निर्णय तो हो नहीं सकता था। रौशनी की नहीं जा सकती थी। इस अँधेरे में रौशनी करने का मतलब था, उन्हें अपनी उपस्थिति का भान कराना। सो मोबाइल भी ऑन नहीं किया। 'अब तो सुबह की प्रतीक्षा ही करनी है।' सोचकर शिवा ने उसके हाथ पैर और मुँह बाँध, उसे टेंट के भीतर ठेल द्वार बंद किया और बाहर पहरे पर बैठ गया। अब उसकी आँखें जंगल को टोह रही थीं लेकिन कान बराबर टेंट के भीतर ही लगे थे। उस स्याह रात और स्याह जंगल में अब उसे भोर का इंतजार था।

4

भोर का इंतजार तो डंकिनी को भी था। ये दिन उस पर बहुत भारी थे और रातें? रातें तो काटे नही कट रही थीं। 'मेरी लड़कियाँ उसके साथ चली गयीं और मुझे सुगबुग तक नहीं मिलो। अपने काम में फेलियर साबित हो गयी मैं

लेकिन फेलियर का यह टेग तो मुझे हटाना ही होगा। यूँ बैठे रहकर तो काम नहीं चलेगा। मुझे कुछ करना ही होगा।' सोचती डंकिनी की बेचैन नजरें अँधेरे को थहा रही थीं।

भोर के इंतजार में कात्यायनी भी थी। अभी तक शिवा की ओर से कोई मैसेज तक नहीं आया था। इसका मतलब था कि उसे उनका कोई सुराग नहीं मिला। आश्चर्य में थी कात्यायनी। 'पुलिस तो पुलिस वे तक उसे नहीं ढूँढ़ पा रहे। वे जिनके बारे में कहा जाता है कि उनकी इजाजत के बिना इस इलाके में, कोई चिड़िया भी पर नहीं मार सकती। फिर? क्या वे भी इसमें शामिल हैं? कोई तो जरूर है जो उसके साथ...?' इन्हीं सोचों में रात भर नींद नहीं आयी। सो बाहर आ गयी। देखा डंकिनी बेचैन सी टहल रही थी।

"अरे! तुम इतनी जल्दी उठ गयी?"

"नींद ही नहीं आ रही।"

"नींद तो हम सबकी उड़ी हुई है। अभी तक कोई ऐसा सुराग ही हाथ नहीं लगा कि... "

"माँ मैं सोच रही थी क्यों न हैदराबाद चली ही जाऊँ।"

"हैदराबाद तो मेरे दिमाग में भी क्लिक हो रहा है लेकिन विशाखापटनम पर भी दिमाग अटक रहा है। वहाँ से तो उन्हें हवाई और समुद्र दोनों ही रास्ते मिलेंगे। आशंका में तो दोनों ही शहर हैं लेकिन हैदराबाद के लिए कई रास्ते हैं। वो बैलाडीला से हैदराबाद या जगदलपुर से सीधे हैदराबाद जा सकते हैं। या फिर कवारगाँव होकर या फिर विशाखापटनम की ओर भी निकल सकते हैं लेकिन मालूम कैसे होगा कि उन्होंने कौन सा रास्ता लिया। ऐसे में तुम कहाँ-कहाँ भटकती फिरोगी।"

कात्यायनी देर तक चिंताओं में उलझी रही फिर उसकी नजरें पूरब की ओर उठीं। उसकी नजरों को भोर की प्रतीक्षा थी लेकिन भोर अभी भी रात की कैद में थी। इस समय चाँद भी डूब में था। सो धरती से आकाश तक एक गहरी स्याह चादर फैली हुई थी। हवा भी एकदम खामोश थी। 'तो क्या यह कालरात्रि है? क्या इस रात की भोर कभी होगी ही नहीं और इस अरण्य के माथे पर, कलंक का एक अमिट दाग छोड़ जाएगी?'सोचती कात्यायनी पूरब को निरख रही थी।

रात अपने अंतिम प्रहर में और गझिन हो उठती है। फिर यह रात तो दंडकारण्य की रात थी। सो जंगल अपनी ख़ामोशी में भी बहुत कुछ बोल रहा था। शिवा के लिए यह पहला अवसर नहीं था। ऐसी तमाम गझिन रातों ने ही उसे गढ़ा था लेकिन आज की रात उसे भी भारी लग रही थी। सो टेंट के पहरे

पर बैठे शिवा की नजरें भी उत्ती (पूरब) को ही खंगाल रही थीं। तभी क्षितिज पर एक ललछौंही रेख उझकी और उसके साथ ही चर्र की एक आवाज आयी। आवाज टेंट के भीतर से आयी थी। सो शिवा ने द्वार की रस्सी खींची और अवाक रह गया। टेंट खाली था। उसने नजर दौड़ाई दूर-दूर तक कोई नहीं था। 'इतनी जल्दी कहाँ जा सकती है? आस पास ऐसा कुछ भी नहीं, जो उसे छिपा सके।' सोचते हुए वह आगे बढ़ा तभी पीछे से पेड़ की शाख अरराकर टूटी और भदाक की आवाज के साथ वह धरती पर आ गिरी।

शिवा ने लपककर उसे अपनी गिरफ्त में लिया और आवाक रह गया। केकड़े सी आपस में गुथी हुई दो मोटियारिनें थीं। एक की गर्दन पर अपना दबाव दिया और–

"तू कौन है? किसने भेजा है तेरे को?" "

"शिवा भाई तू! मय तो सोची बी नई के, ऐसे मेरे कू मिल जायेगा।" उसकी आँखों के जुगनू कुछ देर को दिपदिपाये फिर वह गोहार पारकर रो पड़ी।

"मेरे को जानती है तू?" शिवा की जकड़ कुछ ढीली हुई।

उसने रुलाई के बीच हिचकी लेते हुए कहा "हऽ वऽ। तुमकू जऽ...गार...म एक बेर दे...ए खा।" उसका रुदन थिराया तो उसने कहा–"अम दुनो एक संग भागा। फेर मय लुका गया अऽ ऊ ये तुम्हारा सपड़ में...।"

शिवा ने उन्हें अपनी जकड़ से आजाद किया–"तू मेरे को नइ चीन्ही?"

"मय समजा तुम बी उनका आदमी है।"

फिर उसने बताया कि नानी गुरुमाय ने उन सबको किस तरह धोखा दिया। गुरु मंत्र देने के बहाने उनको ट्रक पर चढ़ाया। फिर अपना प्रसाद खिलाया और कान में मंत्र फूँका। वो मंत्र बहुत लंबा था। उसकी भाषा भी अलग थी। मंत्र में उसने क्या बोला और उसका मतलब क्या था उनकी समझ में नहीं आया लेकिन उसको सुनते-सुनते सब ऊँघने लगी थीं। फिर वे कब सो गयीं पता ही नहीं चला। आँख खुली तो गुप अँधियारा। उनका हाथ गोड़ मुँह सब बँधा था।

"कोन जाने केतना दिन रात वो टरक म बीत गिया। अमारा टट्टी पिसाब सब वोइच टरक म। अम ओक-ओक (उल्टी) के समे काटे। जब बदबू उनकू बी परिसान करने लगा तब टरक से उतारा। अमारा गोड़ का रस्सी खोल के जंगल भीतर ले गिया। वो जंगल म उनका संगी लोग बी था। एतना दिन बाद वो रात अमकू पेट भर काना (खाना) ओर मंद मिला फेर...?"

कहते-कहते उसकी रुलाई फूट पड़ी और वह एक बार फिर जोर-जोर से रोने लगी। अब तक उजास हो आई थी। शिवा की नजरें उसकी देह पर गयीं

और लरज कर झुक गयीं। वह समझ गया कि उस रात इन्हें पेट भर खाना तो मिला लेकिन...। उसकी देह पर लटके लत्तों के बीच से झाँकते, नख दंत सारी कहानी कह रहे थे।

"टेंट में मेरे कपड़े है। तुम जाके कपड़े बदल लो।"

"मेरा उपर एतना बिसवास है तुमकू। तुमकू सक नई होता के मैं उन लोग का संगी है और तुमकू धोका दे सकती।"

"अगर तुम उनके गिरोह से भी हो। फिर भी इस समय तुम मेरी दुश्मन नहीं, बहन हो और मैं भाई का फर्ज निभा रहा हूँ।"

वह कुछ देर तक उसे देखती रही फिर दौड़कर लिपट गयी उससे और बुक्का फाड़कर रोने लगी। उसकी अर्ध नग्न देह शिवा से ऐसे लिपटी थी जैसे किसी पेड़ से बेल लेकिन उन दोनों की रगों में कोई सनसनाहट नहीं थी। उनकी साँसों में उत्तेजना नहीं दर्द बह रहा था। सो देर तक लिपटी रोती रही वह। बहुत देर बाद रुदन वेग थमा, तो वह अलग हुई। वह उसे देर तक देखती रही फिर टेंट की ओर बढ़ गयी।

"बिसवास नइ होता के ये जमाना म तुमारा जइसा लोग बी होता।"

रात वाली मोटियारी ने कहा, तो शिवा की तंद्रा टूटी–"अरे तुम नहीं गयी। जाओ तुम भी कपड़े...।" शिवा ने उसकी ओर देखे बिना कहा।

"मेरा संग वइसा कुछ नइ हुआ। मय उसका संग लरइ नइ किया। उसकू खूब मंद पियाया। वो निसा म झूमर गया त मय उसका कपरा पिहन के छू हो गया।"

अब शिवा ने उसकी ओर देखा। उसने पेंट शर्ट पहन रखा था। शिवा ने गौर किया उसकी शर्ट कुछ अलग सी थी। उसमें मोबाइल के बहुत से चित्र बने थे। उसे देखते ही याद हो आया कि उसका मोबाइल तो अभी भी ऑफ़ ही है। उसे ऑन किया, तो ढेर सारे मिस कॉल और मैसेज थे। पहला मैसेज देखते ही वह उछल सा पड़ा। मैसेज में उछल पड़ने वाली ही बात थी। उस लड़की की लाश मिलने के बाद, उससे जो सुराग मिला, वह कारगर सिद्ध हुआ और नानी गुरुमाग सहित सब लोग पकडे गये। यह उनकी और पुलिस की एक बड़ी सफलता थी और शिवा की भी। उस आयोजन का मुखिया वही था। सो वह विपक्षी नेताओं के निशाने पर तो था ही, उसकी अपनी पार्टी के महत्त्वाकांक्षा के मारे, नेतुआ लोग भी टरटराने में पीछे नहीं थे। इस कामयाबी ने उन सबके मुँह पर परई (ढक्कन) धर दी। सो बहुत खुश था वह।

5

ख़ुशी और गम की खबर आदमी सबसे पहले उसे ही सुनाता है, जो उसके दिल के सबसे करीब होता है और शिवा के दिल के करीब तो कात्यायनी ही थी। सो उसे फोन मिलाया, पर रिंग जाने से पहले ही डिस्कनेक्ट कर स्विच ऑफ़ कर लिया। अब वह फोन पर नहीं उससे रू-ब-रू बात करना चाहता था। वह जानता था पिछले दिनों वह भी बेचैन रही होगी। सो अपनी सफलता की इस रंगत को उसकी आँखों में देखना चाहता था। शिवा जानता था आज के इस फाइव जी वाले, युग में उसकी मिस कॉल तो चली ही गयी होगी और उसे देख वह बेचैन भी होगी। उसकी बेचैनी की सोच वह खुद भी बेचैनी से भर उठा। अब उसे अपने ड्राइवर का इंतजार था। उसे मालूम था उसका संदेश मिलते ही वह चल पड़ा है। फिर भी उसकी नजरें बार-बार उस राह पर ठहर रही थीं। गाड़ी की आवाज आते ही वह आगे बढ़ा। मोटियारिनों से पूछताछ जरूरी थी। सो उन्हें पुलिस कस्टडी में दिया और चल पड़ा अपनी मंजिल की ओर। आज बहुत दिनों बाद चिंता मुक्त हुआ था वह। सो–

"धनुजय तुम आराम करो। गाड़ी मैं चलाता हूँ।"

उसने ड्राइवर को पीछे की सीट पर भेज स्टीयरिंग थाम ली। गाड़ी चली तो जंगल भी उसके संग चल पड़े और चल पड़ीं कुछ सुनहरी यादें। जंगल तो आज भी वही थे। मौसम भी वसंत का नहीं था लेकिन अब उसे जंगल में वसंत सा महसूस हो रहा था। जब भीतर प्रीत की फुहारें उड़ रही हों, तो पतझर में भी वसंत लहक उठता है। सो उसे भी आज जंगल की हर चीज बहुत सुंदर लग रही थी। सूखे पत्तों में भी एक अनूठा सौंदर्य देख रहा था वह। सफर मनचाहा हो और स्टीयरिंग उसके हाथ हो, ऐसे में कोई गजल न मचले, यह तो सम्भव ही न था। सो पेन ड्राइव सेट किया और गाड़ी में भूपेंद्र की आवाज़ लहरा उठी–

"आहट सी कोई आए तो लगता है कि तुम हो
साया कोई लहराए तो लगता है कि तुम हो।"

गजल की बोलों ने यादों को हवा दी और आँखों में कात्यायनी का अक्स उभर आया। यह गजल जाँ निसार अख्तर की थी। सो इसमें कैद भावनाएँ शिवा की नहीं, शायर की अपनी भावनाएँ थीं। फिर भी इस समय इस गजल के हर हर्फ उसे अपने ही लग रहे थे। लग रहा था जैसे यह सब उसके मन से ही फूट रहा हो। सो गजल उसके ओठों पर भी मचलने लगी–

जब शाख कोई हाथ लगाते ही चमन में

शरमाए लचक जाए तो लगता है कि तुम हो
संदल से महकती हुई पुर कैफ हवा का
झोंका कोई टकराए तो लगता है कि तुम हो
ओढ़े हुए तारों की चमकती हुई चादर
नदी कोई बलखाए तो लगता है कि तुम हो।"

प्रेम एक नशा है और नशे में डूबा मन वही देखता है, जो वह देखना चाहता है। सो इस समय शिवा का मन भी अपना मनचाहा दृश्य रच रहा था। उन्हीं दृश्यों में डूबा वह दुहिता धाम आ पहुँचा। गाड़ी से उतरते ही नजरों ने तलाशा उसे। उसे लगा था वह गेट पर ही मिलेगी। अपने उस मिस कॉल के बाद, तो यह विश्वास और भी गहरा गया था लेकिन वह वहाँ नहीं थी। सो मन में कुछ बुझा, तभी–

"काकू आप! ऐसे अचानक? कोई खबर तक नहीं?"

"हाँ! आज मुझे आना ही था। सोचा मैं खुद ही आकर...।"

डंकिनी पूछना चाहती थी कि मिशन में क्या हुआ। कोई सुराग, कोई सफलता मिली या नहीं लेकिन उसने महसूस किया कि शिवा की नजरों में एक तलाश थी। डंकिनी समझ रही थी वो नजरें क्या तलाश रही हैं। वह चाह रही थी बता दे कि आपकी नजरों को जिसकी तलाश है, वो भी आपकी ही तलाश में निकली हैं। उस मिस कॉल के बाद कात्यायनी की वह बेचैनी और उस बेचैनी में बिना कुछ कहे, बाहर निकल जाना उसे याद था लेकिन शिवा से कहती भी तो कैसे। रिश्ते की मर्यादा उसकी जुबाँ छाँद रही थी। सो शालीनता से सूचना दी–

"आइए न। मैं चाय बनाती हूँ तब तक माँ भी आ जाएँगी।"

"कात्यायनी नहीं है? इतनी सुबह कहाँ चली गयी?"

"मालूम नहीं, पर माँ तो बहुत पहले निकल गयीं।"

"पर क्यों?"

"मालूम नहीं। कोई कॉल आया था। शायद कोई जरूरी कॉल था लेकिन कोई बात नहीं हो पायी। माँ ने कई बार कॉल बैक किया। फिर सपाटे से बाहर निकल गयीं।"

"पैदल ही?"

"हाँ। मैं कहती रही ड्राइवर बुलाती हूँ लेकिन उन्होंने कुछ सुना ही नहीं। अपना मोबाइल भी नहीं ले गयीं।"

'मुझे यह तो मालूम था कि मेरा मिस कॉल उसे बेचैन करेगा। कुछ हद

तक मेरी चाह भी यही थी कि...। मैं उसे अपने लिए बेचैन देखना चाहता था लेकिन मुझे नहीं मालूम था कि वो मुझे ढूँढ़ने यूँ निकल पड़ेगी। कहाँ गयी होगी वह? क्या उसी जंगल के भीतर? न। जहाँ मैं था उस जंगल तक पैदल जाना तो सम्भव ही नहीं। फिर? क्या इंद्रावती की ओर?'वह कुछ देर सोचता रहा फिर चल पड़ा।

उसके कदम नदी की ओर बढ़े फिर ठिठक गये -"तुम जानते हो यह प्रपात मुझे क्यों प्रिय है? इसका यह हाहाकार मेरे मन के, हाहाकार को अपने भीतर समो लेता है। इसीलिए जब कभी बेचैनी हद से गुजरती है। मैं इसी की पनाह लेती हूँ।"

फिर तो उसके कदम प्रपात की ओर मुड़ गये। लता गुल्मों से आच्छादित प्रपात की ओर जाने वाली राह बहुत सुंदर थी। उसे यह राह पसंद भी बहुत थी लेकिन आज उसने उसकी ओर देखा तक नहीं और लम्बे-लम्बे डग भरता प्रपात के पास जा पहुँचा। वहाँ पहुँचते ही उसकी नजरें उस शिला पर जा पहुँची जो कात्यायनी की प्रिय शिला थी लेकिन वह वहाँ नहीं थी। वह लपककर उस ओर गया जिस ओर प्रपात की उड़ती फुहारें धुंध सा रचा करती थीं, पर कात्यायनी उधर भी नहीं थी। फिर तो उसने वो सभी जगहें देख लीं, जहाँ उसके होने की सम्भावना हो सकती थी। फिर–

"कात्यायनी इ इ!"

इतनी जोर से पुकारा कि प्रपात के शोर को भेदती उसकी आवाज जंगल में बिखर गयी लेकिन बदले में कोई आहट, कोई आवाज नहीं आयी। उसने फिर पुकारा लेकिन...। 'आखिर गयी तो गयी कहाँ। सब मेरी ही गलती है। न मैं मिस कॉल करता न वो इस तरह...।' सोचता वह हताश हो उस ओर चल पड़ा जिधर से गिरकर नदी प्रपात का रूप लेती थी। उस ओर के पत्थर आधार रहित ढीले पत्थर थे, जो कभी भी लुड़ककर प्रपात में समा जाते थे। सो उधर जाना खतरे को न्योतना था इसीलिए उधर कोई नहीं जाता था लेकिन शिवा को इस समय किसी बात का होश ही कहाँ था। सो वह उसी ओर बढ़ता गया।

6

कात्यायनी का मन बहुत विकल था। इतने दिनों से शिवा की कोई सूचना नहीं थी। सो वह विकल तो पहले भी थी लेकिन उसके मिस कॉल के बाद तो, उसे लेकर बुरे-बुरे खयाल ही आ रहे थे। उसे लग रहा था कि उस कॉल के समय ही कहीं कोई अनहोनी न हुई हो। सो अपनी विकलता के चलते वह, प्रपात

के दूसरे छोर की ओर बढ़ गयी थी। उस किनारे पर फुहारें इतनी सघन थीं कि बहुत करीब से भी कुछ नजर नहीं आ रहा था। कात्यायनी यही तो चाहती थी। सो वहीं एक चट्टान पर जा बैठी। शिवा उस छोर तक गया था लेकिन सघन फुहारों के चलते उसे देख नहीं सका और कात्यायनी? वह तो अपने आप में ही नहीं थी। सो उसके देख पाने का सवाल ही न था। सो जब शिवा ने पुकारा, तो गूँजती हुई उसकी आवाज़ उसे सुनाई तो दी, मगर उसे लगा वह उसके मन का भ्रम है लेकिन जब पुकार दूसरी बार गूँजी, तो लगा भ्रम नहीं हकीकत है और वह आवाज़ की दिशा में चल पड़ी। उसने देखा शिवा उस ओर बढ़ा जा रहा था, जिधर आधारहीन पत्थर थे और नदी? वह तो अपने पूरे आवेग के साथ नीचे छलाँग रही थी। सो उसने कातर स्वर में पुकारा–

"शिवाऽ।"

कात्यायनी के मुख से अनायास फूटा उसका नाम, उसके कानों से होकर सीधे दिल में उतरा। उसने पलट कर देखा कुछ फासले पर खड़ी थी वह। कुछ देर तो उसके कदमों में कोई हरकत ही नहीं हुई। फिर लगभग दौड़कर वह उसके सामने जा खड़ा हुआ। दिल ने चाहा कि उसे अपनी भुजाओं में बाँध ले लेकिन इस चाह की राह तो अभी भी दूर ही थी। कुछ फासला अभी भी बाकी था। सो कदम एक तय दूरी पर थम गये। कात्यायनी के निर्निमेष नेत्र उसे देर तक निरखते रहे फिर–

"तुम्हारे उस मिस कॉल ने तो मुझे दहला ही दिया। लगा जैसे तुम कॉल कर रहे हो और कोई बड़ी मुसीबत आ गयी हो।"

"मुसीबत? हाँ मुसीबत ही तो आयी थी।"

"तभी तो मुझे महसूस हुआ था कि तुम...। क्या हुआ था? उन लोगों ने तुम्हें कोई नुकसान तो नहीं पहुँचाया न?"

कात्यायनी आगे बढ़ उसके करीब आ आयी। वह तसल्ली कर लेना चाहती थी कि वो सचमुच सही सलामत लौट आया है। सो उसकी नजरें निरख रही थीं उसे।

"ऐसे क्या देख रही हो? कुछ नहीं हुआ मुझे। जिसके साथ कात्यायनी हो, उसे भला कुछ कैसे हो सकता है। हम अपने मिशन में कामयाब हुए। हाँ कात्यायनी हमारी जीत हुई है।" कहता शिवा भी एक कदम आगे बढ़ आया।

"अच्छा! कब हुआ यह?"

"आज। कात्यायनी! आज की भोर ऐसी उजास लेकर आयी कि मेरे जीवन का सारा अँधेरा छँट गया।"

"फिर वह मिस कॉल...?"

"वह तो मैं देखना चाहता था कि तुम मेरे लिए कितनी बैचैन...। लेकिन मुझे नहीं मालूम था कि तुम इस कदर...। सारी।"

कात्यायनी कुछ देर उसे देखती रही फिर पलटी और चल पड़ी।

"कात्यायनी सुनो तो। मुझे बहुत मलाल है। माफ़ कर दो मुझे।" शिवा लपककर उसके सामने जा खड़ा हुआ। फिर बड़ी मासूमियत से कानों को हाथ लगाया।

"अभी तक परखने की जरूरत है तुम्हें?"

"न परखने की जरूरत नहीं। परखने के लिए किया भी नहीं।"

"फिर?"

"शिवा कुछ देर खामोश देखता रहा उसे फिर–"मैं देखना चाहता था कि मुझे अचानक आया देख, तुम्हारी आँखों में कौन सा रंग उभरता है लेकिन मुझे क्या मालूम था कि तुम इस तरह...। तुमने तो सब गड़बड़ा दिया।"

"हूँऽ। मुर्गी अपनी जान से गयी और खाने वाले को स्वाद ही नहीं मिला।" कात्यायनी ने मीठा सा उलाहना दिया।

"सिर्फ मुर्गी की नहीं, जान तो इस मुर्गे की भी चली ही गयी थी। तुम कुछ पल और न मिलतीं तो मैं तो मर...।"

कात्यायनी ने आगे बढ़कर उसके ओठों पे अपनी ऊँगली रखी और वाक्य के शेष शब्द उसकी उँगली की पोर से लिपट गये। प्रीत की उस पहली छुअन से सिहर गया वह। उसने उसकी आँखों में निहारा और हौले से उसकी उँगली थाम उस पर अपनी प्रीत की मुहर लगा दी। फिर उसमें डूबता चला गया तभी "पी ई-पी ई, पीऊ-पीऊ-पी-ऊ, पी कहाँ-पी कहाँ।" की मोहक पुकार गूँज उठी।

शिवा और कात्यायनी की नजरें ऊपर उठीं। उन्होंने देखा सरइ के पेड़ पर बैठा चातक मनोयोग से अपने साथी को पुकार रहा था। कुछ देर बाद उसकी कातर पुकार फिर गूँजी–"पी ई-पी ई, पीऊ-पीऊ-पी-ऊ, पी कहाँ-पी कहाँ।"

उसकी पुकार में इतनी विकलता थी कि चातकी से रहा ही नहीं गया और वह फुदकती हुई उसकी डाल पर आ बैठी। फिर तो कुछ ही देर में दोनों प्रणय रंग में रंग गये। शिवा का मन किया वह भी अपने प्रेम का इजहार, इतनी कशिश से करे कि वह इस धरती और आकाश में गुंजायमान हो उठे और कात्यायनी भी इस चातकी की तरह उसकी प्रीत डाल पर आ बैठे। फिर वे भी इस चातक चातकी तरह ही...। 'मैं तो पुकार सकता हूँ। मेरे अपने समाज में भी

प्रेम और उसकी अभिव्यक्ति इतनी ही सहज है, जितनी इस चातक की लेकिन कात्यायनी?' सोचते हुए शिवा ने उसे देखा।

कात्यायनी की नजरें दूर झाड़ियों से उलझ रही थीं। 'यह अभी तक इतने साल बाद भी, अपने समाज से इतनी दूर यहाँ रहकर भी, सहज नहीं हो पायी। इसका समाज आज भी इसके भीतर पैठा हुआ है। इसके समाज ने तो मनुष्य की हर नैसर्गिक क्रिया को जकड़ रखा है। खाने पीने और प्रेम करने के लिए भी नियम बना रखा है और उसे नाम दिया है सभ्यता। लोग भी उसी तथाकथित सभ्यता के इर्द गिर्द घूमते चले जा रहे हैं। कात्यायनी भी तो लेकिन कब तक? ये कब तक जकड़ी रहेगी अपने समाज की उस जकड़न में, जिसका इसके जीवन में अब कोई अस्तित्व ही नहीं। नहीं अब और नहीं। आज तो मुझे कहना ही होगा।' सोचा और ओठ कहने को अकुला उठे फिर 'नहीं। ऐसे नहीं। अपने प्रेम का पहला शब्द। पहला वाक्य ऐसे ही तो नहीं बोल सकता मैं।' सोचता शिवा मन ही मन कहने के ढब तलाशने लगा -

'कात्यायनी! तुमने इस चातक की पुकार सुनी न। मेरे मन का चातक भी...न ऐसे नहीं। आज तो मुझे कुछ इस तरह कहना है कि हर शब्द सीधे इसके दिल में उतर जाय। इसके लिए तो कोई शेर ही मौजू रहेगा।' सोचते हुए उसे कई शेर याद आये लेकिन मन कहता रहा–"न। बात कुछ बनी नहीं।" तभी मन में एक शेर कौंधा–

"अपने हाथों की लकीरों में सजा ले मुझको
मैं हूँ तेरा तू नसीब अपना बना ले मुझको।"

कतील शिफ़ाई का यह शेर मौजू भी था लेकिन मन ने कहा–"न। बात अपने मन की और शब्द और भाव किसी दूसरे के।"

"फिर?" उसने अपने मन से पूछा।

"फिर क्या। अपने प्रेम में उधार के शब्द नहीं, अपने शब्द और अपने ही भाव होने चाहिए।"

शिवा को मन की सलाह जँची और "ठीक है आज मैं सब कुछ अपनी बोली में ही कहूँगा लेकिन कात्यायनी? क्या समझ पाएगी उसे?"

"बिलकुल समझेगी। प्रेम के भाव शब्दों में नहीं, आँखों में उतरते हैं फिर तो अर्थ चेहरे पर अपने आप ही उभर आता है।" मन ने कहा तो शिवा का मन अपने भीतर विचरने लगा। वह मुरिया लोक गीतों में लिपटी प्रेम की पंक्तियों को तोलता रहा। फिर एक पंक्ति पर उसका मन जा ठहरा और उसके ओठ फड़क उठे लेकिन फिर–'नहीं यहाँ नहीं। यह तो मुझे वहीं उसी जगह पर कहना है

जहाँ हम बरसों पहले मिले थे।' सोचा और–

"कात्यायनी ! हम आज बरसों बाद यहाँ एक साथ हैं। आओ आज का दिन हम फिर वहीं, उसी चट्टान पर गुजारें, जहाँ हमने पहली बार अपने जजबात को महसूसा था।" शिवा ने अपना हाथ उसकी ओर बढ़ाया।

कात्यायनी ने देखा शिवा की आँखों में प्रीत की लहर लहरा रही थी। उसने हौले से अपना हाथ उसके हाथों को सौंप दिया। दोनों आगे बढ़ चले। यह प्रपात शिवा को बहुत प्रिय था। यह उसके मन के प्रथम अहसास का साक्षी था। यहीं तो पहली बार उसके मन की मिट्टी नम हुई थी और उसने कात्यायनी को पहली बार नाम लेकर पुकारा था। वह पुकारना ही तो उसके प्यार का आगाज था। उस दिन अपने मन का द्वार खोलकर कहना चाहता था–"कात्यायनी आओ। मेरे इस हृदय नीड़ के भीतर चली आओ। यहाँ कोई ड्योढ़ी नहीं है। बिन ड्योढ़ी का घर है मेरा हृदय।" लेकिन कह नहीं पाया और जब कहा तो .? 'शब्दों ने कुछ ऐसा खेल रचा कि...। फिर तो सब गड़बड़ा ही गया। फिर सब कुछ सहज कर पाने में बरसों गुजर गये लेकिन फिर भी सब कुछ वैसा कहाँ हो पाया, जैसी चाह थी मेरी।'सोचता शिवा बीते दिनों को निरख रहा था।

कात्यायनी ?उसे भी यह प्रपात बहुत प्रिय था !उसके जीवन को भी एक नया आयाम मिला था यहाँ। यहीं तो वह देह से मन हुई थी। निर्जीव से सजीव। यही वह जगह थी जहाँ पहली बार वह अपने नाम से चीन्ही गयी थी। किसी ने पहली बार उसे नाम से पुकारा था।

"कात्यायनी !" शिवा ने आज फिर पुकारा।

उसकी आवाज में वैसी ही कशिश और वैसी ही लरज थी। कात्यायनी इस समय विगत में थी। सो आवाज़ उसके कानों में नहीं, सीधे मन में उतरी। उसे लगा उसके अतीत ने ही सरगोशी की है। सो वह अपने भीतर ही समायी रही।

"कात्यायनी !"

अबकी आवाज़ के साथ शिवा ने उसके हाथों पर स्नेहिल सा दबाव दिया, तब कात्यायनी ने महसूसा यह अतीत नहीं वर्तमान है। वह ठिठकी। उसकी नजरें उसी तरह उठीं और शिवा की नजरों में समा गयीं, जैसे उस दिन... मगर उस दिन की तरह आज वह हड़बड़ाया नहीं बल्कि ठहरकर कात्यायनी की आँखों में देर तक अपनी छवि निहारता रहा फिर– 'यूँ तो अब मुझे, तुमसे कुछ भी कहने की जरूरत नहीं है। अब तो हमारा मन एक ही धरातल पर है फिर भी कुछ शब्द बोले जाते हैं न। बोलना भी चाहिए। ऐसे मीठे शब्द ही तो मन में मिठास घोलते हैं। सो आज मुझे भी कहना है तुमसे।' सोचते हुए

देखा उसे फिर– 'यहाँ नहीं। उसी जगह कहना है मुझे।' सोचा और कदम आगे बढ़ चले।

अपने ही सुर में डूबा प्रपात, किरणों का आँचल थामे अठखेलियाँ कर रहा था। हवा भी उसकी उस मस्ती में शामिल थी। सो किरणों का आँचल बार-बार फ़हरा उठता। और किरणें? उझक-उझककर अपना आँचल छोड़ देने की मिन्नत कर रही थीं लेकिन अपनी मस्ती में मस्त प्रपात किरणों के आँचल को, छोड़ने की बजाय उसे अपनी ओर खींचता ही जा रहा था, जैसे वह कृष्ण हो और किरणें गोपियाँ। शिवा की नजरों ने पल भर उधर देखा। फिर वह और आगे बढ़ गया। सामने वही चट्टान थी, जिस पर पहली बार शिवा ने उसे बिठाया था और कहना चाहा था कि "तुम मेरे मन प्राण...।" पर जो कहना था वो न कह मड़ई के ही बारे बोलता रहा फिर केशकाल घाटी में भी तो उसने वह सब कहा, जो नहीं कहना था और...। लेकिन आज उसने तय कर लिया था कि आज तो वह सब कहना ही है, जो उस दिन कह नहीं पाया। सो कात्यायनी का हाथ थाम उसे उसी चट्टान पर बिठाया और–

"कात्यायनी मुझे तुमसे...। तभी हवा का एक झोंका आया और कात्यायनी का आँचल लहराकर शिवा से जा लिपटा। शिवा ने उसे हौले से थामा तो एक वितान सा तन गया और उस वितान तले शिवा ने कात्यायनी को निहारा। फिर तो पीले आँचल में छिटके लाल फूल और उस पर थिरकती किरणों ने ऐसा समा रचा कि शिवा के ओठों ने आज फिर खामोशी ओढ़ ली लेकिन आज की उसकी खामोशी, खामोश रहकर भी सब बोल रही थी। वे न जाने कितनी देर तक एक दूसरे की आँखों में डूबे रहे। इन क्षणों में शिवा ने महसूसा कि अब कुछ भी कहना शेष नहीं, जो कुछ कहना था, वह सब तो कह दिया उसने। सो देर तक उनके बीच ख़ामोशी ही बोलती रही। फिर–

"तुम कुछ कहना चाहते थे?"

"जो कहना था मैंने कह दिया और मुझे लगता है तुमने समझ भी लिया।"

"मैंने तो उस दिन भी समझ लिया था, जब तुम मड़ई कथा कह रहे थे।"

'लेकिन उस दिन तो नहीं समझ सकीं, जब मैंने कँघी...। तुम्हें क्या मालूम उस दिन दरक गयी थी वह कँघी और दरक गया था मेरा मन भी। काश तुमने उस दिन वह सब इसी तरह समझा होता तो आज हम...।' शिवा ने कहना चाहा लेकिन कहा नहीं और उसके मन में एक शेर उतर आया–

"गिला भी तुझ से बहुत है मगर मोहब्बत भी।
वो बात अपनी जगह है ये बात अपनी जगह।"

दिन ढला गया। शाम सिंदूरी हुई, तो कात्यायनी का मुख सूरज की ढलती किरणों से दिपदिप कर उठा। कात्यायनी ने शिवा को देखा। वह उसके मुख पर उतरी उस लालिमा को ही निहार रहा था। उसने देखा सूरज की लाली उसके बालों में भी उतर आयी थी और कात्यायनी की माँग सिंदूरी हो उठी थी। शिवा की पलके थमक गयीं और वह निर्निमेष निहारता रह गया।

"ऐसे क्या देख रहे हो।"

"देख रहा हूँ ढलते सूरज की लाली ने तुम्हें दुल्हन बना दिया है। बस ऐसे ही रहना। पोज मत बदलना।"

उसने मोइबल क्लिक किया और स्क्रीन उसके सामने की। कात्यायनी ने देखा तो देखती ही रह गयी। माँग में दिपदिप करती सूरज की लाली और मुखड़े पर उतरी उसकी सुनहरी आब। सचमुच दुल्हन ही लग रही थी वह। अपने आप पर रीझ सी गयी। वह खुद को निहार रही थी और शिवा उसे। देर तक खुद में डूबी खुद को देखती रही वह और शिवा घूँट-घूँट पीता रहा उस रूप को। दिन ढल गया। सूरज ने भी अपने घर का रुख किया। अब चाँद की बारी थी। सो वह अपनी सोलह कलाओं के साथ उझक आया। कात्यायनी ने देखा जल कणों पर थिरकती चाँदनी को। फिर नजरें शिवा की ओर उठीं। वह अभी भी उसे ही निहार रहा था। यह पहला अवसर था जब शिवा उसे यूँ इतने करीब से निहार रहा था। कात्यायनी सकुचाकर उठने लगी तो–

"कात्यायनी! क्या यह रूप कभी मेरे घर में नहीं उतरेगा।"

"उतरेगा। पहले घर तो बना लो।" कात्यायनी ने उसके मूड का रुख मोड़ना चाहा।

"घर!"

"हाँ घर। वहाँ उस पेड़ पर एक छोटा सा घर चाहिए मुझे। बिलकुल वैसा ही जैसा हमारे पूर्वज बनाते थे।" कात्यायनी ने एक सघन पेड़ की फुनगी की ओर इशारा किया।

"सचमुच। जिस दिन वो घर बन जायेगा, तुम आ जाओगी उस घर में?" शिवा ने उसकी आँखों में झाँका।

अब तो शिवा की नजरों से छूटना मुश्किल ही था। सो कात्यायनी ने पलको के भीतर झीना सा इकरार किया। वह कुछ देर देखता रहा उसे फिर उसका हाथ थामा और–

"चलो चलें।"

"कहाँ?"

"अपने स्वप्न नीड़ में।"

"अपने स्वप्न नीड़! कहाँ?" कात्यायनी ने उसे अकचकायी नजरों से देखा।

"वहाँ।" शिवा ने प्रपात के उस ओर ऊँगली दिखाई, जिधर जंगल और भी सघन और सुंदर था और उसका हाथ थामे हुए चल पड़ा स्वप्न नीड़ की ओर।

कात्यायनी चल रही थी उसके साथ। ऊपर जाकर उन्होंने नदी को थहाया और उसकी धार में अवगाहन करते आगे बढ़ चले। राह पथरीली और ऊबड़ खाबड़ थी लेकिन थी बहुत सुंदर। प्रकृति ने पत्थरों के बीच-बीच में रंग बिरंगे इतने फूल खिला रखे थे कि लग रहा जैसे फूलों का गलीचा बिछा हो। फिर आया वह स्वप्न नीड़। तीन वृक्षों की त्रिवेणी के ऊपर बना एक सुंदर सा घर। कात्यायनी ने उसे देखा तो देर तलक देखती ही रह गयी। फिर–

"कितना सुंदर है यह। एक बात पूछूँ?"

"पूछो।"

"यह तुमने कब बनाया?"

"जब हम पहली बार यहाँ, इस प्रपात पर मिले थे उसके बाद। उस साल की मड़ई से कुछ ही पहले बनाया था। मड़ई के बाद मैं तुम्हें यहीं लाना चाहता था। पता है मैंने यही जगह क्यों चुनी थी। यहाँ ढेर सारे जुगनुओं का बसेरा है। मैंने सोचा था यहाँ मैं तुम्हारी माँग जुगनुओं से सजाऊँगा लेकिन...।" शिवा की आँखों में अतीत डोल उठा और उसके मुख पर उदासी की झाँई सी उतर आयी।

"उस समय मुहूर्त नहीं रहा होगा लेकिन उसको लेकर आज यह उदासी क्यों? आओ हम प्रवेश करें अपने तरुनीड़ में।"

"तरुनीड़! कितना सुंदर नामकरण।" कहते शिवा की आँखों में कई-कई रंग उतर आये। उसने कात्यायनी को देखा। इस समय उसके मुख पर एक आब सी उतर आयी थी लेकिन उसका मुख कुछ कुम्हलाया सा लगा। 'ओह! आज तो इसने सुबह से कुछ नहीं खाया। मैं भी न! बस अपने प्रेम में ही अरझा रहा।'

"तुम यहीं ठहरो। मैं कुछ खाने को ले आऊँ। तुमने सुबह से कुछ भी नहीं खाया।"

"आज उपवास है मेरा।"

"उपवास! आज कौन सा उपवास है?"

"प्रीत पूनम का।"

"प्रीत पूनम!" कुछ देर को अकचकाया वह। फिर समझ में आते ही उसकी आँखें मुस्करा उठीं। फिर "उपवास में पारन भी तो करते हैं न।" शिवा की आँखों

में शरारत सी उतर आयी और उसके कदम आगे बढ़े तभी मोबाइल बज उठा–

"हैलो।"

"काकू! माँ अभी तक नहीं लौटीं, आपको मिलीं?" डंकिनी की आवाज में घबराहट थी।

"हाँ अभी कुछ देर पहले ही तो मिली हैं। हम बस लौट ही रहे हैं।"

कॉल डिस्कनेक्ट होते ही फिर मोबाइल बजा। अबकी वन्या थी–"काकू! माँ कहाँ हैं? डंकिनी कह रही थी वो सुबह से कहीं...। काकू मैं और शिवाँग तो उन्हें ढूँढ़ते-ढूँढ़ते प्रपात तक आ गये लेकिन वे यहाँ भी नहीं हैं।"

"अरे! तुम लोग वहीं ठहरो हम आते हैं।"

"कात्यायनी! मैंने टूरिंग टाकीज में एक फिल्म देखी थी। उसमें एक गाना था–"चंदा को ढूँढ़ने सभी तारे निकल पड़े। तुम्हारे तारे तो निकल ही नहीं पड़े, आ भी पहुँचे।" शिवा के कहने में कुछ झुंझलाहट सी थी।

"ये तारे? ये ही तो हमारे जीवन की झलमल हैं न?रही बात तरुनीड की, तो लगता है अभी उसका सही मुहूर्त नहीं आया लेकिन आएगा जरूर।" कात्यायनी ने उसकी झुंझलाहट पोछने की कोशिश की।

"कब?"

"अगली पूनम को।"

"सच?"

कात्यायनी ने हामी भरी। दोनों लौटकर प्रपात के दूसरी तरफ आये। देखा वन्या, शिवाँग और शिवराजन उनकी प्रतीक्षा में थे।

7

नानी गुरुमाय सुकालो और उसके साथी पकड़े गये थे। उन्होंने अपना जुर्म कुबूल भी लिया लेकिन पुलिस को शक था कि उसके और भी साथी हैं। आशंका थी कि एक बड़ा गिरोह है उसके साथ। मामला उड़ीसा से जुड़ा था। सो पुलिस ने उड़ीसा पुलिस की मदद से उस गाँव में दबिश दी। नानी गुरुमाय जिस घर की मेहमान थी। उस घर की तलाशी ली गयी। वहाँ से जो सामान मिला, उसमें बहुत सारा मेकअप का सामान था। उस सामान को देख पुलिस भी चौंक उठी। आज के इस आधुनिक युग में किसी युवती के पास फाउन्डेशन, मस्कारा और लिपस्टिक जैसा मेकअप का सामान मिलना आश्चर्य की बात नहीं। आश्चर्य की बात तो यह थी बहुतायत में बॉडी पॉलिश का मिलाना। वह भी काले रंग की। आज जब अपने रंग को गोरा बनाने की होड़ मची हुई है, ऐसे में काले

रंग की बॉडी पॉलिश! सो पुलिस ने नानी गुरुमाय पर दबाव बढ़ाया। फिर जो कहानी निकलकर आयी वह तो और भी चकित करने वाली थी। उसने बताया–

"मैं ओड़िसा की निवासी नहीं हूँ और न ही आदिवासी हूँ। मैं कौन हूँ और कहाँ से लायी गयी थी? कुछ भी याद नहीं मुझे। मुझे तो अपना नाम तक नहीं मालूम। गिरोह ने तो मुझे एक नंबर दिया है छत्तीस। गिरोह का दिया यह नंबर ही मेरा असली नाम है और यही पहचान है मेरी।"

फिर उसने बताया उसके गिरोह का मुख्य अड्डा तो दिल्ली है लेकिन उसकी शाखाएँ पूरे देश में फैली हुई हैं। खासकर आदिवासी इलाकों में। कारण इन इलाकों की लड़कियों को फुसलाना आसान होता था। इन्हें फुसलाने के लिए नौकरी और धर्म आसान तरीके थे, तो जिस आदिवासी इलाके में जाना होता, वहाँ के वातावरण के अनुसार कभी नन, तो कभी अच्छी नौकरी वाली आदिवासी युवती बनना होता। जो बनना होता उसी के आचार व्यवहार की ट्रेनिंग भी दी जाती। उसी तरह के रंग रूप में ढलने के गुर बताये जाते। फिर उस प्रदेश के निवासियों जैसा एक नाम दे दिया जाता।

"मुझे इस इलाके में भेजा जाना था। नक्सलवाद के चलते इस इलाके में आना आसान नहीं था लेकिन पड़ोसी राज्य ओड़िसा से यहाँ आना आसान था, तो मुझे वहाँ लिए तैयार किया गया। मैंने वहाँ की भाषा और खान पान अपनाया। फिर काले रंग की बॉडी पॉलिश के सहारे अपने तन को रंगकर चंदाहाँडी गाँव में घुस गयी। मैं जिस घर की मेहमान बनी। वे सीधे सादे लोग थे। गिरोह ने मुझे उनके दूर के रिश्तेदार के बारे में सब बता दिया था। मैंने उन्हीं का नाम ले अपने को उनका रिश्तेदार और एक भक्तिन बताया। वे धर्म में आस्था रखनेवाले नेक लोग थे। उन्होंने मुझे अपने घर में रख लिया। उन्हें नहीं मालूम था कि मैं एक दल्ली हूँ। सीबोती का इस अंचल में आना जाना था, तो गिरोह ने मुझे सीबोती से जान पहचान करने को कहा। मैंने भगवान जगन्नाथ की भक्तिन बन उससे जान पहचान बढ़ायी और उसका मन जीत लिया। जब इस जगार के लिए एक गुरुमाँ की खोज हुई, तो उसने मेरा नाम सुझाया। मैं गुरुमाँ बन गयी। इस तरह मेरी राह आसान हो गयी।"

नानी गुरुमाय सुकालो उर्फ़ नंबर छत्तीस के जरिये पुलिस ने कालाहांडी और बस्तर के इलाके से मानव तस्करी में लिप्त लोगों को गिरफ्तार किया। मामला अदालत में पहुँचा। पुलिस का काम तो खत्म हुआ लेकिन इस गिरफ्तारी और सजा से ही समस्या का समाधान तो नहीं होना था। समस्या की जड़ तक पहुँचना जरूरी था। सो शिवा ने अपनी पार्टी मीटिंग में प्रस्ताव रखा–

"लड़कियों की तस्करी रोकने के लिए राज्य स्तर पर एक कमेटी बनायी जाय और इसकी सूचना राष्ट्रपति महोदया को दी जाय। संयोग से वे हमारी बिरादरी की भी हैं, तो हमें उनसे सहायता मिलने में आसानी भी होगी।

"सुझाव अच्छा है लेकिन मेरा मानना है कि इसे अपनी पार्टी से न जोड़कर सीधे समाज से जोड़ें। राजनीति से जोड़ने पर, दूसरी पार्टी के लोग विरोध करेंगे और संस्था राजनीति की शिकार होकर मर जाएगी।" कात्यायनी ने सुझाव दिया।

"जी काकू! मैं माँ की बात से सहमत हूँ। हमें इसे दुहिता धाम से जोड़ना चाहिए।" वन्या ने समर्थन किया।

राजनीति की राह से चलकर समस्या का, कागजों में उलझ जाना तय ही था। यह सुझाव सबको उचित लगा। सो कात्यायनी के सुझाव से सभी सहमत हुए।

"यह भी ठीक है! इस अंचल में डंकिनी तो यह काम कर ही रही है लेकिन प्रदेश में और भी आदिवासी क्षेत्र हैं, खासकर सरगुजा। वहाँ भी यह समस्या है, तो अब हमें प्रदेश के सभी इलाकों के लिए काम करना होगा। यह काम दुहिता धाम के क्षेत्र में चला गया है, तो उसे ही तय करना है कि कैसे काम किया जाय और इस समस्या को जड़ से मिटाया जाय।"

"ठीक है। अभी 'अरण्य वाटिका' का उत्सव करीब है। उत्सव के बाद मैं और डंकिनी, प्रदेश का दौरा कर तय करेंगे कि कहाँ किस स्तर पर काम किया जा सकता है।"

"सिर्फ आप और डंकिनी ही क्यों? प्रदेश का दौरा तो हमें भी करना है। प्रदेश में अपनी पार्टी का विस्तार भी तो करना है हमें। काकू मैं ठीक कह रही हूँ न?"

"बिलकुल ठीक। तो तय रहा वार्षिक उत्सव के बाद हम प्रदेश का दौरा करेंगे।"

"एक बात और। दुहिता धाम की शाखाएँ उड़ीसा और उत्तर प्रदेश में तो हैं लेकिन हमारे ही प्रदेश के आदिवासी अंचल सरगुजा में नहीं हैं। माँ हमें इसके बारे में भी सोचना चाहिए।"

"वन्या ठीक कह रही है। सरगुजा और बस्तर दोनों हमारे राज्य के दो छोर हैं, तो यहाँ से वहाँ के लिए काम करना मुश्किल होगा।"

"यह तो मैं भी सोच रही थी। ठीक है दौरे के दरमियान हम दुहिता धाम की सरगुजा शाखा के लिए भी काम करेंगे।"

कात्यायनी ने दुहिता धाम को, प्रदेश स्तर पर ले जाने की बात कह तो

दी थी लेकिन यह इतना आसान नहीं था। 'छत्तीसगढ़ के मैदानी इलाके में तो बहुत दिक्कत नहीं है लेकिन सरगुजा? सरगुजा हर दृष्टि से राज्य का दूसरा छोर ही है। यहाँ तक कि वहाँ का आदिवासी समुदाय भी बस्तर से एकदम ही अलग है। बोली बानी, खान पान, रहन सहन सब कुछ अलग है और मेरे लिए तो एकदम ही अनजान। ऐसे में मुश्किल तो होगी ही।' सोचती कात्यायनी के चेहरे पर चिंता की छाया उतर आयी।

वन्या ने माँ की चिंता को महसूसा। वह अपनी माँ को समझती थी। उसे मालूम था कि किसी काम को पूरा करने के लिए, वह किस कदर परेशान होती है। सो -

"माँ आप किस चिंता में पड़ गयीं। हम सब हैं न और फेसबुक भी तो है। फेसबुक पर सूचना जाते ही लोग जुड़ने लगेंगे।"

हुआ भी यही। फेसबुक के माध्यम से इतनी स्वयं सेवी जुड़ीं कि जिसकी कल्पना भी नहीं थी। सो कात्यायनी कुछ आश्वस्त हुई।

8

'अरण्य वाटिका' का यह वार्षिक उत्सव बहुत ख़ास था। इसके कदम साल दर साल नये-नये पायदान चढ़ते जा रहे थे। अब तो इसने अंचल के साथ ही देश में भी अपनी पहचान बना ली थी। सो इस साल के वार्षिक उत्सव में अंचल के साथ देश भर से लोक कलाकारों को आमंत्रित किया गया था। प्रोत्साहन के लिए उनके बीच प्रतियोगिता भी रखी गयी थी। आदिवासी समुदाय की न तो भाषा भूषा एक सी होती है और न ही नृत्य, तो उनके बीच प्रतियोगिता कराना बहुत आसान न था इसीलिए नृत्य के सभी पक्षों पर विचार करने के बाद बस्तर के डंडारी के साथ मणिपुर के बम्बू नृत्य को रखा गया। सैला के साथ उड़ीसा के मुखौटा नृत्य को रखा। छतीसगढ़ के भरथरी और बाउल गायन में भी बहुत साम्य नहीं था, फिर भी दोनों लोक गायन ही थे। सो ये दोनों भी प्रतियोगिता में आमने सामने रखे गये। फिर बात आयी पंडवानी की। पंडवानी तो छत्तीसगढ़ की ऐसी कला है कि देश भर में उसके जोड़ की कोई और कला नजर ही नहीं आयी, जिसे उसके मुकाबिल रखा जा सकता। सो लगने लगा कि पंडवानी की प्रतियोगिता तो छतीसगढ़ स्तर पर ही रह जाएगी, तभी कात्यायनी को धानी याद हो आयी और पंडवानी भी राष्ट्रीय प्रतियोगिता में शामिल हो गयी। शिवाँग तो इस कला में पारंगत ही था, अब इस कला में उड़ीसा से धनबाई गोमंगा का भी नाम हो चला था। सो इसमें शामिल होने के लिए धानी को आमन्त्रण भेजा गया।

धानी ने देखा आमन्त्रण पत्र पर बड़े-बड़े अक्षरों में लिखा हुआ था 'अरण्य वाटिका'। यह वही नाम था, जिसने उसके जीवन को एक अलग ही दिशा में मोड़ दिया था। सो उसने तो तय ही कर रखा था कि अब उसे कभी, उस ओर रुख ही नहीं करना है। इसीलिये जब वहाँ से हीरा का बुलावा आया था तो–

"न 'अरण्य वाटिका' का सहारा लेना ही नहीं। उसके बिना भी हम आगे बढ़ सकते हैं।"

"मैं उसका सहारा कहाँ ले रहा। वो बुला रहे मेरे को। उनको जरूरत है मेरे कला की।"

"न। हमें नहीं चाहिए उसका कोई बुलावा। तुम मना कर दो।"

हीरा चाहता था कि वह 'अरण्य वाटिका' से जुड़े। कारण 'अरण्य वाटिका' कोई साधारण शिक्षा संस्थान नहीं था। वह शिक्षा और कला का एक बड़ा केंद्र था। एक ऐसा केंद्र जहाँ प्रशिक्षु और प्रशिक्षक दोनों को सीखने का अवसर होता था। सो वह इस अवसर को खोना नहीं चाहता था लेकिन धानी का रुख देख उसने मना कर दिया था और आज...।

"ये क्या है?कहीं से फेर नेवता आया क्या?" हीरा ने पूछा।

धानी ने कोई जवाब दिए बिना लिफाफा उसकी ओर बढ़ा दिया।

"अरे ये तो बहुत बड़ा परोगराम है। इससे और नाम होगा तेरा। इसमें तेरे को जरुर जाना चाही।"

"न मेरे को नहीं जाना। नहीं करना नाम वाम।" धानी उठी और बाहर निकल गयी।

पोखर के किनारे बैठी धानी ने समय के पोखर में एक कंकर फेंका। लहरों का एक छोटा सा वृत्त बना। फिर वह फैलता चला गया। उस वृत्त के भीतर दृश्य पर दृश्य उभरते रहे। फिर उभरा वह आखिरी दृश्य और–"नहीं। मुझे नहीं जाना उसके सामने। उसकी शक्ल भी नहीं देखनी मुझे।" अपने आप से कहा उसने।

"उसकी शक्ल नहीं देखनी। क्या अभी भी तुम उससे प्रेम...?" मन ने कोंचा।

"नहीं। अब कुछ नहीं बचा है। मैं सब कुछ भुला चुकी हूँ।" उसने अपने मन को जवाब दिया।

"भुलाकर भी सब कुछ भूलता कहाँ है। प्रेम अपने को भूलने ही कहाँ देता है। जैसे कपास के ढेर को हटा देने के बाद भी, उसके रेशे उस जगह पर चिपके रह जाते हैं। वैसे ही प्रेम को मिटाने की कोशिश के बाद भी, उसके रेशे मन में चिपके रहते हैं, जो कभी याद तो कभी नफरत बनकर हमारे मन को घेरे

रहते हैं। तुम्हें इसी घेरे से तो बाहर निकलना है। उसे जता देना है कि तुम और तुम्हारी कला उसके साथ की मोहताज नहीं।" मन ने कहा।

"यह साबित करने के लिए देश दुनिया में कई मंच मिलेंगे। फिर उसका ही मंच क्यों?"

"भूल रही हो ऐसे मौके बार- बार नहीं मिलते। फिर 'अरण्य वाटिका' का मंच सिर्फ उसका ही नहीं, तुम्हारा भी है।"

"हाँ! है तो लेकिन...।"

"लेकिन क्या? अच्छा! डर रही हो कि कहीं तुम उससे फिर से...।" मन ने दुखती रग को मसला।

"नहीं।" एक कराह सी निकली और वह अपने भीतर डूबती चली गयी। बहुत देर बाद उबरी तो एक संकल्प के साथ।

उसने पोखर में दूसरा कंकर फेंका। अबकी उस वृत्त में जो उभरा, उसे देख उसके ओठों पर मुस्कान उभर आयी। पानी कुछ थिराया तो उसमें एक छवि उभरी। उसने पलटकर देखा–

"अरे तुम कब आये?"

"बहुत पहले। मैंने आवाज दिया पर तुम तो अपना सोच में बूड़ी थी?"

"हाँ मैं सोच रही थी उस प्रोग्राम के बारे में और मैंने तय किया जाऊँगी मैं।" धानी उठ खड़ी हुई।

"ये हुई न बात।" उसने ख़ुशी से किलकते हुए उसे उठा लिया और गोल-गोल घूमने लगा। फिर "अब मैं इस पोरोग्राम खातिर एक नया तम्बूरा बनायेगा। चल जल्दी घर चल। तेरे को रियाज भी तो करना है न।"

"हाँ फेर चलने खातिर उतारना तो पड़ेगा न? या मेरे को गोदी लेके चलेगा?"

"चल सकता मैं। अभी कमजोर नहीं हुआ।" और वह दौड़ पड़ा।

"हव-हव। मैं जानती तेरे को। याद है शादी के बखत तू कैसे...।" धानी ने उसे शरारत से देखा।

"देख तू ऐसा देखेगी, तो मैं फेर शादी के जैसा...।"

फिर तो धानी को शादी की वह रस्म याद हो आयी, जिसमें दूल्हा दुल्हन को गोद में उठाकर पोखर में उतरता है। नहलाता है उसे। फिर नहडोरी खोलने की रस्म होती है लेकिन हीरा तो उसे लेकर डूब ही गया था। हाँ! लोगों को तो यही लगा था। वह तो सबने बाद में जाना कि वह डूबा तो था लेकिन पोखर में नहीं, पोखर के पार देह के सागर में। उस पल को याद करके धानी की आँखों

में लाल डोरे उतर आये और उन डोरों को निहारते हीरा ने इसरार किया–

"तू बोले तो आज फेर चलें।" और वह पोखर की ओर दौड़ पड़ा।

"न रे आज नहीं। अभी तो रियाज...।"

धानी ने कहा, तो उसके कदम थम गये और उसने धानी को धरती पर उतार दिया। धानी ने महसूसा वह उदास हो उठा है। वह कुछ देर उसे देखती रही फिर–

"चल।"

"किधर?"

"उधर?"

धानी की नजरों ने पोखर की ओर इशारा किया, तो उसकी आँखों के डोरे फिर लहक उठे। फिर तो उसने लपककर उसे उठाया और दौड़ पड़ा पोखर की ओर।

9

'अरण्य वाटिका' का वार्षिकोत्सव। देश भर के कलाकारों का जुराव था। उनके ठहरने के लिए टेंट लगाये गये थे। सो कलाकारों का एक नगर सा बस गया था। लग रहा था मानो जंगल वसंतोत्सव मना रहा हो। जिधर देखो उधर कलाकारों की जगर मगर ऐसे बिखरी थी, जैसे भँवरे, जुगनू और तितलियों का संगम हुआ हो। रंग बिरंगी पोशाकें। उनमें लटकती कौड़ी और घुँघरु की रुनझुनाती लड़ियाँ और गीतों में डूबती उतराती उनकी कंठ ध्वनि। जिसको जो जगह पसंद आयी, वह उसी जगह अपनी कला के साथ रम गया था। सो अलगानार के मानुख ही नहीं, जंगल, नदी और प्रपात सब उसी गूँज से गुंजायमान थे, मगर धानी?

वह न तो अपने टेंट से बाहर निकली और न ही रियाज किया। हीरा ने अब तक 'अरण्य वाटिका' के बारे में सिर्फ सुना ही था, देखने का अवसर नहीं मिला था उसे। उसने सुना था 'अरण्य वाटिका' में ज्ञान और प्रकृति का संगम है। शिक्षा को प्रकृति से जोड़ने का एक अनूठा प्रयोग है यहाँ। आज मौका मिला था उसे जानने का। वह जानता था धानी यहाँ विद्यार्थी रही है। सो उसके साथ ही देखना और समझना चाहता था।

"धानी चल न 'अरण्य वाटिका' तरफ चलते हैं?"

धानी? वह इस हुलसित माहौल में भी आकुल सी थी। उसे अब यहाँ की कोई चीज बाँध नहीं पा रही थी। वह अपने अतीत को अपने से दूर रखना चाह रही थी लेकिन मन उसे बार-बार अतीत में ही धकेले जा रहा था और

वह अपने को बलात वर्तमान में खींच रही थी। उसके भीतर एक रस्साकसी सी चल रही थी। इसीलिए वह ऐसी किसी जगह पर नहीं जाना चाहती थी, जो उसे और बेचैन कर दे। सो–

"तू जा। मेरा मन ठीक नहीं।"

"तू बाहर तो निकल। मौसम इतना सुंदर है। अच्छा चल वो डोंगरी तरफ चलते जिधर से नदी नीचे गिरती है। लोग बोलते वो बहुत सुंदर है। उसको देख के तेरा मन एकदम फ्रेश हो जायेगा।"

हीरा कहाँ जानता था कि जब मन, अपनी टूटन की खोह में धँस जाता है, तो उसे जंगल, नदी और प्रपात जैसे प्रकृति के कोई उपादान नहीं रिझा पाते। धानी का मन भी अभी ऐसी ही खोह में था, जहाँ प्रपात की फुहारें तो क्या उसकी समूची धार भी उसके मन की सूखी मिट्टी को नम नहीं कर पाती। सो हीरा का प्यार मनुहार भी हार गया और–

"ठीक है मैं अकेला ही चला जाता हूँ। तू चलती तो...?"

हीरा चला गया तो झंझावात और गहरा उठा। अब झंझावात उसके मन को उड़ाए जा रहा था। न चाहते हुए भी आँखों में शिवाँग का चेहरा ही उभर रहा था और वह उसे पीछे ठेलने की पुरजोर कोशिश कर रही थी। स्थिति जब बेकाबू हो गयी, तो–'नहीं मुझे अब नहीं रहना यहाँ।' सोचा और सामान समेटने लगी।

"तुम्हारा यूँ लौटना क्या पलायन नहीं। तुम कितनी कमजोर हो धानी! हालात का मुकाबला करने की जगह पलायन कर जाती हो। सालों पहले भी तो यही किया था तुमने।" मन के एक कोने ने कहा।

"तो क्या करूँ मैं? मैंने सोचा था अब मैं उससे मुक्त हूँ। उससे कोई वास्ता नहीं है मेरा लेकिन? चाहकर भी मुक्त नहीं हो पायी मैं और हीरा की होकर भी, पूरी तरह से उसकी हो नहीं पायी।"

"इश्क पर जोर नहीं है ये वो आतिश है ग़ालिब
कि लगाये न लगे और बुझाये न बने।"

"शायर ने यूँ ही तो नहीं कहा है न? फिर भी तुम खुशनसीब हो कि ईश्वर ने तुम्हें एक झरना दिया।"

"झरना?"

"हाँ! तुम्हारी यह पंडवानी, झरना ही तो है। यह कला उस आतिश की आग को बुझा, तुम्हें अपनी ठंडी फुहारों से सराबोर कर देगी। तुम अपनी कला को उस मुकाम पर ले जाओ जहाँ कोई उसका मुकाबिल ही न हो। पंडवानी

में जो अब तक नहीं हुआ, उसे तुम साकार करो। अपने अतीत से मुक्त होने का यही एक तरीका है।"

धानी अपने मन की कही बात को देर तक गुनती रही। सोचती रही अपने पंडवानी गायन में वह ऐसा कौन सा प्रसंग उठाए कि...। सोचते-सोचते मन में एक कथा आ ठहरी और उसने तय कर लिया कि उसे वही कथा गानी है। सो हीरा के लौटते ही वह रियाज में डूबती चली गयी।

शाम को उद्घाटन था। 'अरण्य वाटिका' का यह वार्षिकोत्सव कला और कलाकार को समर्पित था। सो उद्घाटन के लिए कोई मंत्री या नेता नहीं पंडवानी की सुविख्यात गायिका शांति बाई आमंत्रित थीं। उनके साथ सभी कलाकारों ने मिलकर कार्यक्रम का उद्घाटन किया। उद्घाटन के समय शिवाँग से धानी की मुलाकात हुई। पल भर को मन में कुछ कसका तो जरूर लेकिन अब वह अपनी कशमकश से उबर चुकी थी। सो बड़ी सहजता से मिली उससे। प्रतियोगितायें शुरू हुईं और 'अरण्य वाटिका' का मंच कला के रंग में रंग गया। प्रतियोगिता थी तो कलाकारों के मन में जीत की इच्छा भी थी लेकिन यहाँ बाकी दुनिया की तरह गलाकाट प्रतिस्पर्धा नहीं थी। हार और जीत के बीच गहरी खाई नहीं, एक समतल राह बन रही थी और उस राह पर चलकर कलाकार एक दूसरे के नजदीक आ रहे थे। सो माहौल ईर्ष्या द्वेष से परे एकदम सहज था। अंतिम दिन की अंतिम प्रतियोगिता थी पंडवानी। यह कला तो बहुत लोकप्रिय थी ही। सो इसमें कई राउंड हुए थे और उनमें चुन कर धानी और शिवाँग फाइनल में पहुँचे।

शिवाँग ने तो अपनी गायकी में, स्त्री और पुरुष दोनों ही सुर को साध ही रखा था। उसकी प्रस्तुति पंडवानी की एक विशेष पहचान थी। सो उसके चेहरे पर एक आश्वस्ति थी और धानी? अब तक हुई उसकी प्रस्तुतियाँ महाभारत के चर्चित प्रसंगो पर ही थीं लेकिन उसकी गायकी में एक अनूठापन था। उसकी गायकी के उस अनूठेपन ने उसे यहाँ तक पहुँचाया था लेकिन अब उसका मुकाबला शिवाँग से था। उस शिवाँग से जिसने पंडवानी को एक नया रूप दिया था। फिर भी धानी सहज थी। उसके चेहरे पर प्रतियोगिता की बेचैनी नहीं एक ठहराव था।

पहली प्रस्तुति शिवाँग की थी। प्रस्तुति हमेशा की तरह खूबसूरत और अनूठी रही। गायन में स्त्री और पुरुष दोनों के सुर को साधने वाला वह एकमात्र कलाकार था। सो लगभग तय ही था कि जीत तो उसी की होगी। सो दर्शक दीर्घा में उसके लिए देर तक तालियाँ गूँजती रहीं। ये तालियाँ तब तक गूँजती रहीं, जब तक धानी मंच पर नहीं आ गयी। धानी मंच पर आयी। उसने अपने

चिर परिचित अंदाज में बाँके बिहारी लाल की जयकार की। उसकी यह जयकार सुन तालियाँ कुछ देर को ठिठक गयीं। अब मंच के ऊपर और मंच के नीचे एक स्पंदित सा सन्नाटा पसर गया। धानी ने कुछ पल उस सन्नाटे को थहाया फिर अपने तम्बूरे को कुछ ऊपर उठाकर लहराया, तो तम्बूरे में लगे घुँघरु रुनझुना उठे और तम्बूरे पर उकेरी गयी कृष्ण और द्रौपदी की तस्वीर ने एक लहर सी मारी। लोगों की नजरें तम्बूरे पर जा अटकीं। उसका वह तम्बूरा दूसरे पंडवानी कलाकारों के तम्बूरों से ही अलग नहीं था, वह उसके पिछले तम्बूरे से भी एकदम अलग था। अपने आपमें एक अनूठापन समोए हुए।

"सोब को नमोस्कारे।"

धानी ने दोनों हाथ जोड़ कमर तक झुककर नमस्कार किया, तो दर्शक दीर्घा में फिर तालियाँ बजने लगीं और देर तक बजती रहीं। रागी के रूप में उसका साथ देते, हीरा ने भी हारमोनियम पर नमस्कार की धुन बजायी फिर तो तबला वादक ने भी हारमोनियम के सुर से अपना सुर मिला दिया और वह लय सारे वातावरण को तरंगित कर गयी। फिर शुरू हुआ धानी का पंडवानी गायन। वह एकदम ही अनूठा था। प्रस्तुत की गयी उसकी कथा, उसके गाने की शैली और संवाद की नाटकीयता के साथ ही, मंच पर उसके ठहरने और चलने का ढँग सब कुछ अलहदा था। कथा भी महाभारत की परम्परागत युद्धकथा से हटकर एक प्रेमकथा थी।

प्रेमकथा भी वह थी, जिसे महाभारत की कथा ने बहुत उजागर नहीं किया था। धानी ने कृष्ण और कृष्णा (द्रौपदी) की उसी अनछुई सी प्रेम कथा को उठाया था। सखियों से कृष्ण का रूप वर्णन सुन द्रौपदी का अनुरागी हो उठाना। कृष्ण और द्रौपदी का प्रथम मिलन। द्रौपदी का कृष्ण से अपने अनुराग को प्रकट करना और कृष्ण का उस अनुराग को अर्जुन की ओर मोड़ देने की कोशिश। धानी ने अपनी प्रस्तुति से इसे बहुत ही मार्मिक बना दिया था। उसने इसमें वेदमती और कापालिक, पंडवानी गायन की दोनों शैलियों का सुंदर समन्वय कर, इन सभी दृश्यों को मंच पर इस कदर जीवंत किया कि दर्शक मंत्रबिद्ध से बैठे रहे।

यह कथा महाभारत से उठायी तो गयी थी लेकिन यह पूरी तरह से महाभारत का अनुकरण नहीं थी। इसमें नवीनता भी शामिल थी और उसी नवीनता ने धानी की प्रस्तुति को अनुपम बना दिया था। महाभारत की कथा में कृष्ण, कृष्णा के प्रेम को अर्जुन की ओर मोड़ देते हैं। वे उससे कहते हैं कि उसका जन्म एक विशेष प्रयोजन से हुआ है इसलिए अर्जुन से उसका प्रेम

और विवाह ही सार्थक रहेगा। फिर उनमें और अर्जुन में कोई फर्क भी तो नहीं है। महाभारत की कृष्णा, कृष्ण की यह बात स्वीकार लेती है लेकिन धानी की कृष्णा उसे नहीं स्वीकारती। वह कृष्ण के कथन पर प्रतिवाद करती है। वह कृष्ण से कहती है–

"माधो परेम त नदी आय, जेखर परेम सागर संग हे। सागर म मिलके वोखर उफनत पियास बुता जाथे। फेर तुमन नदी ल उल्टा पहाड़ डहर मोड़े के कोसिस करत हव। माधो तुंहर ये कोसिस ले मोर परेम के ये धार त मुड़ जाही। फेर ये बात ल जान लेव, ये नदी जल के सीतल धार ले, सुक्खा रेती म बदल जाही अउ येखर जिम्मेदार होहु तुमन। अइसा कहके दुरपति अपन मुह ल फेर लिस। येदे पिरीत के नदी रेती होगिस भाई ई ई ई।"

(माधव! प्रेम एक नदी है, जिसका प्रेम सागर से है। सागर संगम से ही उसकी उफनती प्यास बुझती है लेकिन आप इस नदी को पहाड़ की चोटी की ओर मोड़ रहे हो। माधव आपकी इस कोशिश से मेरे प्रेम की यह धार मुड़ तो जाएगी लेकिन यह जान लो इसका सारा जल सूख जाएगा और इसकी शीतल धार सूखी रेत में बदल जाएगी और इसके जिम्मेदार आप होगें। ऐसा कहकर द्रौपदी ने अपना मुह फेर लिया और देखो न उसी क्षण एक भरी पूरी प्रीत की नदी सूखकर रेत हो गयी। इसी के साथ धानी के चेहरे पर दर्द का ऐसा समंदर लहराया। लगा जैसे वह खुद कृष्णा हो और सब कुछ उसके साथ ही घट रहा हो। इसी दर्द के साथ उसने अपनी प्रस्तुति समाप्त की और दर्शक दीर्घा में ख़ामोशी सी छा गयी फिर कुछ पलों की ख़ामोशी के बाद, तालियाँ गूँज उठीं और देर तक गूँजती रहीं।

धानी मंच से उतरने लगी, तो निर्णायकों में शामिल शांति बाई ने आगे बढ़कर उसे पोटार लिया और–"तोला सुन के आज मोर जीव जुड़ागिस नोनी। अब मैं निहचित हंव। अब मोला पंडवानी के कोनो फिकर नई हे।"

धानी के लिए इससे बड़ा पुरस्कार भला और क्या होता। उसने झुककर उनके पैर छू लिए। शांति बाई ने उसे फिर पोटार लिया। अब प्रतियोगिता का निर्णय होना था। शिवाँग की प्रस्तुति तो अपने आप में अनुपम थी ही, धानी की प्रस्तुति भी उससे किसी तरह कम नहीं थी। सो निर्णायक तय ही नहीं कर पा रहे थे कि धानी और शिवाँग दोनों में किसे प्रथम और किसे द्वितीय स्थान पर रखें। अन्य निर्णायकों के साथ ही, पंडवानी का अक्षय कोष मानी जाने वाली शांति बाई भी, निर्णय नहीं कर पा रही थीं। अंततः निर्णय बराबरी का रहा। शिवाँग और धानी दोनों को ही प्रथम स्थान मिला। दोनों को मंच पर एक साथ

बुलाया गया। अब दोनों कलाकार एक दूसरे के समानांतर खड़े थे और दोनों की टीम उनके पीछे।

"पंडवानी गायन का यह मुकाबला बराबरी का रहा है। शिवाँग और धनबाई गोमंगा दोनों ही पहले स्थान पर रहे इसलिए पुरस्कार और इस शील्ड पर दोनों का समान अधिकार है। मैं आज की हमारी मुख्य अतिथि पंडवानी गायिका शांति बाई से अनुरोध करती हूँ कि वे दोनों विजेताओं को संयुक्त रूप से पुरस्कार और प्रतियोगिता की शील्ड प्रदान कर अपना आशीर्वाद दें।"

शिवाँग और धानी ने एक साथ पुरस्कार और शील्ड ग्रहण किया। शिवाँग ने धानी को बधाई दी धानी ने बड़ी सहजता से मुस्कराकर स्वीकारा और–

"आपको को भी बहुत शुभकामना।"

शिवाँग ने गौर से देखा उसे। उस दिन के बाद अब मिली थी वह। बरसों बाद। शिवाँग ने महसूसा उस दिन वाली धानी और आज की धानी में कोई साम्य नहीं है। 'मुझे ख़ुशी है समय के जल को इसने व्यर्थ नहीं बहने दिया। उसे संजोकर नयी दिशा दी। विरह की आँच में जलकर राख हो जाने की जगह, कुंदन बनकर निकली है।' शिवाँग को तसल्ली हुई।

"हम सभी जानते हैं कि यह प्रतियोगिता बराबर की रही है, तो निर्णायकों ने तय किया है कि पंडवानी की शील्ड लेडीज फर्स्ट की परम्परा में, पहले कुछ साल तक धनबाई गोमंगा के पास फिर शिवाँग के पास रहेगी। मैं हमारी मुख्य अतिथि शांति बाई से एक बार फिर अनुरोध करती हूँ कि वे यह शील्ड धनबाई गोमंगा को प्रदान कर हमारा मान बढ़ायें।" उद्घोषिका ने घोषणा की।

धानी ने एक नज़र शिवाँग को देखा। कुछ देर देखती रही उसे फिर आगे बढ़ी लेकिन शांति बाई के सामने न रुककर माइक की ओर बढ़ गयी–

"मैं भाग्यशाली हूँ कि आज इस मंच पर हूँ। मेरे लिए यही बहुत बड़ा सम्मान है। मैं निर्णायकों के निर्णय का पूरा सम्मान करते हुए कहना चाहती हूँ कि यह शील्ड हमेशा संगी गायक शिवाँग के पास ही रहे।"

धानी के इस निर्णय के बाद, शील्ड के लिए शिवाँग के नाम की घोषणा हुई। शिवाँग अंचल का चहेता कलाकार था। सो दर्शक दीर्घा में तालियाँ गूँज उठीं।

'मैंने बहुत मुश्किल से अपने को इससे अलगाया है। अब मैं नहीं चाहती कि इससे जुड़ी कोई याद मेरे पास रहे। यह शील्ड मेरे पास रहती, तो न चाहते हुए भी यह याद आता ही रहता। मैं जब भी शील्ड को देखती, चाहे अनचाहे इसकी यादों से घिर ही जाती, तो इस शील्ड को अपने से अलगा देने का यह मेरा फैसला सही है। एकदम सही।' सोचती धानी शिवाँग की सभी यादों को

झटक हीरा की ओर बढ़ी। फिर उसका हाथ थामा और मंच से उतर आगे बढ़ गयी।

10

वार्षिकोत्सव समाप्त हुआ तो कात्यायनी ने अपने को दुहिता धाम पर केंद्रित किया। इस समय दुहिता धाम का लक्ष्य देह तस्करी रोकना था। सो इसके लिए 'छतीसगढ़ प्रदेश मानव तस्करी प्रतिरोध समिति' बनायी गयी। डंकिनी ने बस्तर अंचल में जमीनी स्तर पर बहुत काम किया था। सो उसे समिति का अध्यक्ष बना इसका संचालन उसे सौंपा गया। मानव तस्करी प्रतिरोध अभियान के साथ ही दंडकारण्य विकास पार्टी और दुहिता धाम के विस्तार का काम शुरू करना था। यूँ तो लड़कियों की तस्करी का जाल पूरे प्रदेश में फैला हुआ था लेकिन आदिवासी इलाकों में समस्या गंभीर थी। मानव तस्करी प्रतिरोध समिति बस्तर अंचल में तो सक्रिय ही थी। अब प्रदेश स्तर, खासकर सरगुजा अंचल पर ध्यान देना जरूरी था। सो तय हुआ प्रदेश का दौरा कर सार्थक पहल की जाय।

"यह समय वनोपज संग्रह का है। अभी महुआ बीनने का समय है। फिर चार संग्रह का समय आ जायेगा और फिर तेदूपत्ता तोड़ने का। सो इस समय दौरा करने पर वनवासियों के काम का हर्जा होगा। क्यों न हम गोंचा पर्व (रथ यात्रा) के बाद चलें। तब हमें लोग अपने घर में ही मिल जाएँगें। वे फुरसत में भी होंगे। उनसे बातचीत में आसानी होगी।"

"हाँ माँ! काकू सही कह रहे हैं। यह सही रहेगा। मुझें गोंचा में तुपकी भी तो खेलना है।"

"हाँ-हाँ। खेल लो तुपकी। आखिरी मौका है यह। तुम्हें यह बचपना छोड़ना पड़ेगा। फिर तो तुपकी कोई और खेलेगी या खेलेगा।" कात्यायनी ने मुस्करा कर चुटकी ली।

"वही क्यों? हम दोनों मिलकर तुपकी खेलेंगे। चलिए काकू हम तुपकी का आर्डर करते हैं।" वन्या ने शिवा का हाथ पकड़ा और बाहर निकल गयी।

'इस लड़की का बचपना अभी तक नहीं गया। यूँ बचपना कभी जाना भी नहीं चाहिए। जिंदगी का लुत्फ़ तो सिर्फ बचपन में ही मिलता है लेकिन उसका आस्वाद ताउम्र तारी रहता है।' सोचती कात्यायनी उसे देखती रही।

'इस पर्व को तो मैंने भी देखा है। बस्तर में भी और रायपुर में भी। मुझे आज भी याद है भाऊ के साथ गोंचा में शामिल होना। गजामूँग के साथ फनसकोशा

(पके कटहल का कोया)खाना और तुपकी खेलना। मुझे तुपकी खेलना भी भाऊ ने ही सिखाया था। तुपकी (बाँस से बना छोटा सा तोप)। इस पर्व का प्रमुख आकषर्ण। जिसे बच्चे बूढ़े सभी खेलते (चलाते) हैं। इसे चलाने का तरीका भी तोप जैसा ही होता है लेकिन तुपकी तोप की तरह विनाशक नहीं, आनंददायक होती है। कारण तुपकी में तोप की तरह बारूद नहीं, मलकांगिनी के(लसुड़े जैसे) फल भरे जाते हैं। जो इसे खेलता है वह तो खुश होता ही है, तुपकी से छटककर निकले ये फल जिसे लगते हैं, वह भी आनंदित हो उठता है। मुझे याद है इस पर्व में अपने बच्चे को कंधइया बिठाए ग्रामीण पिता, उन्हें भगवान जगन्नाथ के दर्शन करवाते। गजामूँग का प्रसाद दिलाते। मेरी भी इच्छा होती कि कभी बप्पा के कंधइया बैठ यह पर्व देखूँ। लेकिन...। रायपुर में भी रथयात्रा का यह पर्व मनाया जाता था। लड़कियाँ अपनी प्रिय संगी से गजामूँग बदतीं। मेरा भी मन होता कि भुंडा के साथ गजामूँग बदूँ, पर...।' सोचती कात्यायनी अपने अतीत में ऊभ चूभ कर रही थी।

"माँ आप अभी तक यहीं बैठी हैं। तबीयत तो ठीक है न?"

वन्या ने लपककर कात्यायनी के माथे पर हाथ रखा। शिवा के चेहरे पर भी परेशानी की रेखाएँ उभर आयीं।

"अरे नहीं। कुछ नहीं हुआ है मुझे। बस यूँ ही मन नहीं किया, तो बैठी रह गयी।"

"सच कह रही हो न। कुछ छुपा तो नहीं रही।"

"नहीं। कुछ नहीं छुपा रही।" कात्यायनी ने प्यार से उसका गाल सहलाया।

"माँ हमने इस बार सबके लिए तुपकी आर्डर की है। आपके लिए भी।"

"हमारे लिए? अब हम इस उम्र में तुपकी खेलेंगे?"

"माँ !इसे तो बच्चे बड़े सब खेलते हैं। इस बार हम सब मिलकर खेलेंगे। है न काकू?"

"बिलकुल खेलेंगे लेकिन तुम्हारी माँ को शायद तुपकी चलाना आता ही नहीं।"

"आता क्यों नहीं। क्या इस अंचल के सारे खेल का टेंडर तुम्हारे नाम ही निकला था। हम भी यहीं रहते थे, तो बचा कुचा एकाध टेंडर तो हमें भी मिला ही होगा।"

"भाई हम कैसे मान लें। हम तो तभी मानेंगे जब तुपकी चला कर दिखाओगी। हम हाथ के कंगन को आरसी में क्यों देखें? क्यों वन्या?"

"हाँ काकू। एकदम सही।"

"ठीक है। मैं इस बार तुपकी चला कर दिखाऊँगी।"

"अच्छा माँ हम चलते हैं। अभी एक मीटिंग है। आप गोंचा वाले दिन तैयार रहना। हम लेने आयेंगे।" कहती वन्या गाड़ी में जा बैठी।"

शिवा को मड़ई वाली बात याद हो आयी। तब इसी तरह उसने भी तो...। सो वह कुछ देर कात्यायनी की ओर देखता रहा। फिर बाहर निकल गया।

कात्यायनी समझ रही थी कि शिवा चाहता है वह तुपकी के बहाने, गोंचा पर्व के आनंद उत्सव में शामिल हो। 'गोंचा इस अंचल का पारम्परिक पर्व नहीं है। इसका मूल तो उड़ीसा ही है। उसने पढ़ा था बस्तर के काकतीय राजा पुरुषोत्तम देव की भगवान जगन्नाथ में अगाध आस्था थी। सो उसने अपनी प्रजा के कुछ लोगों को लेकर जगन्नाथ पुरी की यात्रा की और वहाँ से लौटकर बस्तर में रथयात्रा शुरू की। वही रथयात्रा गोंचा के नाम से प्रसिद्ध हुई लेकिन यहाँ की रथयात्रा हू-ब-हू उड़ीसा जैसी कभी नहीं रही। इसमें बस्तर की लोक संस्कृति घुली हुई है। तुपकी और फनसकोशा बस्तरिया लोक का ही प्रभाव है। इससे एक नया ही रूप मिला है इसे।' कात्यायनी देर तक गोंचा के बारे में सोचती रही।

"क्या बात है माँ? आप यहाँ बैठी हैं!" दौरे से लौटी डंकिनी ने चिंतित हो पूछा।

"बस यूँ ही। वन्या अभी-अभी तो गयी है।"

"अच्छा वन्या आयी थी। आज रोक लेतीं उसे। मैं भी मिल लेती। कब से नहीं मिली।"

"आज उसकी मीटिंग थी लेकिन गोंचा वाले दिन आएगी वह। हम सब गोंचा पर्व में शामिल होंगे। तुम्हें भी चलना है।"

"मैं? नहीं माँ भीड़-भाड़ में जाने का मेरा मन नहीं करता।"

"मन नहीं करता फिर भी चलना होगा। जिंदगी यूँ नहीं चलती। इसमें रस जरूरी है और ये पर्व त्यौहार रस भरते हैं जिंदगी में। सो तुम चलोगी और तुपकी भी खेलोगी।"

"अच्छा ठीक है।" डंकिनी ने बेमन से हामी भरी।

वन्या को गोंचा का बेसब्री से इंतजार था। यह पर्व उसे बहुत ही पसंद था। सो गोंचा वाले दिन वह अलसभोर ही उठ गयी। सब लोगों को उठाया। शिवाँग के साथ जाकर ग्राम देवता की पूजा की और सब अलगानार के लिए निकल पड़े।

"माँ आप अभी तक तैयार नहीं हुईं। याद नहीं आज गोंचा है।"

"याद है लेकिन रथयात्रा तो शाम को निकलेगी। अभी तो आठ भी नहीं बजे।"

"हाँ! लेकिन तैयार होते, निकलते-निकलाते तो यात्रा का समय हो ही जायेगा।"

"हमें इतना वक्त नहीं लगता तैयार होने में।"

"माँ! ये आपके बारे में नहीं, अपने बारे में कह रही है। आपको पता है इसके कारण हम कभी समय से नहीं पहुँच पाते।" शिवाँग ने छेड़ा।

"अच्छाऽ मेरे कारण नहीं पहुँच पाते? माँ इससे पूछिए निकलते-निकलते भी जुल्फें कौन संवारता है?" इन दिनों शिवाँग ने बाल बढ़ा लिए थे। सो वन्या ने उसके बालों पर मीठी चुटकी ली।

"हाँ लेकिन मैं दर्पण में खुद को घंटों निहारता तो नहीं न और तुम्हारी तरह पूछता भी नहीं कि देखो न मैं कैसी...।"

शिवाँग ने उसकी नकल उतारी तो वन्या ने अपने हाथों में पकड़े दसमत (अड़हुल) के फूलों में से एक फूल उसकी ओर फेंका।

"माँ देखो। यह मार रही है। माँ यह घरेलू हिंसा है न?"

"हाँ बिलकुल है और इसकी सजा यह कि इसे तुपकी न खेलने दिया जाय।"

"हम भी तो सुनें, किसे तुपकी न खेलने की सजा दी जा रही है।" दुहिता धाम के भीतर आते शिवा ने सवाल किया।

"मुझे। मैं ही तो इनके निशाने पर हूँ।" वन्या ने बनावटी रोष से शिकायत की।

"न-न। हमारे रहते कोई हमारी वन्या को ऐसी सजा दे, ऐसा हम होने नहीं देंगे। सो इस सुप्रीम कोर्ट से यह सजा ख़ारिज की जाती है।"

"काकू यूँ सजा ख़ारिज कर देना घोर नाइंसाफी है।" कमरे से बाहर आती डंकिनी ने अपनी बात जोड़ी।

"लो शिवाँग की एक और पक्षधर आ गयी।" वन्या ने मुस्कराते हुए कहा।

"जीजू का पक्ष तो लेना बनता है न। क्यों जीजू?"

"बिलकुल। फिर मेरी बात में सच्चाई भी तो है।"

"हाँ-हाँ क्यों नहीं। काकू आज इसे एक उपाधि देते हैं, हरीचंद्र नंबर दो।"

ऐसी ही हँसी ठिठोली के बीच सब निकल पड़े जगदलपुर की ओर। सामने वाली सीट पर बैठे शिवराजन ने मिरर में डंकिनी को देखा। आज वह बस्तरिया परिधान में कुछ ज्यादा ही सुंदर लग रही थी। सो बार-बार उसकी

नजर डंकिनी पर ही जा टिकती लेकिन डंकिनी अपने आप में ही गुम थी। गाड़ी जब जगन्नाथ मंदिर पहुँची तो वहाँ भारी भीड़ जमा थी। तीनों रथ सजधज कर खड़े थे। कात्यायनी ने गौर किया तीनों रथ एक से नहीं थे। सबसे बड़ा और ऊँचा रथ कृष्ण का था। कृष्ण का रथ सबसे आगे खड़ा था। बीच में खड़ा सबसे छोटा रथ सुभद्रा का था और उसके पीछे बलभद्र का रथ खड़ा था। रथ के सामने कुछ भक्तगण खंझड़ी और मंजीरा बजाते नाच रहे थे। बस्तर के राजकुमार मंदिर के द्वार पर छेरा पोरा (चाँदी की झाड़ू से भगवान का द्वार बुहारना) करने को तैयार थे। वे इस मौके पर अपनी राजसी पोशाक में थे। सो सबके आकर्षण के केंद्र थे।

"इन्हें पहचानती हो वन्या?"

"नहीं। लेकिन पोशाक से तो लगता है जैसे राजा हों।"

"हाँ ये राजा पुरुषोतम देव के वंशज हैं। इस गोंचा पर्व की शुरुआत उन्होंने ही की। तब वे भगवान जगन्नाथ के साथ, रथ पर सवार हो जनकपुरी जाते थे। नौ दिन उसी मंदिर परिसर में रहकर पूजा अर्चना करते और दसवें दिन बोहड़ती गोंचा के दिन, भगवान के साथ उसी रथ में लौटते। लंबे समय तक यह परिपाटी चली। फिर राजपाट तो रहा नहीं। सो रथ पर सवार होने का चलन खत्म हो गया लेकिन आज भी इस दिन राज परिवार का मुखिया ही, छेरा पोरा कर प्रथम पूजा करता है और ये जो सिर पर चिड़ियों के पँख सजाये, पीठ पर तरकश और हाथ में धनुष बाण लिए हैं न। जिनकी देह पर चूने की तरह सफेद-सफेद बुंदकियाँ दिख रही हैं, जो हूँ हूँ, हूँ हूँ करते इधर से उधर किलक रहे हैं। ये हमारे आदिवासी बन्धु हैं। और ये जो सफेद कपड़ों में मांदर की धुन पर नाच रहे हैं? ये भतरा बिरादरी से हैं। राजा पुरुषोत्तम देव अपनी पुरी यात्रा में, इनके पूर्वजों को अपने साथ ले गये थे। सो रथयात्रा में ये सबसे आगे रहते हैं और ये जो रथ को खींचने को तत्पर हैं? ये हमारी अपनी मुरिया बिरादरी के हैं। कभी मेरे बाबो भी रथ खींचा करते थे।" कहते शिवा के चेहरे पर क्षण भर उदासी के बादल छाये लेकिन जल्दी ही उसकी मुस्कान की पवन उसे दूर ठेल आयी।

अब भगवान के विग्रह मंदिर से बाहर लाये जा रहे थे। डंकिनी बचपन के बाद पहली बार गोंचा यात्रा में आई थी। सो उसके लिए यह नया अनुभव था। उसने देखा सबसे पहले गेरुआ धारी पंडित कृष्ण के विग्रह को हाथों में उठाए, भगवान जगन्नाथ का जयकारा लगाते हुए बाहर आये और रथ के पीछे बनी सीढ़ियों से होकर कृष्ण के विग्रह को रथारुढ़ किया। फिर सुभद्रा और बलराम के

विग्रह रथारुढ़ किये गये। अब भगवान को तुपकी से सलामी देने की बारी थी। सो एक बड़ी सी तुपकी रथ के सामने लायी गयी। बड़े पुजारी ने तुपकी के पीछे लगी पतले बाँस डंडी को अपनी ओर खींच कर मलकांगिनी के हरे-हरे फलों को सामने की खाली जगह में भरा और खींची हुई डंडी को आगे ठेला, तो एक अनोखी आवाज के साथ मलकांगिनी के असंख्य फल रथ की ओर उड़ चले।

पुजारी के बाद सबने अपनी-अपनी तुपकी से भगवान जगन्नाथ को सलामी दी। सो तुपकी की आवाजों और हवा में उछलते मलकांगिनी के फलों ने एक हरियर समा सा बाँध दिया। शिवा ने भी अपनी तुपकी से भगवान जगन्नाथ को सलामी दी फिर मुरिया समाज के लोगों ने रथ को खींचना शुरू किया और रथ आगे बढ़ चला, तभी रथ के सामने चलता एक आदमी उसके पास आया और उसका हाथ पकड़ उसे रथ के पास ले गया। उसने रथ खींचने वालों से उसका परिचय कराया–

"ये अमारा मुरिया समाज का लड़का। इसका बाबो बी बडा आदमी था। सिरहा था वो। ये बी बड़ा नेता है। इसकू रथ खींचने का।"

उसका परिचय पा एक ने रथ का रस्सा शिवा को थमाया। शिवा ने कुछ देर रथ खींचने की रस्म निभाई फिर प्रसाद ले बाहर आ गया। शिवाँग, वन्या और शिवराजन को तुपकी खेलने का अभ्यास था। सो उन्होंने तो तुपकी चला ली। कुछ अटकने अटकाने के बाद कात्यायनी की भी तुपकी चल गयी लेकिन डंकिनी? कई बार कोशिश करने पर भी, उसकी तुपकी नहीं चली। शिवराजन के लिए यह माकूल मौका था। सो लपककर उसके पास जा पहुँचा और–

"इतने धीरे से नहीं। थोड़ा जोर से और झटका से ठेलना होता है। लाओ मैं बताता हूँ।"

"नो थैंक्स।" कहा और वह कात्यायनी की ओर बढ़ गयी।

शिवराजन वहीं खड़ा देखता रहा उसे। कात्यायनी ने डंकिनी की तुपकी ठीक की और मलकांगिनी भर उसके हाथ में दे दिया। डंकिनी ने तुपकी छोड़ी तो लेकिन तुपकी के सामने के हिस्से को ऊपर की ओर उठाना भूल गयी और मलकांगिनी के फल ऊपर न जाकर, सीधे शिवराजन के सीने से जा टकराये। डंकिनी सकुचा उठी और शिवराजन? अगर वहाँ शिवा और कात्यायनी नहीं होते, तो उसके लिए यह भी एक मौका था। वह प्रेमियों की तरह अपना दिल थामकर कहता "दिल के टुकड़े हजार हुए। कुछ यहाँ गिरे कुछ वहाँ गिरे।" लेकिन शिवा और कात्यायनी के लिहाज ने उसे कुछ कहने नहीं दिया और वह मुस्काकर रह गया।

11

गोंचा पर्व खत्म हुआ, तो सरगुजा अभियान शुरू हुआ। इस अभियान में दंडकारण्य विकास पार्टी, दुहिता धाम और 'छतीसगढ़ प्रदेश मानव तस्करी प्रतिरोध समिति' साथ थी। सो तीन लक्ष्यों की एक त्रिवेणी थी। इसमें शिवा, कात्यायनी और डंकिनी का जाना तय हुआ। वन्या का पाँव भारी (गर्भवती) था। सो उसे शामिल नहीं किया गया लेकिन वन्या तो वन्या ही थी। सो उसकी जिद रखनी पड़ी और उसकी इस जिद के चलते शिवाँग भी यात्रा में शामिल हुआ। काफिला चल पड़ा। रात का समय और बारिश का सुहाना मौसम। गाड़ी जब केशकाल घाटी में प्रविष्ट हुई, तो घाटी भोर के आगोश में थी। पवन के आलोड़न में पेड़ों ने अनुराग राग छेड़ रखा था। शिवा की नजरें घाटी को निरख रही थीं। 'यही तो वह जगह थी जहाँ मेरी जिंदगी अपनी मंजिल पर पहुँचते-पहुँचते...। जीवन वसंत से अचानक, पतझर में प्रवेश कर गया था मैं। फिर तो युगों तक मेरे जीवन में पतझर ही रहा।' सोचता शिवा अतीत की घाटी में विचर रहा था। कात्यायनी भी उन्हीं लमहों से गुजर रही थी। कात्यायनी के जीवन में तो यह घाटी इस कदर शामिल थी कि...।

"माँ! मेरा जन्म यहीं हुआ था न?"

कात्यायनी अतीत को पीछे ठेल वर्तमान में लौटी- "अरे! तुम जाग गयी!"

"हाँ माँ। अचानक हवा का एक झोंका आया और आँख खुल गयी। लगा वह मुझे जगाने आया था।माँ ऊपर से घाटी बहुत सुंदर लगती है न? मुझे देखनी है और अपना जन्मस्थान भी।"

"अभी नहीं। अभी हमें एक लंबी यात्रा करनी है। लौटते समय जरूर चलेंगे।" कात्यायनी ने टाला।

"लौटते में क्यों? अभी चलते हैं। हमारी वन्या की कोई साध अपूरी नहीं रहनी चाहिए। है न वन्या?"

"ओह काकू आप कितने अच्छे हैं।" वन्या ख़ुशी से लहक उठी।

'वन्या अब बदल रही है। प्रकृति से जुड़ना अपने आपको समृद्ध करना है और माँ बनना भी। वन्या इन दोनों स्थितियों को आत्मसात कर रही है।'सोचती कात्यायनी गहरे ममत्व से भर उठी और उसने वन्या को अपने में समेट लिया।

गाड़ी मोड़ लेती हुई वहीं जा पहुँची, जहाँ बरसों पहले की उस शाम... मगर आज?आज शाम नहीं अलसभोर थी, जिसके आगोश में सूरज था। सुबह का सूरज। घाटी को निहारती कात्यायनी महसूस रही थी उसे।

"माँ मेरा जन्म किस जगह हुआ था?"

"शायद उस जगह, जहाँ वह व्यू पाइंट है।"

"शायद नहीं, शत प्रतिशत।" शिवा ने पुष्टि की और–'मैं इस जगह को कैसे भूल सकता हूँ।' सोचते उसकी नजरें कात्यायनी की नजरों से जा मिलीं।

"काकू आप भी साथ थे?"

"हाँ।" नजरें फिर कात्यायनी की नजरों से जा उलझीं। "तुम्हारी माँ चाहती, तो मैं जीवन भर...।" कहना चाहा लेकिन कहा नहीं और–"उस समय भी हम एक यात्रा में थे। जलारी माँ, भाऊ, मारी माँ, हम सब साथ थे।" उसकी नजरें अतीत में उतरती चली गयीं।

वन्या और शिवाँग व्यू पाइंट की ओर बढ़ गये और डंकिनी? उसकी सूनी नजरें घाटी की गहराई को देखती रहीं। उसके लिए तो जैसे उस अगाध सौंदर्य में कुछ था ही नहीं।

अब उनकी गाड़ी बिलासपुर की राह पर दौड़ रही थी। सरगुजा अंचल में जाने के लिए रेल मार्ग अधिक सुगम था। रात को रायपुर से ट्रेन में बैठते और सुबह आँख खुलते ही सरगुजा पहुँच जाते लेकिन यह सुगम मार्ग उनके लिए नहीं था। कारण सड़क वाले रास्ते के कई गाँवों में दंडकारण्य विकास पार्टी की पहुँच बन चुकी थी। सो उन्हें लोगों से मिलते हुए जाना था। लड़कियों की तस्करी की पड़ताल के लिए भी, गाँव-गाँव जाकर लोगों से मिलना जरूरी था। सो सड़क मार्ग चुना था। राह में आनेवाले कई गाँवों में रुकते-रुकाते वे बैतलपुर पहुँचे। बैतलपुर यूँ तो एक छोटा सा कस्बानुमा शहर है लेकिन यह अपने चर्च के लिए प्रदेश भर में मशहूर है। सो यहाँ तो रुकना ही था।

ड्राइवर ने गाड़ी हाइवे से नीचे उतारी और बैतलपुर में प्रवेश किया। लोगों से पूछते पुछाते गाड़ी चर्च तक पहुँची। यह पुराने ढब का छोटा सा चर्च था। चर्च की मोटी-मोटी दीवारें अपनी पुरातनता की कथा कह रही थीं। उस समय वहाँ एक जोड़े का विवाह सम्पन्न हो रहा था। कात्यायनी ने देखा दूल्हे ने तो पाश्चात्य परिधान शर्ट, पैंट और कोट पहन रखा था लेकिन दुल्हन ने सफेद गाउन की जगह साधारण सी सफेद साड़ी पहन रखी थी। दुल्हन के सर पर पाश्चात्य दुल्हनों की तरह झालरदार कैप नहीं, साड़ी का पल्ला था। ठीक उसी तरह, जिस तरह हमारे यहाँ की दुल्हनों के सर पर होता है। पादरी उन्हें धर्म और जीवन का ज्ञान दे रहा था। कुछ देर ठहरकर वे बिलासपुर की ओर बढ़ चले। बिलासपुर छत्तीसगढ़ की संस्कारधानी कहलाने वाला शहर। राजनीति की दृष्टि से भी उसका महत्त्व कम नहीं था। शिवा को तो वहाँ रुकना ही था।

बिलासपुर में दंडकारण्य विकास पार्टी की मीटिंग हुई। शक्ति, रायगढ़, कोरबा और पेंड्रा से लेकर मरवाही तक के कार्यकर्ता एकत्रित थे। चुनाव आने वाले थे, तो वातावरण और राजनीतिमय हो उठा। आगामी चुनाव पर बातें और पार्टी की रणनीति पर चर्चा हुई। मीटिंग के बाद लोगों से मिलते मिलाते शाम हो चली। बिलासपुर के लोगों ने रात्रि भोज की व्यवस्था की थी। उनके स्नेह का मान रखते हुए वे भोज में शामिल हुए। सो सरगुजा के लिए सुबह ही निकल पाए। नेहरू चौक से आगे निकलते ही एक पुल मिला। लंबा और ऊँचा पुल। नीचे रेत की एक लंबी चादर बिछी थी।

"यह अरपा है। बिलासपुर की संस्कृति में रची बसी एक नदी।" शिवा ने कहा।

वन्या ने चकित हो उस ठहरी हुई नदी को देखा, जो नदी होकर भी नदी नहीं थीं। नदी को नदी बना देने वाला जल ही नहीं था उसमें। वह देख रही थी उस जल विहीन नदी को। डंकिनी ने भी देखा उस रेतीले विस्तार को लेकिन वह वन्या की तरह चकित नहीं हुई। उसे तो अपने जीवन की तरह लगी वह।

"तुम लोग सोच रहे होगे, यह कैसी नदी है, जिसमें जल ही नहीं है। यह पहले ऐसी नहीं थी। किसी जमाने में इसमें नाव चला करती थी।" शिवा ने कहा।

"अच्छा!" वन्या और भी चकित हुई।

"हाँ और इसी नदी के किनारे रहती थी बिलासा।" अब शिवा बिलासा केवटिन की कहानी सुना रहा था...

लगभग चार सौ साल पहले की सच्ची कहानी है यह। इसी नदी के किनारे रहती थी बिलासा। बिलासा केवट (निषाद) जाति की थी। केवट लोगों की तो क्रीडा स्थली होती है नदी। सो बिलासा की क्रीडा स्थली थी यह अरपा। नाव खेना और मछली मारना उसका प्रिय खेल था। वह अरपा के भीतर धँसकर मछलियाँ पकड़ा करती थी। एक दिन वह नदी संग खेल रही थी। बरसात के दिन थे। अरपा अपने पूरे उफान पर थी। तुम तो जानती ही हो कि बारिश में उफनती नदी कितनी विकराल हो जाती है। फिर अरपा जैसी पहाड़ी नदी। लोगों की हिम्मत ही नहीं होती थी कि उस उफान का सामना करें लेकिन बिलासा तो बिलासा ही थी। रूप और साहस का अद्‌भुत संगम था उसमें। सो वह उस उफनती नदी को थहा रही थी। पेड़ पर बैठा बंशी उसे देख रहा था। बंशी बिलासा पर मुग्ध हो उठा। अपने पिता से कहकर उसने बिलासा के घर विवाह प्रस्ताव भिजवाया। बंशी एक सजीला और मेहनती युवक था। बिलासा

के पिता को भला क्या आपति होती। सो निषाद परम्परा के अनुसार डंडवा, आइछा, सोंढ़िया, लूदु, चिंगरी, जटा चिंगरा, भेड़ो, बंजु, भाकुर, बामी, खोकसी, झोरी, सोलंगी, कारीझिंया जैसी सोलह प्रकार की मछलियों की भेट के साथ बिलासा विदा हुई।

उस समय नदी के दोनों ओर घना जंगल हुआ करता था, तब यहाँ केवट लोगों के अलावा कोई बस्ती नहीं थी। उस समय छत्तीसगढ़ की राजधानी रत्नपुर यानी आज के रतनपुर में थी और राजा थे कल्याण साय। शिकार खेलना राजा महाराजाओं का शौक हुआ करता था। रत्नपुर के राजा भी शिकार के शौकीन थे। एक बार वे अरपा के जंगल में शिकार खेलने आए। तब के जंगल आज की तरह विरल तो होते नहीं थे। उन सघन वनों में जानवर भी बहुत होते थे। सो राजा किसी जानवर के हमले से घायल हो गये। उस समय बिलासा जंगल में थी। बिलासा ने राजा को घायल देखा, तो उन्हें उठाकर अपनी झोपड़ी में ले आयी। जंगली जड़ी बूटियों से उनका उपचार किया। बंशी ने भी सहयोग किया। दोनों ने राजा की खूब सेवा की। राजा स्वस्थ होकर अपनी राजधानी लौट गये। फिर उन्होंने बिलासा और बंशी को ससम्मान अपने दरबार में आमंत्रित किया और अरपा के आस पास की सारी जागीर बिलासा के नाम कर दी। बिलासा ने उस जागीर को अपने पास नहीं रखा, उस पर लोगों को बसाया। बिलासा की बसायी वह नगरी, बिलासा नगरी कहलायी, जिसे आज हम बिलासपुर के नाम से जानते हैं। देवार गीत में भी बिलासा की यह कहानी मिलती है।

"वन्या! देवार गीत छत्तीसगढ़ के मैदानी भागों में ही अधिक प्रचलित रहा। तुम इस इलाके गें कभी रही ही नहीं, तो तुमने तो इसे नहीं ही सुना होगा। मुझे लगता है तुम्हारी माँ ने भी कभी नहीं सुना।" शिवा ने कात्यायनी को उकसाया।

"सुना है और बहुत बार सुना है। सिर्फ सुना ही नहीं, देवार डेरा देखा भी है।"

"अच्छा! कब और कैसे देखा?" वह कहना चाहता था कि तुम्हें तो घर से निकलने की आजादी ही नहीं थी फिर कैसे?

"बचपन में देखा। तब हमारे घर के सामने बड़ा सा मैदान था। वहीं बसता था देवारों का डेरा। डेरे की औरतें सिल टाँकतीं और गोदना गोदती थीं। पुरुष बंदर और भालू का नाच दिखाते थे। भालू के बाल की ताबीज बनाकर बेचते। उसी डेरे के एक बूढ़े बाबा देवार गीत गाया करते थे। वो चिकारा बजाते हुए, जब गीत गाते तो समा सा बँध जाता।"

"हाँ! लोक गीतों की यही तो खासियत है लेकिन अब ये विलुप्त होते जा

रहे हैं। हमारे समाज में लंबे समय तक, लोक गीतों की उपेक्षा होती रही। इन लोक गायकों को भिखारियों की तरह द्वार-द्वार जाकर, अपने गाने के बदले रोटी जुगाड़नी पड़ी इसीलिए देवारों की नई पीढ़ी को, अपने गायन में कोई रुचि ही नहीं रही।" शिवा के माथे पर चिंता उभर आयी।

"माँ! हमें इनके लिए भी कुछ करना चाहिए। हम पुरानी पीढ़ी के गायकों की तलाश कर, 'अरण्य वाटिका' के बच्चों को इसका प्रशिक्षण दिलायें तो?" शिवाँग ने कहा।

"शिवाँग का सुझाव अच्छा है। हमें इस विषय में सोचना चाहिए।" शिवा कात्यायनी से मुखातिब हुआ।

"जरूर। लौटते समय हम रतनपुर रुकेंगे। सुना है वहाँ देवारों का सबसे पुराना डेरा है। हम रायपुर और दुर्ग में बसे देवार डेरों में भी गायकों की तलाश करेंगे।"

अब सड़क अरपा के किनारे-किनारे चल रही थी। सो दूर तलक एक मोहक रेतीला विस्तार उनके साथ-साथ चलता रहा।

12

सरगुजा शिवा के लिए अनजान नहीं था लेकिन कात्यायनी के लिए तो एकदम अपरिचित था। कात्यायनी का इस इलाके में आने का पहला अवसर था। सो वह देख रही थी, छतीसगढ़ के इस हिस्से को जो, छत्तीसगढ़ में होते हुए भी छतीसगढ़ से एकदम अलहदा था। वह इसे महसूस रही थी कि एक ही प्रदेश का हिस्सा और आदिवासी इलाका होने के बावजूद, बस्तर और सरगुजा में बहुत फर्क था। यहाँ के पेड़ पौधे, जंगल और यहाँ के रहवासी ही नहीं, यहाँ की धरती भी एकदम अलग थी। बस्तर के आँचल में लौह अयस्क का भंडार था, तो सरगुजा के कोंछ में सोना और कोयला था।

अंबिकापुर में एक दिन ठहर शिवा ने, दंडकारण्य विकास पार्टी की बैठक ली और काफिला आगे बढ़ गया। अब गाड़ी सघन वन प्रांतर से गुजर रही थी। आसन्न भोर की शीतल हवा का सुखद स्पर्श और सड़क के दोनों किनारों से झुकते पेड़ों का, सुंदर मेहराब मन मोह रहा था। शिवा की नजरें उस वन सौंदर्य को मन भर निरख पातीं, इससे पहले ही एक बोर्ड पर नजर जा अटकी और उसका मन उस वन के भविष्य में उलझ गया 'तो यह परसा कोल माइंस है। यहीं तो कोयले का भंडार मिला था लेकिन इसका तो विरोध हुआ था। कारण यह वन क्षेत्र वर्षों पुराना लेमरू अभयारण्य था। यह हाथियों के लिए एक सुगम

कारीडोर था। यहाँ से होकर ये जानवर, इंसानी बस्तियों में घुसे बिना ही, दूसरे वन क्षेत्र में प्रवेश करते थे। वनवासियों के लिए भी ये वन बहुत जरूरी थे। इसीलिए तो खदान बनाने के सरकारी निर्णय के खिलाफ आवाज उठाई गयी थी। राज्य व्यापी विरोध हुआ था इसका। जन आंदोलन हुआ। राजधानी में हुए उस विशाल जन आन्दोलन में मैं भी शामिल था। केंद्र सरकार के निर्णय के विरोध में राज्य सरकार भी हमारे साथ थी। इस परियोजना के विरोध में सरकार ने केंद्र को पत्र भी लिखा था। लंबे समय तक धरना प्रदर्शन होता रहा लेकिन परिणाम? परिणाम तो सिफर ही रहा! अब तो राज्य सरकार ने भी अपने निर्णय से यूटर्न मार, इस अभयारण्य का दायरा ही कम कर दिया क्योंकि इस अभयारण्य में चौसठ कोल ब्लाक आ रहे थे। सो पर्यावरण और जन भावनाओं को ठेंगे पर रखते हुए, राज्य सरकार ने दूसरे प्रांत की सरकार से सौदा कर लिया। सो अब यह क्षेत्र जंगल से कोल माइंस हो गया है। अब सैकड़ों हेक्टेयर सघन वनों की कटाई की जायेगी। इससे जुड़े मंत्री संत्री सबके घर भर जायेंगे, मगर यह धरती तो मर जायेगी। यही तो होता आया है। सरकारें अपने विकास के लिए प्रकृति के अंधाधुंध दोहन का सौदा कर लेती हैं फिर परिणाम?' सोचते हुए शिवा की नजरों में बैलाडीला उतर आया...

'हमारे बस्तर का गर्व बैलाडीला। जहाँ बैल के डीले (बैल के गर्दन के पीछे का उन्नत और सुंदर अंग) जैसी सुंदर हरी भरी पहाड़ियाँ थीं! जहाँ वन्य जीव और वनवासियों का सहनिवास था लेकिन जैसे ही पता चला कि उन पहाड़ों के भीतर लौह अयस्क का अकूत भंडार है! वन्य जीवों और वनवासियों की वह जगह छीन ली गयी। लौह अयस्क की खुदाई शुरू हुई और ऐसी अंधाधुंध खुदाई हुई, जिसके के चलते बैल के डीले जैसे पहाड़ों की पूरी श्रृंखला ही मिट गयी। लौह अयस्क के लिए सारे जंगल काट दिए गये। पहाड़ मटिया मेट कर दिए गये। अब यहाँ भी यही होगा। यूँ दिखाने को तो बहुत सारी शर्तें रखी गयी हैं। अनुबंध हुआ है कि पेड़ों को काटने के तीन साल के भीतर, उससे दुगने पेड़ लगाये जाएँ लेकिन हकीकत? हकीकत तो यही है कि ये सब कागजी बातें हैं और अगर पेड़ लगा भी दिए, तो क्या देखरेख के बिना वे पनप पाएँगे। अगर वृक्षारोपण इतना ही कारगर है, तो हमारी धरती वन विहीन क्यों होती जा रही है? हमारा देश हर साल वृक्षारोपण का पर्व तो मनाता ही है। करोड़ों रुपये खर्च करता है लेकिन परिणाम? नहीं ऐसे तो काम नहीं चलेगा। हमें कुछ करना होगा। दंडकारण्य विकास पार्टी के एजेंडे में इसे भी शामिल करना होगा।' सोचता शिवा का मन भविष्य की

योजनाये बना रहा था। तभी उसके मोबाइल पर एक मैसेज चमक उठा। मैसेज एक समाचार का अंश था–

"भटगाँव कोयला खदान धसकी। इस खदान के पास ही स्कूल है और आंगनबाड़ी भी लेकिन राहत की बात है कि जान माल की कोई हानि नहीं हुई।"

'वास्तव में यह समाचार तो एक प्रायोजित समाचार है। सच्चाई से कोसो दूर है यह। हकीकत तो यह है कि बाहरी तौर पर जान माल की हानि भले ही न हुई लेकिन जान की हानि तो हुई ही होगी। भटगाँव कोलयारी जहाँ विगत कई वर्षों से, लगातार खदान के धसकने की घटनाएँ हो रही थीं। एसईसीएल ने उसे बंद कर दिया। अब एसईसीएल के अनुसार तो वह खदान बंद है लेकिन खदान सिर्फ एसईसीएल के लिए ही बंद है, कोयला चोरी करने वालों के लिए नहीं। सो कुछ रुपयों की लालच में रोज हजारों लोग, चोरी से कोयला निकालने खदान में घुसते हैं और इस तरह का हादसा होने पर मारे भी जाते हैं लेकिन चोरी से घुसने के कारण, उनके मरने की रिपोर्ट नहीं की जाती और उनकी मौत गुमनामी में खो जाती है।

अब कोयला चोरी भी एक बड़ा व्यवसाय हो गया है। उत्तर भारत के तमाम अवैध व्यवसाय और ईटा भट्ठा, इसी चोरी के कोयले से तो चल रहे हैं। गरीब मजदूर खदान में उतर कर जान जोखिम में डालते हैं और इसका बड़ा लाभ बिचोलिये ले जाते हैं और मारे जाते बेचारे मजदूर। खदान मजदूरों के साथ यह हमेशा से होता रहा है। अंग्रेजों के जमाने में तो स्थिति और भी खराब थी। उस समय के अनपढ़ और भोले भाले मजदूर लोग इसे भूत प्रेत का कहर मान कर चुप रह जाते थे। मजदूरों के पक्ष में कानून भी बनाया गया था, मगर मजदूरों को उसकी जानकारी ही नहीं होती थी। उस समय तो मरने वालों को खदान के भीतर ही जला दिया जाता था। अभी भी बहुत कुछ कहाँ बदला है। खदान धसकने पर अकाल मौत मरना आज भी मजदूरों की नियति है।' सोचता शिवा का मन देर तक उनके दुख में डोलता रहा।

सरगुजा के भीतरी भागों में जाकर, लोगों से मिलकर कात्यायनी ने जाना कि इस अंचल में तो लड़कियों को बरगलाने के सुनहरे प्रलोभन मौजूद थे। इनमें सबसे बड़ा प्रलोभन दिल्ली और मुम्बई थे। इस काम में महानगरों से लेकर सरगुजा के भीतर तक, न जाने कितने-कितने लोग सक्रिय थे। यह एक बड़ा चेनल था जिसकी कड़ियाँ गाँव से लेकर राजधानी तक जुड़ी थीं। यह सब होता तो पहले भी था लेकिन पहले यह इतना आसान नहीं था। पहले शिकार फाँसने के लिए उन्हें यहाँ आकर, इनके बीच रहकर लड़कियों को लुभाना

फ़ुसलाना पड़ता था। माँ बाप की आँखों में बेटी के सुख भरे, भविष्य के सपने बोना पड़ता था ताकि वे उसे ख़ुशी-ख़ुशी विदा कर दें। गरीबी की मार सहते मजबूर माँ बाप अपनी बेटी को भेज भी देते थे। दिल्ली मुम्बई की चमक दमक भरी जिंदगी, अच्छा वेतन और कोठियों में रहने का अवसर लुभा लेते उन्हें। इन सुविधाओं से दूर जंगल की झोपड़ी में रहने वाली, लड़कियों और उनके माँ बाप को ये प्रलोभन, प्रलोभन नहीं सपने लगते। सो वे चल पड़तीं उसके साथ। चलते समय कहाँ जानती थीं कि अब फिर कभी घर नहीं लौट पाएँगी। घर लौटने की कोई राह ही नहीं मिलेगी उन्हें। जिस राह से वे जा रही है वह केवल जाती है लौटती नहीं और विडम्बना यह कि भोले-भाले मन में शक की एक रेखा तक नहीं बनती। कारण उन्हें ये सपने दिखाने वाली कोई गैर नहीं, उनके अपने ही बीच की कोई स्त्री होती थी।

वह स्त्री जो उसी की जैसी स्थिति से बाहर निकली होती। सो उसके तथाकथित खुशहाल जीवन का सब्जबाग उन्हें लुभाता था। वह कोई ऐसी स्त्री होती, जो कभी खुद भी इसी तरह लुभाई गयी थी। उसका भी शोषण हुआ था लेकिन अब वह शोषित नहीं, शोषण के चेन की मजबूत कड़ी होती। फिर जब महीनों तक बेटी की, कोई खबर ही नहीं मिलती, तो उसके दिए नंबर पर फोन करवाते लेकिन फोन नहीं लगता। फिर उसके दिए उस फर्जी पते पर चिट्ठी भिजवाते। जवाब नहीं मिलता तो लोगों से, पुलिस और प्रशासन से गुहार लगाते लेकिन किसी महानगर के किसी कोने अतरे में बसी, उस स्याह दुनिया तक किसी की पहुँच थी ही कहाँ। सो यूँ ही कलपते बिलखते अपना जीवन गुजारते रहते लेकिन आस थी कि छूटती नहीं, तो जो भी हमदर्द दीखता, उसे ही अपनी व्यथा कथा सुनाने लगते।

फिर तो फेसबुक और वाट्सएप की उपलब्धता ने इसे बहुत आसान कर दिया। सो उन्हें यहाँ तक आने की जरूरत ही नहीं पड़ती। फेसबुक पर विज्ञापन देकर वे अपना वाट्सएप नंबर दे देते। उनके उस नंबर पर किल्क करते ही, फेसबुक लड़कियों को वाट्सएप पर पहुँचा देता है। फिर शुरू हो जाता है प्रलोभनों का खेल और किसी को कानों कान खबर नहीं होती। माँ बाप तक को नहीं और उनकी बेटी इस हरियर जंगल से निकल कांक्रीट के जंगल में पहुँच जाती है। जब तक उन्हें पता चलता, बेटी कांक्रीट के जंगल में विलीन जाती। ऐसे तमाम माता पिता कात्यायनी से मिले। उसे अपने दर्द की दास्ताँ सुनायी। अपनी व्यथा सुनाते हुए पिता अपने कलेजे पर पत्थर रखने की कोशिश करते। फिर भी आँखें अँसुआ ही आतीं लेकिन माँ? उसका कलेजा तो ऐसा होता ही

नहीं कि वह उस पर पत्थर रख सके। सो व्यथा कथा के शुरू होते ही वो गोहार पारकर रो पड़ती और अंत तक रोती ही रहती।

सरगुजा में दुहिता धाम की शाखा खुलनी तो तय ही थी। स्थान और प्रभारी भी तय थी। फेसबुक के जरिये तेजमती तिग्गा से संपर्क हुआ था। वह एक उराँव लड़की थी। कात्यायनी को उसकी सोच और उसका नजरिया भी सकारात्मक लगा था। सो कुसमी के सेमरा गाँव की रहने वाली, तेजमती तिग्गा के घर से ही, दुहिता धाम का शुभारम्भ किया जाना तय था। सरगुजा के कई जिलों के अनेक गाँवों का दौरा, करने के बाद वे लोग सेमरा पहुँचे। गाँव के कुछ प्रमुख लोगों को आमंत्रित किया और बहुत ही अनौपचारिक से कार्यक्रम में सरगुजा दुहिता धाम की नीव पड़ गयी। कार्यक्रम तो दोपहर ढलते समाप्त हो गया था। वे अंबिकापुर के लिए निकल सकते थे लेकिन कात्यायनी चाहती थी कि तेजमती के घर एक रात और रुके। उसने जब अपनी मंशा जाहिर की, तो तेजमती ख़ुशी से भर उठी। वह अपने पति के साथ गाँव से बाहर गयी और कुटज के फूल ले आयी। बोड़ा तो घर में रखा ही था। सो उसने दाल भात के साथ कुटज और बोड़ा की सब्जी बनायी। कात्यायनी ने बोड़ा तो खाया था लेकिन कुटज? उसने कुटज के सुंदर फूलों के बारे में पढ़ा था। उसे देखा भी था लेकिन उसकी सब्जी कभी नहीं खायी थी। सो जब तेजमती सब्जी परोसने लगी तो–

"नहीं। इसे रहने दो।"

"मैम चख कर तो देखिये। अच्छी न लगे तो मत खाना।"

तेजमती ने कुटज की सब्जी परोस दी। कात्यायनी ने दाल भात के कौर के बाद, बहुत ही बेमन से जरा सी सब्जी मुह डाली और एक अनोखा सा स्वाद उसके मुह में घुल उठा। फिर तो उसने और सब्जी माँगी।

"मैम यह सिर्फ सब्जी ही नहीं है एक औषधी भी है। हम वनवासी इसी सब के बल पर तो निरोग रहते थे लेकिन अब जंगल नष्ट हो रहे हैं, तो इनका अस्तित्व भी संकट में है।" उसके माथे पर चिंता की रेखाएँ उभर आयीं।

"जंगल का उजड़ना चिंता का विषय तो है। सब तरफ यही हो रहा है। मुझे याद है अभी कुछ साल पहले तक, जब बिलासपुर रायपुर फोर लेन हाइवे नहीं बना था, तब उस रास्ते पर कुटज का सघन वन था। बहुत हरियाली थी उस रोड पर लेकिन अब? अब तो हदे निगाह तक बस कांक्रीट ही कांक्रीट नजर आता है। अब तो बस्तर और सरगुजा भी इस तथाकथित विकास के निशाने पर आ गये हैं। हमारी केसकाल घाटी भी।" कहते शिवा ने एक उसाँस ली।

"विकास के नाम पर हुआ तो बहुत ही बुरा लेकिन जो हो गया, सो हो गया।

जो बचा रह गया उसे बचाना जरूरी है। हमारी दंडकारण्य विकास पार्टी का तो यह मुख्य एजेंडा है ही। हमने इसे दुहिता धाम के मुख्य उद्देश्य में भी शामिल किया है।" कात्यायनी ने शिवा की चिंता पोछने की कोशिश की।

रात को शिवा और शिवाँग जंगल की ओर निकल गये। वन्या की हालत तो ऐसी थी ही नहीं कि वह ज्यादा देर तक बैठ पाती। फिर इन दिनों तो उसे नींद भी बहुत आती थी। सो वह जल्दी ही सो गयी लेकिन डंकिनी और कात्यायनी देर तक तेजमती से बतियाती रहीं।

"तुम शुरू से यहीं रहती रही हो? मेरा मतलब तुम्हारा मायका भी यहीं है?"

"मायका? मायका था!। यहाँ से दूर जंगल में... लेकिन अब?।" कहकर चुप हो गयी वह।

कुछ देर तक वातवरण में चुप्पी ही डोलती रही। फिर तेजमती के ओठ हिले–

"मैम एक समय था, जब हमारा एक छोटा सा हँसता खिलखिलाता परिवार था। कहती तेजमती की नजरें अपनी ड्योढ़ी के पार जा ठहरीं और उसके ओठों पर उतर आयी दर्द की वह लहर, जो कहानी न होकर भी अब कहानी बन चुकी थी...

13

"मैम! यहाँ से बहुत दूर जंगल के बहुत भीतर हमारा गाँव था। मेरे दाऊ (पिता) एक वनवासी किसान थे। वनवासी किसान माने छोटी डोली (छोटे खेत) के किसान, जिसके जीवन में खेत और जंगल दोनों ही रांग-रांग रहते हैं यानी वो अनाज के लिए खेत पर और साग भाजी, लकड़ी और जड़ी बूटियों के लिए जंगल पर निर्भर थे। उनके पास कम जमीन थी फिर भी जिंदगी खुशहाल थी। माँ और दाऊ मिलकर अपनी छोटी सी डोली में धान रोपते। बड़ी बहन कुसमती भी मदद करती। मैं तब छोटी थी। धान रोपने का तरीका मेरे को मालूम नहीं था, तो मेरा थरहा मिट्टी में न धँसकर पानी पर तैरने लगता। फिर भी मैं रोपा लगाने की कोशिश करती। हमारे गाँव से स्कूल बहुत दूर था, तो दाऊ चाहकर भी कुसमती को पढ़ा नहीं सके लेकिन मेरे समय तक जंगल के पार गाँव में स्कूल खुल गया था। दाऊ को अपना सपना पूरा करने का अवसर मिला गया। मेरा नाम लिखा दिया। अब दाऊ रोज जंगल की ऊँची नीची पगडंडी पर पैदल चलकर मुझे स्कूल पहुँचाते। मेरे लौटते तक वहीं बैठकर इंतजार करते। ऐसे में उनके काम का बहुत नुकसान होता। एक दिन कुसमती ने कहा–

"दाऊ ! तुम इसको स्कूल ले जाते, तो जंगल का काम रुक जाता। इसको मैं स्कूल पहुँचा देती।"

"तू इतना दूर कैसे रेंग पाएगी ?"

"दूर कहाँ दाऊ। जंगल ले डांग भर तो हे। दूनों बहन हँसत बोलत चल जायेंगे।"

दाऊ समझ रहे थे कि बच्चियों को इतनी दूर आने जाने में मुश्किल होगी लेकिन जंगल से कंद मूल और जड़ी बूटी लाना भी बहुत जरूरी था। मैम सवाल पेट से जुड़ा हो, तो बाकी चीजे पीछे कर दी जाती हैं। दाऊ ने भी कुसमती की बात मान ली। अब कुसमती मेरे को स्कूल पहुँचाती और स्कूल छूटते तक वहीं आस पास अपना समय बिताती। जाते समय स्कूल पहुँचने की जल्दी होती, तो कुसमती इतने लंबे डग भरती कि मेरे को उसके साथ दौड़ना पड़ता, पर लौटते समय हम दोनों जंगल के फूल फल तोड़ती आराम से घर आती। वह मुझे जंगल और फूल की कहानी भी सुनाती।

जंगल में जब अमलतास के पीले-पीले झूमर से झुमरते फूल खिलते। मैं उसके छोटे-छोटे गुच्छे तोड़ती और उन गुच्छों के झुमके पहनकर इतराती लेकिन कुसमती बड़े-बड़े ढेर सारे गुच्छे तोड़ती ताकि रात को उसकी सब्जी बन सके। उन फूलों को देख माँ खुश होती। तुरंत सूपा में रख उनके डंठल तोड़, उन्हें उबालने चढ़ा देती। फिर उसे लहसुन मिर्च का फोरन दे बघार देती। फिर तो पूरे घर की भूख दुगनी हो उठती। कभी-कभी बेमता (लाल चीटों) के अंडे भी मिल जाते। उस दिन तो घर में त्यौहार ही मन जाता और बरसात के मौसम में ? वह मौसम तो हम जंगल के लोगों के लिए, सौगात का मौसम होता। कई तरह के कंद के साथ-साथ पुटू और बोड़ा मिलने का भी समय होता, तो लौटने में और भी देर हो जाती। कुसमती बड़ी हो चली थी, तो उसे लगता कि वह दाऊ की आर्थिक मदद भी करे।

पुटू और बोड़ा तो आसानी से बिक भी जाते थे, तो बरसात के मौसम में वह मेरे को स्कूल पहुँचाके, जंगल चली जाती। पुटू मिलने का समय तो बहुत ही कम होता है। मुश्किल से महीना भर लेकिन वह महीना भर ही कमाने के लिए बहुत था। कारण पुटू बहुत ही मँहगा बिकता था। बरसात में वह पुटू और बोड़ा खोजकर उन्हें नाले में धोती और पहुँच जाती सड़क पर। वो हाथों हाथ बिक जाते। अच्छे दाम मिल जाते। स्कूल छूटने पर हम दोनों मिलकर फिर पुटू खोजते। शाम को जब कुसमती पुटू के साथ, माँ के हाथ पर पैसे भी रखती, तो उसका मन खिल उठता। पैसा सब कुछ भले न हो। फिर भी बहुत कुछ होता

है, तो मैम अब हमारा परिवार और भी खुशहाल हो उठा था लेकिन ख़ुशी को नजर भी तो लगती है। हमारी ख़ुशी को भी नजर लग गयी थी। शहरी सभ्यता की नजर।" कहती वह चुप हो गयी।

कुछ देर चुप्पी रही फिर "वह भी बरसात का ही मौसम था। उस साल बारिश बहुत पहले शुरू हो गयी थी। सो पुटू भी बहुत ज्यादा निकल आये थे, तो उसका पूरा दिन पुटू खोजने और उसे बेचने में बीतता और मेरे को लेने आने में देर हो जाती। मैं उसका इंतजार करती। कई बार उसके देर से आने पर गुस्सा करती। रूठ जाती उससे। वह मनाती मुझे। फिर समझाती–

"देख हम लोग गरीब है। हमारा दाऊ कितना मिहनत करता। मैं जादा पुटू बेचेगी तो दाऊ तेरा खातिर नवा बेस लूगा (कपड़ा लत्ता) बिसायेगा।"

मैं नये कपड़े की बात सुन खुश हो जाती। फिर एक दिन मैं उसका इंतजार ही करती रह गयी। वह नहीं आयी। मैं स्कूल की सीढ़ियों से उठकर बाउंड्री पर चढ़ गयी कि वह दूर से दिख जाय लेकिन उसे नहीं दिखना था, तो नहीं दिखी। मैं देर तक दीवार पर बैठी रही। जब अँधेरा बढ़ने लगा, तो आधा डर आधा बल करके चल पड़ी। जैसे तैसे घर पहुँची। माँ दरवाजे पर खड़ी मिली। देखते ही -

"कहाँ रही तू? ये नियर अकेल्ला आयस? कुसमती कहाँ हे?"

"कौन जाने। अँधियार भे रहिस (हो गया था) ओ नहीं आइस तो मैं अकेल्ला आ गयी।"

माँ कुछ देर जंगल की ओर देखती रहीं फिर गोहार पारकर रोने लगी। तब तक दाऊ भी आ गये। माँ को रोता देख कुछ देर चुप खड़े रहे। फिर अपने गमछे की मशाल जला जंगल में घुस गये। मैं और माँ भी उनके पीछे चल दिए। हम रात भर खोजते रहे लेकिन वो नहीं मिली। सब रिश्ता वाले के घर गये। फिर थाना, पोलिस, नेता, मंत्री सब जघा गुहार लगाया। फिर मेरे को एक रिश्तदार के पास छोड़ के माँ और दाऊ एक आदमी के संग दिल्ली भी गये। टेंट का सब पैसा गँवाया और जान भी।" कह कर वह अपने आँसू गुटक रही थी।

कात्यायनी और डंकिनी चुपचाप उस दर्द को महसूस रही थीं। यहाँ आने से पहले उन्हें कहाँ मालूम था कि आदिवासी लड़कियों की तस्करी के मुद्दे को लेकर, वे जिस घर में दुहिता धाम की शाखा खोलने जा रही है, उस शाखा की प्रभारी ही, उस दर्द से गुजर चुकी है। सो क्या कहतीं वे। परम दुख में शब्द भी तो गूँगे हो उठते हैं।

"मेरे को तो बहुत बाद में पता चला कि मेरे दाऊ और माँ तो दिल्ली में ही खतम हो गये थे। रोड एक्सीडेंट में।"

"फिर तुम? तुमने उसी रिश्तेदार के यहाँ रहकर पढाई की।" उसके दुःख में ऊभ चूभ करती डंकिनी का क्षीण सा स्वर उभरा।

"कौन रिश्तेदार किसी को रखता है। मेरे को भी उसने थोड़ा दिन रखा। हमारा खेत और झोंपड़ी सब हथिया लिया। फिर मेरे को पादरी को दे दिया। मैं थोड़ा बड़ी हुई तो उसने कोई आयोजन जैसा किया। शायद वो मेरा बपतिस्मा था। फिर उसी ने मेरे को पढ़ाया और मैं अपने पैरों पर खड़ी हो सकी।"

इस दौरे के समय कात्यायनी जान चुकी थी कि उसके इलाके की ही तरह, इस इलाके में भी धर्म परिवर्तन अपने चरम पर है। आये दिन किसी न किसी धर्म के पोषक अपनी धर्म ध्वजा फहराने की कोशिश करते ही रहते। सो कात्यायनी ने कहा–"हमारी संस्था धर्म और जाति के भेद से परे है, तो मैं तुमसे भी अपेक्षा रखूँगी कि तुम अपने या किसी भी धर्म को इसके दायरे में नहीं लाओगी।"

"मैम आप बेफिक्र रहें। मैं ऐसा कुछ भी नहीं करूँगी। धर्म के इस खेल को मैं भी समझने लगी हूँ। मैं यह भी जान गयी हूँ कि हमारा अपना एक अलग धर्म है। प्रकृति से जुड़ा आदिवासी धर्म। मैं अपने उसी धर्म की ओर लौट भी रही हूँ।"

कात्यायनी और तेज़मती देर तक बातें करती रहीं। धर्म, राजनीति, समाज और आदिवासी लड़कियों के, लगातर गायब होने को लेकर बहुत सी बातें हुईं। उसके विचार जानकर कात्यायनी आश्वस्त हुई कि सरगुजा दुहिता धाम को उसने सही हाथों में सौंपा है।

14

सरगुजा से लौटते समय संतुष्ट थी कात्यायनी और शिवा भी। उन्होंने दुहिता धाम और दंडकारण्य विकास पार्टी दोनों की पौध सरगुजा में रोप दी थी लेकिन वे यह जानते थे कि सिर्फ पौधे रोप देने से ही कुछ नहीं होता। रोपे गये पौधे की देख रेख भी बहुत जरूरी है। इसके लिए कात्यायनी ने तो डंकिनी को पहले ही नियत कर लिया था लेकिन शिवा? वह सोच रहा था 'किसे सौंपा जाय यहाँ का प्रभार। शिवाँग तो राजनीति के नाम से ही, ऐसे बिदकता है जैसे लाल कपड़ा देख साँड़। फिर?' वह देर तक सोचता रहा। फिर अचानक जेहन में एक चेहरा उभरा। 'हाँ सरगुजा के लिए शिवराजन सही रहेगा। मैं भी न। गोद में लड़का और गाँव में डुगडुगी।' सोचकर उसके ओठों पर हल्की सी स्मित उतर आयी।

अब उन्हें विलुप्त होते देवार गीत गायक की खोज करनी थी। देवार यूँ तो घुमंतू जाति रही है लेकिन अब कुछ जगह इनके स्थायी निवास भी थे। रायपुर

और दुर्ग में भी देवार डेरा था लेकिन रतनपुर देवारों का प्राचीन रहवास था। सो रतनपुर के देवार डेरा की ओर उनकी गाड़ी मुड़ गयी। बहुत मशक्कत के बाद एक दूकानदार ने पता बताया। ढूँढ़ते-ढूँढ़ते देवार डेरा तक पहुँचे तो वहाँ लोग थे ही नहीं। डेरे के नाम पर बस दो झोपड़ी मिली। उनमें भी सिर्फ दो लोग ही रह रहे थे। एक झोंपड़ी में एक बूढ़ा देवार और दूसरे में बूढ़ी देवारिन। बूढ़े ने बताया कि अब उन दोनों को आँखों से कम सूझता है, तो दोनों साथ-साथ भीख माँगते हैं और मिलकर राँध खा लेते हैं। दोनों एक दूसरे की बुढ़ोती के आसरा हैं।

"ये देवारिन जो आज ऐसा दिखती है न बाबू। कभी इस कटोरी बाई का जलवा था जलवा। इसके नाच का इदवांस (एडवांस) बुकिन होता।" देवार ने कहा।

"तो तू भी कहाँ कमती था। तेरे रुन्झु (देवारों की खास सारंगी) और गीत का कोनो जुवाबेच नइ रहिस। ये डेरा म अंगरिज (अँग्रेज)देवार का नाम बाजता था। आज घलो कितना अच्छा गाता है तू।" कहते कटोरी की झुर्रियाँ स्निग्ध हो उठीं।

"तब तो हम भी सुनेंगे गीत। बाबा सुनाइये न।" वन्या ने जिद की तरह मनुहार की।"

अँग्रेज देवार कुछ देर मौन रहा। फिर उठकर दीवार पर टँगा अपना रुन्झु उतारा और रुन्झु के संग उसकी स्वर लहरी लहराने लगी–

"ऐ सीयरी दिनानाथ
नव लख ओड़िया नव लख ओड़निन
डेरा परे सारी रात।
ओड़निन टूरी ढमकत रेंगय
टुरी गिर गे पेट के भार
पाँच मुड़ा के बेनी गाँथे
खोंचे गोंदा फूल सम्हार।
नव लख ओड़िया नव लख ओड़निन
कोड़े सागर तीर आपार।"

(मैं दोनों के नाथ का स्मरण करता हूँ। नौ लाख ओड़िया और नव लाख ओड़निन (उड़ीसा के स्त्री पुरुष) ने अपना डेरा डाल लिया था। ठुमुक-ठुमुक कर चलती ओड़निन युवती अपनी अदा दिखा रही थी। वह अपनी अदाओं में इस कदर डूबी थी कि रास्ते पर उसकी नजर ही नहीं थी और वह पेट के बल गिर पड़ी। ओड़निन स्त्रियों ने अपने बालों की पाँच चोटियाँ बना, फिर उसका

जूड़ा बनाकर उसमें, बहुत करीने से गेंदे का फूल खोंचा (लगाया) था। इस तरह शृंगार करके वे अपने काम पर निकल पड़ीं और खुदाई करने लगीं। अब डेरे के नव लाख ओड़िया और नव लाख ओड़निन मिलकर सागर के किनारे-किनारे खुदाई करने में जुट गये)

मेहनतकश ओड़िया ओड़निन की यह सुप्रसिद्ध गाथा सुनाते हुए अँग्रेज को खाँसी आने लगी और उसकी सुर लहरी बिखर गयी। यह नवलख ओड़िया गाथा का एक अंश ही था, कथा तो बहुत बड़ी थी। इसमें एक लम्पट राजा था और एक खुद्दार ओड़निन थी। दसमत नाम था उसका। वह राजा के प्रलोभन को ठुकरा, उसकी बनने से इंकार कर देती है। राजा की इच्छा को ठुकराने पर, वह अपनी सेना भेज उसे ग़िरफ्तार करवाना चाहता है। लेकिन जाँबाज ओड़िया लड़ जाते हैं। यह कथा मेडीकल कॉलेज के जमाने में, शिवा ने कई बार सुनी थी। उस जमाने में देवार शहर-शहर घूमकर गीत गाया करते थे।

"बाबा आप हमारे साथ चलिए। हमको आपकी और आपके गीतों की जरूरत है।" कात्यायनी ने कहा।

कुछ न नुकुर के बाद, अँग्रेज देवार तो साथ चलने को राजी हो गया लेकिन कटोरी बाई राजी नहीं हुई। उसने कात्यायनी के आग्रह पर कहा–

"नइ नोनी। ये गाँव हमारा पुरखा का ठीहा है। सब येला छोड़ के चल दिन। हमू चल देबो त ठीहा उजर जाही।"

कटोरी बाई का जवाब सुन। अँग्रेज का भी डीह प्रेम उफना "हव कटोरी सहीच कहथे। इहें इही झोंपड़ी म मेरा जनम हुआ। खेला कूदा। यही ठीहा मेरे कू नाम दिया। इसको छोड़ के जाना ठीक नइ। एक समे म नोनी, अंगरिज (अँग्रेज) देवार नाव से ये डेरा जनाता था।"

"बाबा आपका नाम अँग्रेज कैसे?" वन्या ने उत्सुकतावश पूछा।

"वो जमाना म अंगरिज साहब होता था। हमारा दाई ददा एकदमे गरीब था। फेर मन म बड़ा साहब बने के इच्छा तो रहा होगा न। त मेरा नाम राख दिया।" वह कुछ देर चुप रहा फिर "अब इसकच नाम देख कटोरी। कहते हैं इसका जनम वाला दिन, इसका दाई को गोदना के बदला फूल काँस का सुंदर कटोरी मिला त इसका नाम कटोरी राख दिया। हम लोग का नाव क्या नोनी। बस अइसने अलवा जलवा (ऐसे ही कुछ भी) राख देते थे। फेर अब जमाना बदल गिस। अब हमारा देवार लोग रेखा, राधा, हेमा जइसा नाव राखते हैं।"

बहुत मनुहार पर भी अँग्रेज देवार साथ चलने को राजी नहीं हुआ, तो कात्यायनी ने उसके गीतों का वीडियो बनाकर सहेज लिया और यह भी तय

किया कि 'अरण्य वाटिका'के बच्चों को यहाँ इस डेरे में लेकर आएगी ताकि बच्चे अँग्रेज से देवार गीत की बारीकियाँ सीख सकें। अँग्रेज देवार ने ही उन्हें बताया कि हमारे देवार लोग का डेरा अब जांजगीर में भी है। अब वहाँ देवारों का पूरा गाँव ही बस गया है। सो वे बिलासपुर से जाँजगीर की ओर बढ़ गये।

जाँजगीर के शांति नगर देवार डेरा में उनका काम हो गया। 'अरण्य वाटिका'के लिए सैद्धांतिक शिक्षक डॉ. पूनाराम निर्मलकर और प्रैक्टिकल के लिए देवार गीत गायक धूलाराम मिल गये। डॉ. पूनाराम ने देवार गीतों पर पीएच.डी. की थी। सो उन्हें देवार समाज और उनके गायन कला की गहरी जानकारी थी। वो चाहते तो पीएच.डी. के बाद किसी विश्वविद्यालय में प्रोफेसर बन, आराम की जिंदगी जीते लेकिन उन्होंने कला को चुना और देवारों के बीच उनके डेरे में ही रहते रहे। अभी भी वो 'अरण्य वाटिका 'के लिए तैयार नहीं थे, मगर जब कात्यायनी ने लुप्त होती कलाओं को, अगली पीढ़ी को सौंपने के अपने अभियान की बात कही, तो मान गये। देवार गीत के कलाकार मिल जाने के बाद भी कात्यायनी ने कुकुर बेड़ा जाना स्थगित नहीं किया और वे रायपुर के कुकुर बेड़ा जा पहुँचे।

रायपुर शहर के लगभग आखिरी छोर पर बसी थी यह देवार बस्ती। कात्यायनी कुकुर बेड़ा की कोलकी (गली) में ढूँढ़ रही थी कलाकारों को लेकिन...'यह अब पहले वाला देवार डेरा नहीं रहा। बहुत कुछ बदल गया है। अपनी पुस्तैनी कला से अब इसका कोई सम्बन्ध ही नहीं रहा। अब इस डेरे की औरतें शायद गोदना भी नहीं गोदतीं। लगता है यह कला इनकी पिछली पीढ़ी के साथ ही विदा हो चुकी है, पर अफ़सोस तो यह कि यह बदलना इनकी माली हालत का बदलना नहीं है। वह तो अभी भी वैसी ही है। सो यह बदलना इनकी कला का छीज जाना ही है।'सोचती कात्यायनी को दुख हुआ। 'फिर भी राजधानी से दूर रतनपुर और जाँजगीर जैसी जगह में यह कला अभी जीवित है और अब वह जिएगी हमेशा। 'अरण्य वाटिका 'के बच्चे जीवित रखेंगे इसे।' सोच कर उसे तसल्ली हुई।

15

"वन्या! नानी के यहाँ होते चलें?"

"हाँ माँ। मैं भी यही कहनेवाली थी। बल्कि उन्हें साथ ही ले चलें। यहाँ यूँ अकेली...इस उम्र में अकेली रहना ठीक नहीं।"

"क्या किया जाय। कितनी कोशिश की। वे मानती ही नहीं। उनकी जिद

है कि वे अपना बचा कुचा जीवन अपने घर में गुजारेंगी।"

"आज चलेंगी। जरूर चलेंगी। मैं मनाऊँगी उन्हें।"

माँ बेटी की इन्हीं बातों के बीच घर आ गया। अम्मा द्वार पर ही बैठी मिलीं। अपने द्वार पर गाड़ी रुकते देख रटपटा कर उठीं–

"अरे तुम लोग! अइसे अचानक?"

"अचानक नहीं नानी। पूरी प्लानिंग से आये हैं।"

"अरे हमरी बनया भी आयी है। केतनी सुघ्घर लाग रही है हमरी नातिन।" उन्होंने आगे बढ़कर वन्या को अपने सीने से सटा लिया।"

"अम्मा ये प्लानिंग भी तो इसी की है!" कात्यायनी ने बात आगे बढ़ाई।

"पलानिंग? कउन सी पलानिंग।"

"यही कि आप आज हमारे साथ चलेंगी और वहीं रहेंगी हमेशा।" वन्या ने कहा।

सुनकर रामदुलारी कुछ देर को सोच में पड़ गयीं लेकिन जल्दी ही सहज हुईं और–"अच्छा-अच्छा। अभी तो भीतर चलो। बोलो का बनायें?"

"नानी हमें तो आपके हाथ का फरा खाना है। दाल वाला फरा।"

"वन्या! नानी से अब नहीं होगा। बहुत मेहनत लगती है उसमें। यहाँ से लौटकर हम बना देंगे।"

"नाहीं हम बना लेंगे। अभी अइसे भी बूढ़ नहीं भये हैं। बस तनिक टेम लागी। उर्द (उड़द)दाल भिजोय का परी। कउनव फिकिर नाहीं। हम गरम पानी में भिजोय लेंगे।"

"और नानी मुझे चाय के साथ आपके वो आलू वाले पापड़ भी चाहिए।" वन्या ने नानी से लड़ियाते हुए कहा।

"वन्या। नानी को तंग मत करो।" कात्यायनी ने बरजा।

"इसमें तंग करने कय का बात है। पापड़ तो हम बनाए हैं। अबहीं छान देंगे।"

अम्मा ने चाय बनाते हुए गैस के दूसरे चूल्हे पर, तेल चढ़ा पापड़ छाने। पानी गर्म किया और दाल भिगो दी। फिर सबके बीच बैठ हाल चल लेने लगीं। शिवा तो उन्हें बहुत ही प्रिय था। शिवा भी उनका बहुत खयाल रखता था। सो वह उससे बतियाने लगीं। बातों के बीच-बीच में उठकर दाल देख आतीं कि वह फूली की नहीं।

"अम्मा हम बना लेते हैं।" कात्यायनी ने कहा।

"अरे नाहीं। तुम आराम करो। हम कर लेंगे।"

दाल फूल गयी तो धोकर उसका छिलका निकाला और पीठी पीसकर तैयार की। चावल का आटा साना और फरा बफाने रख दिया। कच्चे आम का मौसम तो जा चुका था लेकिन घर में करोंदे थे, उसकी चटनी बनायी और सबको दलभरा फरा और चटनी परोस दी।

"वाह नानी! आपके हाथ में तो जादू है।"

"सचमुच फरा बहुत स्वादिष्ट बना है। सबके हाथों में ऐसा स्वाद नहीं होता।" कहते शिवा ने कात्यायनी की ओर देखा।

कात्यायनी समझ गयी शिवा उसे उकसा रहा है कि वह कुछ बोले लेकिन वह चुपचाप फरा खाती रही।

"अम्मा वो बड़ा वाला सूटकेस कहाँ हैं?"

"टाँड़ म धरा है। का काम है उसका?"

"तुम्हरे कपड़े रखेंगे। तुमका चलना है हमारे संग।"

"नाहीं बेबी। अबहीं नाहीं। जब हाथ गोड़ नाहीं चलेगा, तब तो जायेंगे ही।"

"ये क्या अम्मा? ऐसे यहाँ अकेली रहना ठीक है क्या?"

"ठीक और नाहीं ठीक, हम का जानी। फिर हुँआ हमारा मन नाहीं लागत है।"

"मन लगेगा नानी। अच्छा चलो अबकी मेरे घर रहना। मुझे आपके साथ रहना है।"

"हाँ यह तो और भी ठीक रहेगा। तुम्हरे पनाती का जनम तुम्हरे हाथों होगा।"

"हमरे लिए एहसे बड़ी खुसी भला का होगी! नगीचय है का? कब तलक उम्मीद है?"

"बहुत नगीच नहीं है अभी टाईम है।" कात्यायनी ने कहा।

"पेट देख के लाग रहा अबहीं यही महीना म? चलो अभी टेम है तब तव हम जचकी के समय आएँगे।"

"देखो अम्मा। यहाँ आने की तुम्हरी जिद हमने मान ली। हमें भी लगा बहुत दिन हो गये तो रह लें यहाँ। लेकिन अब नहीं। अब हम तुम्हरी एक नहीं सुनेंगे।" कहती कात्यायनी टाँड़ की ओर बढ़ी, तो अम्मा ने उसकी राह रोक ली।

"बिटिया! हमका अभी यहीं रहन देव। का जानी वे कब इधर...।" उनकी आँखें पनिया आयीं।

कात्यायनी कुछ देर उन्हें देखती रही। फिर–"ठीक है। जो मर्जी हो करो।"

"अइसे रिस न करो। हम कुछ दिन में आय जायेंगे। सिवा तो आवत रहत

है। हम इसके संग आय जायेंगे।"

'अम्मा की आस? इतने अरसे बाद भी आस की डोर अरझी ही हुई है। इनके मन के किसी कोने में बप्पा आज भी हैं। शायद आखिरी साँस तक रहेंगे। लोग कहते हैं कि मूल से ब्याज अधिक प्यारा होता है लेकिन अम्मा की पीढ़ी? इनकी पीढ़ी पर तो स्त्री धर्म यानी पतिव्रत की घुट्टी का असर इस कदर रहता है कि...।' सोच कर कात्यायनी ने और कुछ नहीं कहा।

लौटते हुए राह वही थी। साथी भी वही थे लेकिन कात्यायनी? कात्यायनी की सोच में अम्मा ही ठहरी हुई थीं और न चाहते हुए भी उनके साथ बप्पा की यादें भी उभरने लगीं। सो वापसी का सफर ख़ामोशी में डूबा हुआ था। कात्यायनी की उदासी ने सबको अपनी गिरफ्त में ले रखा था। शिवा ने महसूसा बस्तरिया मैना सी चहकती, वन्या की चहकन भी उसी ख़ामोशी में डूब कर रह गयी है, तो–

"अम्मा जी को लेकर बहुत परेशान होने की जरूरत नहीं है। वे टसटस हैं अभी। उन्हें कुछ नहीं होगा। फिर मैं तो रायपुर आता ही रहता हूँ। मिलता रहूँगा उनसे।" शिवा ने उदासी पोछने की कोशिश की।

"यह तो ठीक है लेकिन उनका अकेलापन और उनकी अंतहीन प्रतीक्षा? वह तो उन्हें तोड़ती ही रहेगी। यहाँ आने के बाद उन्होंने अपनी हस्तकला भी त्याग दी। यह खालीपन तोड़ देगा उन्हें।"

माँ आप चिंता मत करिए। मेरे पास इसका इलाज है। मैं ऐसा करती हूँ अपने इस आने वाले मेहमान का, सारा काम नानी को दे देती हूँ। फिर तो वे इसके टोपे, मोजे, स्वेटर बनाने में ही बिजी हो जायेंगी और कुछ सोचने का टाईम ही नहीं मेलेगा। मैं अभी कॉल करती हूँ।" वन्या हुलसकर नंबर मिलाने लगी।

"अभी? अभी नहीं। दस बज रहे हैं। सो गयी होंगीं।" कात्यायनी ने बरजा उसे।

नींद! नींद ही तो नहीं आती थी रामदुलारी को। लोग कहते थे यह बुढ़ापे का रोग है, मगर रामदुलारी जानती थीं यह बुढ़ापे का रोग नहीं उनके जीवन सोग (शोक) है। एक अंतहीन सोग।

16

कात्यायनी दुहिता धाम में लौटी, तो दो आमन्त्रण प्रतीक्षा में थे। एक उत्तर प्रदेश के दुहिता धाम से आया था और दूसरा मछेन्दरी गाँव से। कात्यायनी ने पहला निमंत्रण पत्र हाथ में लिया। पेपर मैशी कला का एक सुंदर नमूना

था वह लिफाफा। 'अभी उस दिन ही तो दीपज्योति ने बताया था मुझे कि वह दुहिता धाम में पेपरमैशी कला को भी शामिल कर रही है और आज उस कला का यह सुंदर नमूना मेरे हाथ में है!'सोचती कात्यायनी उसे देर तक निहारती रही। कार्ड के ऊपर डोली नहीं, पुराने ढब का पारम्परिक मियाना बना हुआ था। उसके ठीक ऊपर लिखा था–

मंगल परिणय

शमशेर महतो संग झरबेरी

स्वागतकर्ता में दुहिता धाम का नाम था। 'यह अच्छी बात है कि यह ब्याह दुहिता धाम करवा रहा है लेकिन उसका नाम तो बालकृष्ण था। दीपज्योति ने बताया था कि झरबेरी का ब्याह बालकृष्ण से होगा। ब्याह के लिए बालकृष्ण ने, अपने बप्पा से बहुत हुज्जत की तब जाकर वो राजी हुए थे। फिर अब...?' सोचते हुए कात्यायनी ने कार्ड बाहर निकाला, तो एक पत्र नीचे गिर पड़ा। चार परतों में मुड़ा लाइन वाला कागज़। परतें खोलीं–

बड़ी दिदिया को झरबेरी का परनाम

यहाँ सब कुशल मंगल है। दिदिया हमारा बियाह हो रहा है। मुला किसनु से नहीं। ज्योति दिदिया, किसनू के माई, सब चाह रहे थे हमारा बियाह किसनु से हो लेकिन दिदिया हमारा मन नाहीं माना। लोगन के कहे से हम उसको माफ़ जरूर किये, मुला जिसने हमरा संग ऊ हरकत किया, उसी के संग अपनी जिंदगी कइसे गुजार सकते हैं। उसके संग तो हम हर रात उसी दरद को झेलेंगे। नाहीं दिदिया हम जिंदगी भर अँगरा पर नाहीं लोट सकते।

शमशेर भला मानुष है। आगे बढ़ के खुद बात चलाया। उम्मीद करते हैं आप हमारा मन समझेंगी। एक अच्छा बात और हम प्रायविट (प्रायवेट) परीच्छा से दसवाँ का इंतिहान पास कर गये। कम्प्यूटर भी सीख रहे हैं। बाकी कुशल है। ब्याह में जरूर आइए।

आपकी

झरबेरी

'सच ही तो है। अपने बलात्कारी के साथ जीवन गुजारना अँगारों की सेज पर सोना ही है। अदालत ने जब भी इस तरह का आदेश दिया, मेरे मन में यह प्रश्न जरूर उठा कि अपने बलात्कारी के साथ कोई लड़की कैसे...? सो झरबेरी के इस फैसले से मेरे मन को एक राहत सी मिली है।'

दूसरा निमंत्रण बाँस की सुंदर सी टोकरी में आया था। उस टोकरी में

महुआ के दो बीज थे और सागोन के सूखे पत्ते पर बड़े ही कलात्मक तरीके से एक मछेन्दरी उकेरी गयी थी, जिसके एक ओर लिखा था कोया और दूसरी ओर गुमान।

कात्यायनी के सामने दो निमंत्रण पत्र थे। 'ये निमंत्रण दो समाजों के प्रतीक हैं। एक पुरुषों का समाज है, जो अपने हर एक कार्य व्यवहार से जता देता है कि स्त्री उसकी अनुगामिनी है सो ब्याह के निमंत्रण पत्र पर पहले वर का नाम लिखता है लेकिन दूसरा समाज जो स्त्री को अनुगामिनी नहीं, सहगामिनी मानता है वह निमंत्रण पत्र पर भी प्रथम स्थान देता है उसे। पहले निमंत्रण पत्र वाला समाज भी कोई सवर्ण समाज नहीं है लेकिन उसकी मानसिकता सवर्णी मानसिकता ही है, जहाँ स्त्री उससे कमतर ही है। यानी वे सवर्ण समाज के लिए तो दलित हैं लेकिन उनके समाज लिए, उनकी स्त्रियाँ दलित हैं। यानी स्त्रियाँ महादलित है। कब बदलेगी यह मानसिकता।' सोचती कात्यायनी समाज की भीतरी तहों में देर तक अरझी रही। फिर उठकर 'सियानिन धाम 'की ओर चल पड़ी।

सियानिन धाम में बच्चे तुमा शिल्प सीख रहे थे। कात्यायनी ने देखा कुछ बच्चे पानी रखने का छागल, बड़ा वाला चमचा, पेज रखने की बटलोई जैसी दैनिक उपयोग की चीजें बना रहे थे। तुमा शिल्प सिखाने वाली सियानिन दाई उन्हें बता रही थीं कि किस तरह पके तुमा को भिगोकर, हल्के हाथों से उसकी ऊपरी परत उतारी जाती है। फिर चाकू को आग में तपाकर उससे किस तरह चमचा, कटोरा या छागल का आकार दिया जाता है। सियानिन दाई को परम्परागत चीजें ही बनानी आती थीं, पर बाजार तो अब शो बाजी की ओर मुड़ गया था फिर भी उनके पास इसे बनाने की कला और उसकी बारीकियाँ थीं। सो उन बारीकियों को सीखकर कुछ बच्चे उसी से गणेश और दुर्गा का मुखोटा और कंगन बना रहे थे। कोया उन्हें तुमा शिल्प को आधुनिक रूप देना सिखा रही थी।

'तुमा यानी लौकी, देशभर में इसकी पहचान एक सब्जी के रूप में है। इसी पके हुए तुमा से, बस्तर के आदिवासी अपने दैनिक उपयोग का सामान बनाते रहे हैं। अब सियानिन दाई से यह कला सीखकर, ये बच्चे इसे देश भर में ले जायेंगे और कला की यह बेल फलती फूलती रहेगी।' सोचती कात्यायनी ने देखा कोया अपने काम में इस कदर डूबी हुई थी कि उसे कात्यायनी के आने का भान ही नहीं हुआ। कात्यायनी कुछ दूर खड़ी कला के उन क्षणों को चुपचाप देखती रही। एक बच्ची ने दुर्गा के मुखोटे को, आखिरी टच देके पूरा कर लिया तो-

"शाबाश। कितना सुंदर मुखोटा बनाया है।"

कात्यायनी की आवाज़ सुन कोया ने मुड़कर देखा–"जोहार मेम! आप कब आयीं? सारी। मुझे पता ही नहीं चला।" वह उठकर कात्यायनी के करीब आ गयी।

"पता कैसे चलता। तुम तो कला में डूबी हुई थी। तुम्हारी यही लगन तो तुम्हें दूसरों से अलगाती है लेकिन इस समय तो तुम्हें छुट्टी पर होना चाहिए। अभी कुछ ही दिनों में शादी है तुम्हारी। तमाम तैयारियाँ करनी होंगी।"

"नहीं मेम। बहुत ताम झाम और दिखावा नहीं होता हमारे यहाँ, तो तैयारियाँ भी नहीं होतीं। बस प्रकृति की छाँव में, दो दिलों के साथ दो परिवार एक डोर में बँध जाते हैं।"

"यह सादगी ही तो वनवासी समाज की खासियत है।"

"जी मेम। हमारा समाज तो कुछ बदल भी गया है लेकिन अबूझमाड़िया तो अभी भी निखालिस प्रकृतिजीवी हैं और गुमान तो और भी।"

"हाँ बहुत भावुक और कोमल मन है उसका। उसकी कला भी बहुत कलात्मक और सुंदर है। मैं चाहती थी कि वह 'अरण्य वाटिका' से जुड़े लेकिन वह उत्सव में आया ही नहीं।"

क्या कहती कोया कि वह क्यों नहीं आया। 'उसके न आने के पीछे कारण तो मैं ही थी लेकिन मैं भी क्या करती। उस समय तक मैं अपने पिछले जीवन को भुला ही नहीं पायी थी। भूली तो अभी भी नहीं और शायद कभी भी भुला न सकूँगी लेकिन अब मन गुमान को लेकर कोमल सा हो उठा है।' सोचती कोया की आँखों में गुमान उतर आया।

"तुम उसे समझाना। 'अरण्य वाटिका'से जुड़ना उसके और हमारे, दोनों के लिए अच्छा रहेगा।"

"जी मेम। आप ब्याह में आइयेगा जरूर।"

'जरूर-जरूर।"

कात्यायनी आगे बढ़ गयी लेकिन कोया का मन फिर गुमान में जा अरझा। 'गुमान ने मेरे लिए एकलव्य की सी साधना की। उसने अपनी कला को प्रेम की साधना बना, उसमें अपने को इस कदर लीन कर लिया कि दीन दुनिया से ही बेखबर हो गया। वह तो मेरा उस मड़ई में जाना हुआ और वहाँ उस लड़के से अचानक मुलाकत हुई और।'सोचते हुए कोया की आँखों में वह मड़ई उतर आयी...

"तू तो वइच है।" एक अबूझमाड़िया युवक ने कहा।

“वइच माने?”

“मानी वो मूरतवाली। एकदम तुमारा रूप बनाया उसने, अपना मूरत में।”

“मेरा रूप बनाया! किसने?”

“मेरा संगी ने। बिसवास नई होता। चल मय देखाता।” कहकर वह चल पड़ा।

उसके पीछे मैं भी। वहाँ पहुँचकर मैंने देखा तो देखती ही रह गयी। मेरे सामने मैं खुद थी। मछेन्दरी के आकार में। मछेन्दरी की वह मूरत मेरे परदादा की बनायी मूरत से उन्नीस तो कदापि नहीं थी। मैं देर तक देखती रही उसे फिर मुड़ी तो गुमान सामने था। लगभग तंद्रिल सा। एक कोने में बैठा वह देख रहा था अपनी मछेन्दरी को।

“येही तो बनाया इस मूरत कू। एकदम डिक्टो (डिट्टो) तेरे जैसा है न?”

‘मैं कुछ देर देखती रही गुमान को फिर मेरी आँखों में पश्चाताप सा उमड़ा और मैं जाकर उसके पास बैठ गयी। उसका हाथ थाम उस पर अपने ओठ रख दिए। मेरे ओठों और आँसुओं ने शायद उसके मन को छुआ। उसकी नजरें उठीं। वह कुछ देर देखता रहा मुझे। फिर मुझे कसके पोटार लिया और जोर से रो पड़ा? न जाने वह मेरा अपराध बोध था या कि प्रेम। मैंने अपने ओठ उसके ओठों पर रख दिए। उसका रुदन ठहर गया। फिर तो गुमान का वह संगी युवक कब गया। मुझे कुछ पता ही नहीं चला। बहुत देर बाद गुमान कुछ चैतन्य हुआ, तो उसने अपनी कहानी सुनायी कि किस तरह अलगानार से वह भोंगा बाबा गया। फिर मुझे पान में मोहनी चूर्ण खिलाने की योजना बनायी लेकिन फिर उसके भीतर से एक धिक्कार सी उठी और उसने मुझे मोहनी चूर्ण से नहीं, अपने प्रेम से वश करने की सोचा और मछेन्दरी गाँव की ओर चल पड़ा। गाँव के प्रवेश द्वार पर बनी मछेन्दरी को कई दिन तक निहारता रहा।

“फेर एक दिन तेरे घर गया। ऊँहा मछेन्दरी का मूरत को बहुत नजदिक से देखा। फेर त सोच लिया कि मय भी तेरा मछेन्दरी वाला मूरत बनाएगा।”

“मेरे परदादा ने तो परदादी को देख के, उनको अपने सामने बैठा के मछेन्दरी बनाया और तू मेरे को बिन देखे ही...।”

“जो इहाँ रहती न, उसकू बाहिर से देखने का जरूरत नइ होता।” गुमान ने अपने दिल पर हाथ रखा।

“इतना प्रेम करता था फिर कभी आया क्यों नहीं?न कोई फोन न मैसेज?”

“मेरा मन था के तू आए।”

“अपने पर इतना गुमान?”

"अपना उपर नइ। अपना परेम पे। मेरा मन बोलता था के एक दिन तू जरूर आएगी।"

"इतना विश्वास था अपने प्रेम पर।"

अबकी गुमान ने कुछ कहा नहीं। बस उसकी ओर देखता रहा। उसके उस देखने में कुछ ऐसा था कि मैं उसमें समा गयी और सब कुछ भूलती चली गयी। अपने अतीत और अपने आपको भी।

फिर गुमान का रिश्ता आया। जाति एक थी। समाज भी लगभग एक ही था लेकिन स्टेट्स? दोनों परिवारों के स्टेट्स में बहुत फर्क था। मैं लिंगाराम की पनातिन थी और राष्ट्रीय स्तर की कलाकार। तो बाबो (पिता) सहमत नहीं थे। उन्हें तो मैंने किसी तरह मना भी लिया लेकिन मेरे बूढ़ा बाबो (दादा)? वे तो टस्स से मस्स नहीं हो रहे थे। किसी तरह हाँही भरी भी तो वधू मूल्य इतना अधिक रख दिया कि वह गुमान के वश में था ही नहीं। बेचारा गुमान निराश हो गया।

"बूढ़ा बाबो! गुमान पैसे में भले ही हमारे बराबर नहीं है लेकिन कला में वह उन्नीस नहीं। इक्कीस है मेरे से। रही मेरी कीमत? तो उसने मेरी कीमत दे दी। उसने मेरी मछेन्दरी वाली मूरत बनायी। बूढ़ी यायो (परदादी) से भी सुंदर मूरत। बूढ़ा बाबो! सोचो न इतना कीमत कोन देगा मेरा।" मैंने उन्हें समझाया तब जाकर तैयार हुए।

'इस तरह मैंने मुरिया समाज में चलती आ रही एक गलत परम्परा, वधू मूल्य की प्रथा को तोड़ने की दिशा में एक पग बढ़ाया। वैसे वधू मूल्य की यह प्रथा, दहेज प्रथा की तरह जड़ तो नहीं थी। इसके विकल्प मौजूद थे और लमसेना इसका आसान विकल्प था। फिर भी वधू मूल्य मुझ जैसी युवा पीढ़ी को मान्य नहीं था। फिर गुमान से मेरा रिश्ता मंजूर हुआ और अब कुछ ही दिन में हम अपने जीवन की खूबसूरत राह पर चल पड़ेंगे।' सोचती कोया गुमान के खयालों में और गहरे डूब गयी।

कोया और गुमान ने तय किया था कि वे बहुत ही सादगीपूर्ण विवाह करेंगे। प्रकृति के बीच, प्रकृति के संग-संग चलते हुए। इस ब्याह में प्रकृति के, एक कण को भी नुकसान नहीं पहुँचाएँगे। सो वैसा ही किया गया। मंडप के लिए भी एक शाख तक नहीं तोड़ी। शाख तोड़े बिना, सागोन के समूचे पेड़ को ही मंडप मान लिया। सारी रस्में उसी पेड़ की छाया में होनी थीं।

कोया की तेल हल्दी थी। कात्यायनी को आग्रह करके बुलाया था उसने। सो कात्यायनी तैयार हो कर निकली, तो डंकिनी द्वार पर खड़ी थी।

"अरे तुम! यहाँ क्यों खड़ी हो? कोई बात करनी है?" कात्यायनी ने सहज ही पूछा।

"नहीं माँ कुछ ख़ास नहीं।" डंकिनी के चेहरे पर संकोच की लकीर उभर आयी।

"अच्छा तो फिर हम लौटकर मिलते हैं। आज कोया की हल्दी है न।" कहकर कात्यायनी आगे बढ़ी।

"माँ! कोया ने हमें भी...।"

चलते हुए ठिठक गयी कात्यायनी। अब उसने गौर किया डंकिनी की सज, रोज से कुछ अलग थी। बहुत सुंदर लग रही थी वह। 'धीरे-धीरे इसके जीवन में भी रंग उतरने लगे हैं। हल्दी की रस्म में भाग लेने की इसकी यह चाह सुखकारी है' सोचा और–

"हाँ-हाँ चलो न। इसमें इतना संकोच क्यों?"

वे पहुँचीं तो हल्दी की रस्म हो रही थी। कोया के सामने एक बड़े से थाल में, कच्ची हल्दी पीस कर रखी गयी थी। सब उसी से कोया को हल्दी लगा रहे थे। कात्यायनी ने भी हल्दी लगाकर रस्म निभायी। कोया ने कात्यायनी के पैर छुए तो उसके हाथों की हल्दी कात्यायनी के पैरों पर लग गयी, जिसे कात्यायनी ने सबकी नजर बचा रूमाल से पोछा तो लेकिन हल्दी का रंग छूटता कहाँ है। सो उसकी तमाम कोशिश के बाद भी उसके पैरों पर हल्दी अपनी पूरी आभा के साथ दमकने लगी।

हल्दी तेल चढ़ाने की रस्म पूरी हुई, तो सब हल्दी खेलने लगे। शरारत से भरकर सब एक दूसरे पर हल्दी फेंक रहे थे। गुलाल की तरह मुख और बदन पर हल्दी मल रहे थे। डंकिनी ने भी हाथों में, ढेर सारी हल्दी लेकर कोया के गालों पर मल दी। कोया उसे कहाँ छोड़ने वाली थी। सो उसने उसे अपनी बाहों में जकड़ लिया और अपने गाल उसके गालों से सटा दिए। कोया के गालों की हल्दी, डंकिनी के गालों पर अपना पीताभ रंग छोड़ गयी।

"देखना अब तेरी शादी भी जल्दी होगी। जानती है न दुल्हन की हल्दी जिसको लग जाती है, वो भी जल्दी ही दुल्हन बनती है।" कोया ने डंकिनी के कानों में कहा।

सुनकर डंकिनी की आँखों में लाल डोरे उभरे और उनमें एक छवि उभर आयी। यह वही छवि थी, जिसे देखते ही उसके चेहरे पर झल्लाहट सी उभर आती थी लेकिन आज उसके चेहरे पर हया की सुर्खी उभरी और उसका मुख एक अनोखी दीप्ति से दीपित हो उठा।

17

कोया के ब्याह वाले दिन भी डंकिनी बहुत मन से तैयार हुई। उस दिन वह दुल्हन ही लग रही थी। एकदम बस्तरिया दुल्हन। विवाह की सभी रस्मों में चहकती लहकती डंकिनी, कोया के इर्द गिर्द ही रही। आज उसके ओठों पर एक मोहक मुस्कान ठहरी हुई थी। कात्यायनी देख रही थी, मुस्कान से खिली इस डंकिनी को। कात्यायनी डंकिनी में आये इस सुखद बदलाव को निरख रही थी। वह जानती थी डंकिनी के पत्थर हुए मन पर, प्रेम की यह दूब किसने उगायी है। सो– 'अब जल्दी ही इसका ब्याह करना है मुझे।' सोचते हुए कात्यायनी की आँखों में स्नेह उमड़ आया।

कोया का विवाह एकदम ही अलहदा था। सागोन के जिस पेड़ को मंडप माना था, उसी पेड़ को साक्षी मान वर वधू ने, जीवन भर संग-संग चलने की कसमें लीं। न ब्याहभोज का आयोजन किया और न ही उपहार लेने की रस्म रखी। कोया और गुमान ने ब्याह भोज में होने वाला खर्च बचाकर, 'अरण्य वाटिका' के सहयोग कोश को दे दिया।

कोया के विवाह के कुछ दिनों बाद, झरबेरी का ब्याह था। कात्यायनी को उसके ब्याह में शामिल होना था। उसने उसके लिए उपहार तो पहले ही चुन लिया था। बस्तर के सबसे कुशल कारीगर से बस्तरिया कोसा का लुगरा (साड़ी) बनवाया था। वह लुगरा तो ख़ास था ही लेकिन उससे भी ज्यादा ख़ास था उसका आँचल। आँचल में सगोन के दरख़्त पर बैठी, मैना की सुंदर जोड़ी बुनी गयी थी। एक दूसरे की तरफ मुख करके बैठी, मैना की जोड़ी देख लगता, जैसे दोनों बतियाना चाह रही हों। जाने की पूरी तयारी हो चुकी थी लेकिन ऐन निकलने के समय, रायपुर से पड़ोसी चाचा का फोन आया कि अम्मा बहुत बीमार हैं। सुनकर वह इतनी बदहवास हुई कि शिवा और वन्या को तक खबर न दे सकी। बस डंकिनी को किसी तरह बताया–

"अम्मा बीमार...। हमको जाना...।" कहते जोर की रुलाई फूटी और कात्यायनी ने दीवार की ओर मुह कर लिया।

"माँ! आप दुखी न हों। नानी को कुछ नहीं होगा। मैं भी चलती हूँ आपके साथ।"

"नहीं। तुम यहीं रहो। तुम्हारा यहाँ रहना जरूरी है।"

कात्यायनी चल पड़ी उसी राह पर, जिससे होकर उसे आज अवध जाना था लेकिन उस जाने और इस जाने में बहुत फर्क था। सो रास्ते भर आँखें

उमड़ती बरसती रहीं। मन थिर ही नहीं हो रहा था। वह वन्या को इस हालत में परेशान नहीं करना चाहती थी। शिवा को जरूर बताना था। उसका नंबर मिलाना भी चाहा लेकिन दुख के रेले ने, ऐसा नहीं करने दिया। सो अपने गम को आँसुओं के साथ घुटकती, कात्यायनी खिड़की से बाहर देखने लगी लेकिन आज फ़ूल पत्ती, जंगल और नदी भी उसका मन नहीं बाँध पाए और आँसू बहते रहे लगातार। केशकाल घाटी जो हर बार चाहे अनचाहे, उसकी यात्रा में शामिल हो ही जाती थी लेकिन आज? आज तो उसे पता ही नहीं चला, घाटी कब पार हो गयी।

चारआमा पहुँचने के कुछ पहले, स्क्रीन पर शिवा का नाम उभरा। कात्यायनी ने कॉल तो रिसीव किया लेकिन कुछ बोलने के पहले ही रुलाई फूट पड़ी। कात्यायनी ने शिवा को सूचना तक नहीं दी, इस बात को लेकर उसके मन में बहुत नाराजगी थी लेकिन कात्यायनी की रुलाई ने उसकी नाराजगी को पीछे ठेल दिया और–

"अम्मा को कुछ नहीं होगा और तुम अकेली नहीं हो। मैं निकल चुका हूँ। तुम मेरा इंतजार करना।"

कात्यायनी के मुख से हाँ हूँ तक नहीं फूट पाया। बस रुदन की लहरें ही उठती गिरती रहीं। कात्यायनी घर पहुँची, तो अम्मा पलंग पर बेहोश सी पड़ी हुई थीं। पड़ोस वाली चाची उनके पास बैठी थीं। कात्यायनी लपककर उनके पास पहुँची और माथे पर हाथ रखा। माथा भट्ठी सा तप रहा था।

"दो दिन से बहुत तेज बुखार है। मैं परसों इनको लेके, आमापारा वाले डाक्टर के पास गयी थी। वो दवाई दिए। बुखार उतर गया था, मगर फिर चढ़ आया। अब तो कोई दवाई काट नहीं कर रही और आज तो अचानक बेहोसे हो गयी।"

चाची कह रही थीं और कात्यायनी ठंडा पानी तलाश रही थी। अम्मा फ्रिज का पानी तो पीती नहीं थीं। सो घड़े का पानी लिया। अब वह अम्मा के माथे पर, ठंडे पानी की पट्टियाँ रख रही थी। उसके हाथ पट्टियाँ रख रहे थे और नजरें द्वार पर लगी थीं। अम्मा का बुखार था कि उतर ही नहीं रहा था। 'नहीं। अब मैं किसी का भी इंतजार नहीं कर सकती।'सोचा और एम्बुलेंस के लिए कॉल किया। कुछ ही देर में एम्बुलेंस आ पहुँची। कात्यायनी और चाची अम्मा को टेकुआने (सहारा देकर उठाने) की कोशिश कर ही रही थीं कि शिवा और शिवाँग आ पहुँचे। उन्होंने अम्मा को उठा एम्बुलेन्स में लिटा दिया। कात्यायनी अम्मा के सिराहने बैठी और एम्बुलेंस दौड़ पड़ी, मेकाहारा (मेडीकल कॉलेज

हास्पिटल रायपुर) की ओर।

शिवा कभी इसी मेडीकल कॉलेज का स्टूडेंट था। सो उसके कई क्लासमेट यहाँ डॉक्टर थे। मेडीसिन विभाग का दिवाकर तो उसका मित्र ही था। सो एडमिट करने से लेकर देखरेख में कहीं कोई दिक्कत नहीं हुई। दो दिन तक आईसीयू में रखने के बाद, अम्मा को प्राइवेट वार्ड में भेज दिया। इस बीच शिवा ख़ामोशी से सब करता रहा लेकिन उसने कात्यायनी से कोई बात नहीं की। अम्मा की हालत में सुधार हुआ, तो कात्यायनी ने शिवाँग को वापस भेज दिया। शिवा फिर भी खामोश ही रहा। कोई प्रतिकिया नहीं दी। कात्यायनी समझ रही थी वह उससे नाराज है। सो वह बात करने का मौका तलाश रही थी लेकिन शिवा ने जान बूझकर उससे एक दूरी बना रखी थी।

अम्मा ठीक हो गयीं। उन्हें हास्पीटल से डिस्चार्ज किया गया। कात्यायनी अम्मा को साथ ले जाना चाहती थी। यह शिवा से बात करने का अच्छा बहाना भी था।

"हम अम्मा को अपने साथ ले चलते हैं। अब इन्हें यहाँ अकेले छोड़ना ठीक नहीं।"

"ठीक है।"

शिवा ने अपने संक्षिप्त जवाब से जता दिया कि वह अभी भी नाराज है। वे घर गये। अम्मा का कुछ जरूरी सामान लिया और चल पड़े अलगानार की ओर। जंगल के हर पेड़ और सड़क के हर मोड़ का इतिहास, भूगोल बाँचने वाला शिवा रास्ते भर खामोश ही रहा। कात्यायनी ने कोशिश भी की लेकिन उसने या तो कोई जवाब ही नहीं दिया या फिर हाँ हूँ में टाल गया। इतने लंबे अरसे में वह, कभी इस कदर नाराज नहीं हुआ था। कात्यायनी अब महसूस रही थी उससे गलती हुई और बहुत ही बड़ी गलती हुई। सो वह माफ़ी भी माँगना चाह रही थी लेकिन शिवा अवसर ही नहीं दे रहा था। अलगानार पहुँच कर उसने अम्मा को उनके कमरे में पहुँचाया और–

"अम्मा जी अब मैं चलता हूँ। कुछ जरूरी काम है। कल फिर आऊँगा।" कहा और बाहर निकल गया।

"शिवा! जरा रुको मुझे तुमसे कुछ काम है।" कात्यायनी ने पीछे से पुकारा।

शिवा कुछ ठिठका फिर सपाटे से गाड़ी में जा बैठा। गाड़ी स्टार्ट की और गाड़ी धुआँ उड़ाकर आगे बढ़ गयी। कात्यायनी देर तक उस धुएँ को देखती रही। फिर एक मैसेज किया–

"दूर न जाइए इतना कि लौटना नामुमकिन हो जाय।"

कुछ देर बाद कात्यायनी के वाट्सएप में चिड़िया चहकी–

"अगर कभी मैं लौट न सकूँ। तुम चल के करीब आ जाना।"

कात्यायनी अभी मैसेज देख ही रही थी कि एक मैसेज और आया–"आ जाओ मैं अभी पुल के इस पार ही हूँ।"

कात्यायनी ने मुस्काती हुई स्मायली से जवाब दिया और चल पड़ी पुल की ओर। उसने देखा शिवा एक चट्टान पर बैठा, नदी के प्रवाह को देख रहा था। वह कुछ देर चुपचाप उसके पीछे खड़ी रही फिर–

"अरे! पुल तो अपनी जगह थिर है। मुझे तो लगा था, इस तूफ़ान में बह गया होगा।"

"पुल बड़े से बड़े तूफ़ान में भी अडिग रहता है, जब नदी साथ होती है लेकिन जब नदी साथ नहीं होती, तो उसका आवेग उसे, पल भर में ढहा देता है।"

कात्यायनी ने देखा शिवा की नजरें, नदी के प्रवाह पर ही ठहरी हुई थीं। वह आगे बढ़ी और उसके करीब जा बैठी लेकिन शिवा नदी को ही देखता रहा। कात्यायनी कुछ देर उसे निहारती रही फिर-

"जिन्दगी यूँ ही बहुत कम है मोहब्बत के लिए। यूँ रूठकर वक्त गँवाने की जरूरत क्या है।"

"मोहब्बत? मेरी मोहब्बत की कोई वकत ही कहाँ है? होती तो तुम यूँ बिना बताए...?"

"हमसे भूल हो गयी हमका माफ़ी दइ दो।"

कात्यायनी ने अपने कान पकड़, गाने की पंक्ति कुछ इस तरह से उचारी कि शिवा के चेहरे पर बरबस मुस्कान आ गयी। वह देर तक निरखता रहा उसे फिर–

"कात्यायनी तुमने ऐसा क्यों किया? क्या समाज के बनाये रिश्ते ही सब कुछ होते हैं?मन के रिश्ते की कुछ भी अहमियत नहीं? क्या सात फेरे ही अधिकार और कर्तव्य का पाठ पढ़ाते हैं, प्रेम नहीं?"

कात्यायनी ने कुछ नहीं कहा। कहती भी क्या। सो शिवा के चेहरे पर आते-जाते भावों को महसूसती रही। शिवा कुछ देर उसे देखता रहा फिर–

"मुझे लगता है समाज के जोड़े रिश्ते भी, प्रेम की डोर में बँधकर ही सार्थक हो पाते हैं, तभी तो अक्सर शादी के रिश्ते अपनी सार्थकता खो देते हैं।"

कात्यायनी ने कुछ कहा नहीं। बस अपना हाथ आगे बढ़ा, उसकी उस हथेली पर रख दिया, जो चट्टान पर रखी थी। कात्यायनी की हथेली की ऊष्मा

शिवा के भीतर उतरने लगी–

"क्या कहूँ तुम से मैं कि क्या है इश्क
जान का रोग है बला है इश्क।"

मीर का शेर दुहराते हुए शिवा का गुस्सा कपूर सा उड़ गया और उसके मुख पर एक स्निग्ध आब उतर आयी।

18

उस दिन कात्यायनी को सुबह जल्दी निकलना था। दौरा दो तीन दिन का था। वह चाहती थी डंकिनी को कुछ जरूरी हिदायतें देकर निकले। सो उसे ही तलाश रही थी। उसके कमरे का दरवाज़ा उढ़का हुआ था। झाँका तो वहाँ नहीं थी। इतनी सुबह कहाँ गयी। आज तो उसके दौरे का भी प्लान नहीं था, तो क्या अचानक ही कोई घटना...। ऐसा होता तो मुझे बताती। बाहर देखती हूँ शायद...।'सोचती कात्यायनी बाहर की ओर चली।

"दिल मोचो तुजी काजे धड़के रे
आजा संगी मन मोचो तरसे रे।" उसे हल्बी गीत की पंक्तियाँ सुनाई दीं।

आवाज पीछे वाले हिस्से से आ रही थी। यह नये जमाने का गीत, यहाँ कौन सुन रहा है?'सोचती कात्यायनी उधर बढ़ चली। देखा पेड़ के नीचे डंकिनी बैठी थी। उसकी नजरें मोबाइल स्क्रीन पर थीं और उस प्रेम गीत के बोल फिजा में मचल रहे थे–

"मके दिल तुय देसे मया तुके करे से
दिल मोचो तुजी काजे धड़के रे
आजा संगी मन मोचो तरसे रे।"
तुई नई मिरले जोड़ी करे काय
तुझ बिन लेके मोये रहुक निभाय
तुजो संगे इतरो मया होली केबे मोके
मोचो दिल में जगा रानी दिल केबे तुके
सपना नी तुई, सुरता नी तुई, आसीस सबो लगे
मोचो ये जिव न कटे लेके तुझी संगे
दिल मोचो तुझी काजे धड़के रे।"

डंकिनी के चेहरे पर मुस्कान की उजास थी। उसके जीवन में आया यह बदलाव, एक नया संदेश दे रहा था। इसका मन बदल रहा है अब। उस दिन कोया की शादी में भी...। मुझे शिवा से बात करनी होगी।'सोचती कात्यायनी

देर तक उसे देखती रही। फिर दौरे पर निकल गयी।

जंगल के गाँव जहाँ प्रकृति, जी खोल कर अपना वैभव लुटाती है, वहीं कुछ विपत्तियाँ भी दे जाती है। सघन वनों के बीच बसा मेड़समेटा गाँव भी विपत्तियों से घिरा हुआ था। बरसात बीत चुकी थी लेकिन विपत्तियाँ नहीं बीती थीं। धारासार हुई बरसात ने गाँव के कई घर ढहा दिए थे। जिनके पास पैसे थे उन्होंने छानी छप्पर, और दीवारों की मरम्मत कर ली लेकिन जिनके पास पैसे नहीं थे, वे टूटी फूटी दीवारों के बीच, किसी तरह दिन काट रहे थे। शीत दस्तक देने वाली थी। जंगल की शीत भी तो साधारण नहीं होती। इसकी दस्तक भी सीधे हड्डियों को बींधकर भीतर तक उतर जाती है।सो घरों की टूट फूट ठीक करवाते दस बारह दिन बीत गये। कात्यायनी जिस इलाके में थी, वहाँ नेटवर्क था ही नहीं। सो जैसे ही वह नेटवर्क एरिया में दाखिल हुई, तमाम मैसेज एक साथ चमक उठे। मैसेज की उस भीड़ में शिवा के मैसेज ही अधिक थे। अभी वह उसके मैसेज पढ़ भी नहीं पायी थी कि स्क्रीन पर उसका नाम चमक उठा–

"हैलो।"

"किस दुनिया में खो गयी हो, जहाँ न तो कोई कॉल जा रही है न मैसेज। बताकर भी नहीं गयी।"

"डंकिनी को मालूम था। जाते समय भी बताना चाहा था उसे लेकिन इन दिनों तो उसकी दुनिया में कोई ऐसा समाया है कि...।"

"हाँ! उस कोई का भी यही हाल है। मोबाइल से हमेशा चिपका रहता है वह। क्यों न इस पूर्णिमा उनकी सगाई कर दी जाय।"

"इसी पूर्णिमा? वो तो कल ही है न?

"हाँ। मगर दिक्कत क्या है? वधू मूल्य तो तुम लोगी नहीं। बाकी का सारा इंतजाम मैंने कर ही रखा है। तभी तो तुम्हें लगातार फोन करता रहा।"

"ठीक है।"

क्वार पूर्णिमा! डंकिनी की सगाई का दिन। मुरिया रीत के अनुसार, आदिवासी परिधान में सजा धजा शिवाँग और शिवराजन सहित, शिवा का पूरा परिवार दुहिता धाम में मौजूद था। अपने पारम्परिक परिधान में शिवा भी, किसी दूल्हे से कम नहीं लग रहा था। वन्या और डंकिनी का संग साथ तो बालपन का था। सो वह लड़की वालों की तरफ से थी, तो एक दिन पहले ही आ गयी थी। सगाई शाम को सूरज और संध्या के मिलन के वक्त होनी थी। शिवा ने दो दिलों के जुड़ने का, यही समय तय किया था। पूर्णिमा के दिन चाँद अपनी

सोलह कलाओं के साथ दमकता ही है। उस दिन तो आकाश और धरती दोनों पर चाँद और सूरज एक साथ दमक रहे थे। वन्या ने डंकिनी को मुरिया ढब से तैयार किया। यूँ तो वन्या और कात्यायनी ने भी, मुरिया परम्परा को ही अपनाया था। उसी के अनुसार उनका भी श्रृंगार था लेकिन डंकिनी का श्रृंगार एकदम अलहदा था। पूरे बालों को समेटकर कानों के पास बनाया जूड़ा और उसमें लगी कौड़ियों की लटकती लड़ियाँ, उस पर फब भी रही थीं। सो आज उसकी छवि एकदम ही अलग और मोहक थी।

सगाई मुरिया रीति से सम्पन्न हुई। आदिवासी समाज की सगाई हो और शराब न हो, ऐसा असंभव था लेकिन इस सगाई में यह असंभव संभव हुआ। शिवा अपनी सारी परम्पराओं को मानता था लेकिन जो परम्परा अनुचित थी, उसे छोड़ा भी था। सो उसके परिवार में मदिरापान की वर्जना थी। किसी भी पर्व त्यौहार और मांगलिक कार्य में भी, शराब का निषेध कर रखा था उसने। सो सहभोज और नृत्य तो था लेकिन उसके साथ मदिरापान की व्यवस्था नहीं थी। भोज के बाद डंडारी नृत्य शुरू हुआ। बाँस की डेढ़-डेढ़ फुट की दो-दो डंडियाँ लिए, स्त्री पुरुष ढोलक, मांदर और तिरली (बाँसुरी) के सुर पर झूम झूमकर नृत्य करने लगे। शिवराजन तिरली बजा रहा था। इतने तीव्र नृत्य के साथ तिरली बजाना आसान नहीं होता। इसे बजाने की एक विशेष कला होती है। डंकिनी नृत्य में शामिल थी। नृत्य करते हुए वह उसके पास पहुँची और उसके कदम थम से गये। वह चकित सी मुग्धता से उसे देखती रह गयी। अब तक उसे मालूम ही नहीं था कि शिवराजन तिरली का इतना अच्छा कलाकार है। सो वह उसे मुग्ध नयन निहारती ही जा रही थी।

"ये क्या? अइसा थाम जायेगी, त नाच बी थाम जायेगा। उसकू देखती न तू? केतना सुंदर तिरली बजाता?" उसके साथ नृत्य करती संगी ने कहा।

"हो। मेरे को मालूम नई था के, ये इतना अच्छा तिरली बजाता।"

"तू बहोत लक्की है रे डंकिनी। तेरे कू मालूम, इसका ऊपर केतना मोटियारी मोहाया था। फेर ये किसीकू नजर उठा के बी नई देखा।"

सुनकर डंकिनी को खुद पर गर्व सा हुआ। नृत्य थमा तो जोड़ियाँ आपस में बतियाने लगीं। शिवराजन अपनी तिरली कमर में खोंस, एक पेड़ तले थिरा रहा था कि डंकिनी ने पीछे से काँधे पर हाथ रखा। शिवराजन ने गर्दन को हल्का सा खम दे देखा उसे। डंकिनी की नजरों में, एक मोहक सी अकचक समायी हुई थी। उसने पलटकर अपने भुजबंध में बाँध लिया उसे और–

"ऐसे क्या देख रही?"

"देख रही हूँ कि तेरे भीतर, कितना मीठा सुर समाया है। तूने कभी बताया नहीं कि तू तिरली बजाता है।"

"तूने कभी मौका नहीं दिया। मौका तो तूने इसका भी नहीं दिया।" उसने कमर में खुँसी एक चीज उसके सामने कर दी।

डंकिनी ने देखा उसे। वह कुछ देर देखती रही उसे फिर बिना कुछ कहे पीछे घूम गयी। शिवराजन ने उसके जुड़े में कँघी लगा उसे अपनी ओर घुमा लिया।

"तेरे को मालूम ये कँघी मैं गोंचा वाले दिन देता। रात भर जाग के बनाया था इसको।"

"तू खुद बनाया!"

"हाँ। बस तेरे लिए। पहली दफ़ा बनाया लेकिन तू तो...।"

"सारी। फिर मैं भी क्या करती। मैं अपनी पिछली जिंदगी कभी भुला ही नहीं पायी।"

"पागल है तू। अच्छा तू गोटुल गयी कभी?"

"न। कभी मन ही नहीं किया।"

"और आज?" शिवराजन ने उसकी आँखों में झाँका। वहाँ स्वीकार लहकता देख, उसका हाथ थामा और चल पड़ा गोटुल की ओर।

इन दिनों वन्या का प्रसव निकट था। सो वह और शिवाँग भोज के बाद लौट गये। शिवा के शेष पालित पुत्र भी, उन दोनों के साथ ही चले गये। नृत्य खत्म हो चुका था, तो बाकी लोग भी, अपने ठिकाने की ओर रवाना हुए। अब दुहिता धाम लगभग खाली हो गया था, बस शिवा ही रुका हुआ था। उसकी नजरें बार-बार चाँद की ओर उठतीं फिर कात्यायनी की ओर उठ जातीं। कात्यायनी ने महसूसा वह कुछ कहना चाह रहा है। सो–

"कुछ कहना है?"

"कहना नहीं याद दिलाना है कि आज भी पूर्णिमा है। याद है इस दिन के लिए कोई वादा किया था तुमने?"

कात्यायनी को याद हो आया तरुनीड़ और अपना वादा भी। उसे यह भी याद हो आया कि उस वादे के बाद कई-कई पूनम गुजर चुकी हैं। उसने देखा शिवा की आँखों में और महसूसा उस ठहरी प्रतीक्षा को। फिर 'चाहती तो मैं भी हूँ कि अपना वादा निभाऊँ लेकिन अम्मा?'सोचती उसकी नजरें अम्मा के कमरे की ओर उठ गयीं।

"अम्मा जी की फ़िक्र हो रही है? कोई बात नहीं। मैं अगली पूर्णिमा का इंतजार कर लूँगा।"

कात्यायनी ने महसूस किया, शिवा के स्वर में मायूसी का, हल्का सा पुट शामिल था। "थोड़ी चिंता तो है लेकिन वे सो चुकी हैं और अब नहीं उठेंगी। फिर भी मैं काकी को बुला लेती हूँ। वो अम्मा के पास सो जायेगी। मैं अभी आयी।"

"तुम आ सको तो शब को बढ़ा दूँ कुछ और भी
अपने कहे में सुबह का तारा है इन दिनों।"

शिवा के ओठों पर कतील शिफाई का शेर मचला, तो बाहर आती कात्यायनी ठिठक गयी।

"तुम्हारी आवाज़ में कितनी दिलकशी है। तुम गाते क्यों नहीं।"

"गाया करता था कभी। जब तक हाथों ने बंदूक नहीं थामी थी, गाना मेरा सबसे प्रिय शौक था।" कहते शिवा की आवाज में उदासी सी उतर आयी।

"बंदूक जब थी, तब थी। आज तो नहीं है। आज गाओ न।" कात्यायनी ने इसरार किया।"

"ठीक है आज कोशिश करता हूँ।"

दोनों प्रपात की ओर बढ़ चले। प्रपात वाली वह राह तो सुंदर थी ही, उस पर शरद की चाँदनी! उसने उसे और भी सुंदर बना दिया था। शिवा को चाँद रात हमेशा से सम्मोहित करती थी। फिर आज तो उसकी प्रिया का साथ भी था। सो दोहरा सम्मोहन तारी था उस पर। और कात्यायनी? उस सम्मोहन को महसूसती धीरे-धीरे प्रीत की राह पर बढ़ती जा रही थी। ऐसे में आकाश में जब एक पंछी ने किलकारी भरी, तो उस सम्मोहन से उझककर, दोनों की नजरें एक साथ ऊपर उठीं। देखा एक दुग्ध धवल जोड़ा, आकाश में उड़ान भर रहा था। कुछ देर में किलकारी फिर गुँजित हुई। अबकी उस गुंजार में दोनों का, समवेत स्वर शामिल था।

"यह कौन सा पंछी है?"

"लोग इसे रात का पंछी कहते हैं, मगर मैं इसे प्रीत का पंछी मानता हूँ। कहते हैं इसका दिखना शुभ होता है। जोड़े में दिखना तो बहुत ही शुभ।"

"कभी आजमाया?"

"हाँ। याद करो उस समय को, जब तुम मुझसे नाराज रहा करती थी। एक अलसभोर तुम प्रपात के इस ओर बैठी थी। उस समय प्रपात अपने पूरे शबाब पर था। सघन फुहारों ने सब कुछ आच्छादित कर रखा था। हमें भी। ऐसे में हवा का एक बड़ा सा झोंका आया और तुम नजर आयी थीं मुझे। उसकी पहली रात मैंने देखा था इन्हें।"

"उस दिन मुझे भी लगा था, फुहारों के पार तुम हो, मगर मन ने नकार

दिया था फिर बाद में पता चला तुम ही थे।"

"वह भी एक दौर था न। तुम्हें कितनी नफ़रत थी मुझसे।"

"न। नफ़रत नहीं, मोहब्बत ही थी। मैंने उसे नफ़रत के आवरण में ढक रखा था।"

"काश वह सब न होता, तो आज हम...।" शिवा के कहन में उदासी उतर आयी।

"तो आज यहाँ न होते और हम प्रपात के इस अनुपम सौंदर्य से अछूते रह जाते। देखो चाँदनी किस तरह प्रपात से अठखेलियाँ कर रही है।" कात्यायनी ने उसे उदासी से उबारने की कोशिश की।

उसने उसका हाथ थामा और उसी चट्टान पर ले गयी, जहाँ वे अक्सर बैठा करते थे। चाँदनी रात। चाँदी से आच्छादित प्रपात। पवन संग थिरकती फुहारें और कात्यायनी का साथ। सो शिवा की उदासी फुहारों में घुलने लगी। उसने कात्यायनी की ओर देखा और उसके ओठों ने जुम्बिश सी ली–

"आज देखा है तुझे बाद मुद्दत के

आज की रात गुजर न जाए कहीं।" वह देर तक उसे निहारता रहा फिर–

"कात्यायनी ! आज की यह रात बहुत सुंदर है। मैं चाहता हूँ यह, जीवन भर ठहरी रहे, यूँ ही। तुम इजाजत दो तो मैं बरसों की एक साध पूरी कर लूँ।" शिवा ने कात्यायनी की आँखों में झाँका। फिर–"इजाजत है न?"

"हाँ।"

कात्यायनी की लरजती सी, आवाज में उचारे इस एक शब्द ने, शिवा के मन को आहलाद से भर दिया। उसने तत्काल जेब में हाथ डाला और–

"जरा पीछे घूमना।"

कात्यायनी के मुड़ते ही उसने झट से हाथ बढ़ाया और उसे बालों में टाँक दिया। इस पल ने आने में इतता विलंब किया था कि आज वह कोई चांस लेना ही नहीं चाहता था। कात्यायनी महसूस रही थी, शिवा के उस मन को। उसके मन की उस हलचल को। कितने-कितने बरस बाद आज उसका प्यार मुकम्मल हुआ था।

"कात्यायनी !यह वही कँघी है, जो कभी दरक गयी थी लेकिन अब इसमें कोई दरकन नहीं है। मैंने इसकी दरकन को, अपने प्रीत के रंगों से पूर दिया है।"

कात्यायनी ने मुड़कर शिवा की ओर देखा। उसकी आँखों में चाँदनी लहक रही थी। वह देर तक देखती रही उसे फिर उसने कँघी को हौले निकाला। कुछ देर देखती रही उसे। फिर अपनी चोटी को लपेट जूड़ा बनाया और–"लो अब

इसे लगा दो ताकि अब यह अपनी जगह से हिल भी न सके।"

शिवा ने कँघी हाथ में ली। फिर- "लेकिन यह खोपा तो वैसा नहीं बन पाया, जैसा बनना था। ठहरो मैं बनाता हूँ।"

"तुम! तुम्हें जूड़ा बनाना आता है?"

"हाँ। कई बार बनाया मैंने।"

"कौन थी वह?" कात्यायनी के मन में ईर्ष्या की लहर सी उठी।

"प्राण थी मेरी। मेरी जिंदगी थी वह। मैं उसे बहुत प्यार करता था। हाँ कात्यायनी मुझे वो अपनी जान से भी प्यारी थी। वो जब भी मांदरी नाच में जाती, उसका खोपा मैं ही पारता था।"

"तुम लोग साथ ही रहते थे?" कात्यायनी की ईर्ष्या कुछ और लहकी। उसके मन में आया उठकर चल दे वहाँ से। तभी–

"हाँ। बचपन का संग साथ था हमारा लेकिन उस दरिंदे ने मेरी सुखमनी, मेरी बहन को...।" कहते शिवा की आँखों में चिंगारियाँ उतर आयीं।

'छी। मैं भी क्या से क्या सोच गयी।'कात्यायनी का मन पछतावे से भर उठा और उसने हौले से शिवा के काँधे पर सर रख दिया।

प्रीत की आँच क्रोध को गला देती है। शिवा का क्रोध भी गल गया और वह कात्यायनी के बालों का खोपा बनाने लगा। एकदम मुरिया ढब का सुंदर खोपा बनाया। फिर उसमें अपनी प्रीत (कँघी) टाँक उसका मुख अपनी ओर घुमा लिया–

"एकदम मुरिया लग रही हो। तुम्हारी कजरारी आँखे और तुम्हारे घुँघरवाले बाल, तुम्हें हमारे समाज की ही बना देते हैं।"

"ये बनाते नहीं। बताते हैं तुम्हें कि मैं मुरिया ही हूँ।" कात्यायनी ने उसकी आँखों में झाँका।

"ओह कात्यायनी! तुमने आज मेरा अधूरापन पूर दिया।" शिवा की बाहों ने उसे अपने और करीब कर लिया।

चाँदनी मचलती रही। आकाश मुस्कराता रहा और प्रपात गुनगुनाता रहा। वे देर तक एक दूसरे में डूबे रहे। फिर–

"आओ चले अपने स्वप्न नीड़ में।" शिवा ने कहा।

फिर उसका हाथ थामा और दोनों बढ़ चले उस ओर जहाँ कात्यायनी का सपना, उसका तरुनीड़ प्रतीक्षा कर रहा था।पेड़ के नीचे पहुँच, शिवा ने एक खोह से डोर का एक सिरा निकाल उसे खींचा, तो रस्सी की बनी एक सीढ़ी नीचे आ गयी। कात्यायनी ने उस पर पहला कदम रखा और डगमगा गयी।

"ऐसे नहीं। प्रीत का पायदान है यह। सो आहिस्ता-आहिस्ता चलना होता है।"

फिर अपना हाथ बढ़ा उसे, अपनी बाँहों में घेर लिया और स्वप्न नीड़ के द्वार पर पहुँचा दिया। कात्यायनी ने भीतर झाँका। फिर अपना दाहिना पैर भीतर रखा और सुंदर फूलों से गमकता, तरुनीड़ उसके मन प्राण में उतरता चला गया। शिवा ने आगे बढ़ उसका हाथ थामा और उसके ओठ थिरक उठे–

"तेरे आने की जब खबर महके
तेरी खुशबू से सारा घर महके
शाम महके तेरे तसव्वुर में
शाम के बाद फिर सहर महके
रात भर सोचता रहा तुझ को
जेहन-ओ-दिल मेरे रात भर महके
याद आये तो दिल मुनव्वर हो
दीद हो जाय तो नज़र महके
वो घड़ी दो घड़ी जहाँ बैठे
वो जमी महके शज़र महके।"

शिवा की लरजती आवाज, कात्यायनी के मन में उतरती रही। कात्यायनी जानती थी यह गजल देवबंदी साहब की है फिर भी, उसे लग रहा था मानों यह गजल शिवा ने, उसके लिए ही लिखी है। सचमुच उसकी आवाज़ में ऐसी कशिश थी कि कुछ पल को वह उसमें खो सी गयी। जब उससे उबरी तो नीड़ को निहारा।

"किसने सजाया इसे।"

"मैंने।"

"तुम्हें यकीन था कि आज मैं आऊँगी ही, अगर न आ पाती तो?"

"तो मैं यहाँ तुम्हारे तसव्वुर के साथ रह लेता। जैसे हर बार रहता था।"

कात्यायनी ने चकित नजरों से देखा उसे।

"हाँ कात्यायनी। उस प्रीत पूनम के बाद, मैं इसे हर पूर्णिमा को सजाता हूँ। तुमने पूनम का वादा जो किया था।"

कात्यायनी देख रही थी उसे और महसूस रही थी उसके उस धैर्य को। 'इतना लंबा धैर्य कि धैर्य का भी धैर्य चुक जाए लेकिन यह...!' सोचती उसकी नजरें शिवा के चेहरे पर अटक सी गयीं।

"ऐसे क्या देख रही हो?"

"कुछ नहीं बस महसूस रही हूँ तुम्हारे इस अंतहीन धैर्य को।"

जवाब में शिवा ने कतील शिफाई को दोहरा दिया–

"रक्श करने का हुक्म मिला जो दरियाओं में
हमने खुश होके भँवर बाँध लिए पावों में।"

"शिवा तुम्हें ऐसा लगता है न कि हमारा साथ अधूरा है। ऐसा है तो मैं आज...लेकिन मुझे लगता है देह के पार कुछ भी शेष नहीं रहता। देह का जुड़ जाना प्रेम नहीं है। प्रेम तो मन का भाव है। शिवा मुझे तुमसे प्रेम है। बेइंतिहा प्रेम। यह कल भी था और कल भी रहेगा लेकिन मैं अपने प्रेम को कोई नाम देकर...। फिर भी तुम चाहो तो...।"

"नहीं कात्यायनी। अब मुझे जिंदगी से कोई शिकायत नहीं। सब कुछ तो पा लिया मैंने। तुमने तो मेरे अधूरेपन को पूर दिया है। मेरा मन जो पत्थर हो चुका था, तुमने उसमें अपनी कोमलता भर दी और आज? आज तो मेरे खोए हुए सुर से मिलवा दिया मुझे। देखो आकाश में विचरता वो चाँद। तुम्हारी खुशबू से गमकता यह नीड़ और मेरे मन प्राण में ठहरी चाँदनी सी तुम। सच कहूँ कात्यायनी! जिंदगी इतनी खुशनुमा कभी न थी और क्या चाहिए मुझे। कुछ नहीं। कुछ भी नही।" कहते शिवा के मुख पर कोमल सी स्निग्धता छलक आयी।

कात्यायनी कुछ देर निहारती रही उसे। फिर धीरे से उसके काँधे पर सर टिका दिया और तरुनीड़ के भीतर उझक आये चाँद पर, उसकी नजरें जा ठहरीं–"वो चाँद देख रहे हो न? कितना सुंदर लग रहा है।"

"हाँ कात्यायनी बहुत सुंदर है यह चाँद। यही तो मेरा प्रेम है। मेरी तमन्ना थी कि कभी यह मेरे इस नीड़ में उतरे और आज...। आज तुम मेरे इस नीड़ में...। तुम सच कहती हो, इस प्यार का कोई और नाम नहीं हो सकता। सो हम इसे कोई और नाम नहीं देंगे। ठीक है न?" कहते शिवा ने उसकी आँखों में झाँका।

कात्यायनी देर तक अपलक देखती रही उसे फिर अपनी पलकें मूँद, उसे अपने भीतर समो लिया।

19

अब दुहिता धाम में हुलास की बयार बह रही थी। समय की यह बयार दुहिता धाम के अनुकूल थी। अम्मा ठीक होकर और टसटस हो गयी थीं। उनकी आँखों को अभी भी पति का इंतजार तो था लेकिन पनाती के आने की ख़ुशी ने, उस इंतजार को पीछे कर दिया था। उनके मन ने अपनी नियति को स्वीकार लिया

था। सो अब वे आने वाले मेहमान का इंतजार कर रही थीं। वे उसके लिए झबले और लँगोटियाँ बना चुकी थीं। अब टोपा, मोजा और स्वेटर बुन रही थीं। उन्हें आँखों से अब कम सूझता था। सो घर (ऊन के फंदे) गिर जाते, जिन्हें उठाने में उनको खासी मशक्कत करनी पड़ती। कात्यायनी से आग्रह करतीं–

"बेबी तनिक इ घरवा उठाय देव।"

कात्यायनी को भी बुनाई आती थी। वह सलाई पर घर चढ़ा देती। एक दिन फिर अम्मा ने घर उठाने की बात कही तो–

"अम्मा रहने दो न। इस उमर में काहे परेशान हो रही हो।"

"परेसानी कैसी। हमारा पनाती आ रहा है। उसको बजार का स्वेटर थोड़े ही पहनाएँगे।"

"और पनाती की जगह पनातिन आ गयी तो?

"तव उसका भी सुवागत करेंगे। दूनो म कउनव फरक नाहीं है।" कहती अम्मा हुलास से भर उठीं और सोहर गाने लगीं–

"धन-धन नगर अजोध्या
धन राजा दशरथ हो।
अब धन री कौसिल्या तोरे भाग
राम जहाँ जनमे हो।"

और डंकिनी? उसके जीवन का तो यह वसन्तकाल ही था। डंकिनी ने जीवन में पतझर ही पतझर देखा था। लंबे पतझर के बाद वसंत, आया था उसके जीवन में। सो वंसत संग झूमती, उसके मन की गौरय्या फुर्र-फुर्र उड़ रही थी।

कात्यायनी? उसकी ख़ुशी का तो ओर छोर ही नहीं था! उसके मन में तो कितनी-कितनी खुशियाँ, एक साथ हुलस रही थीं। हुलास का एक पारावार ही, लहरा रहा था उसके मन में। वन्या की ससुराल में सब कुछ था। सारी सुविधाएँ थीं लेकिन उस घर में कोई स्त्री नहीं थी और ऐसी हालत में किसी अनुभवी स्त्री का, साथ होना बहुत जरूरी होता है। सो कात्यायनी ने उसे अपने पास बुला लिया था, तो अब तो शिवाँग का एक पैर अलगानार में ही रहता था। वह कभी अलसभोर, तो कभी गहराती रात में आ पहुँचता। अक्सर शिवा भी उसके साथ होता। शिवा को बच्चे के आने का बेसब्र सा इंतजार था। उसके घर जन्म लेने वाला यह पहला बच्चा था। सो वह चाहता था बच्चा जल्दी से जल्दी आ जाए लेकिन इस दुनिया में आने का समय, तो बच्चा खुद ही चुनता है। सो ड्यू डेट बीत गयी लेकिन उसने अपने आने की कोई सुगबुग नहीं दी। वन्या को हास्पिटल ले गये। डॉक्टर ने कृत्रिम तरीके से दर्द दिलाने की कोशिश की।

जब वह भी कारगर नही हुआ तो–

"अब तो सिजेरियन डिलवरी कराना होगा। सिस्टर सर्जरी की तैयारी करो।"

आपरेशन की तैयारी होने लगी। वन्या को तैयार कर आपरेशन थियेटर की ओर ले जाने लगे तभी दर्द की एक लहर उठी और वन्या चीख उठी। फिर दर्द की लहर पर लहर आने लगी। डॉक्टर चकित! आनन फानन में उसे फिर प्रसव कक्ष पहुँचवाया। केंहूँ केंहूँ करता बच्चा इस धरती पर आया लेकिन दर्द की लहरें कम न होकर और बढ़ गयीं। कुछ ही देर में फिर केंहूँ-केंहूँ का स्वर गूँज उठा।

"दो बेबी हुआ। बेबी गर्ल।"

डॉक्टर ने पहली खबर वन्या को सुनायी। फिर खबर बाहर गयी। कात्यायनी और शिवा के चेहरे पर चकित सी ख़ुशी मचल उठी। शिवा तो झूम ही उठा। उसने लपककर शिवाँग को गले लगा लिया–

"मैं बूढ़ा बाबो बन गया रे! दो-दो नातिनों का बाबा। ओह! बाबू मैं बयाँ नहीं कर सकता, कितनी ख़ुशी दी है तुमने।"

शिवाँग के चेहरे पर एक इत्मिनानी ख़ुशी झलक उठी। उसने कात्यायनी और शिवा के पैर छुए। शिवा की इसी चकित सी ख़ुशी को देखने के लिए ही, तो उन्होंने गर्भ में जुड़वा बच्चों की बात नहीं बताई थी। अभी किसी को भीतर जाने की इजाजत नहीं थी। सो आतुर सी प्रतीक्षा में कात्यायनी की नजरें बार-बार लेबर रूम की ओर उठ जातीं। इंतजार की घड़ियाँ तो यूँ भी बहुत आकुल होती हैं फिर यह इंतजार तो कोई साधारण इंतजार नहीं था। सो पल भी प्रहर जैसा लग रहा था। कुछ देर में दो डॉक्टर बाहर आयीं। उनके हाथों में बच्चियाँ थीं। कात्यायनी और शिवा की नजरें उन हाथों पर जा ठहरीं। पुरइन पात सी कोमल और सुंदर थीं दोनों।

"ये दोनों ही तुम्हारे जैसी हैं।" शिवा ने कहा।

"मेरे जैसी। नहीं तो। दोनों अपनी माँ जैसी हैं।"

"हाँ, मगर वन्या भी तो तुम्हारा ही प्रतिरूप है।" कहते शिवा की नजरें पल भर को उसकी आँखों में उझकीं फिर बच्चियों पर जा ठहरीं।

बच्चियों को कुछ घंटे केयर में रखना था। सो डॉक्टर उन्हें ले गयीं। वन्या से मिलने की इजाजत मिलते ही, कात्यायनी उसके पास जा पहुँची।

"वन्या एक नहीं दो-दो बेटियाँ हुई हैं। बहुत मुबारक बेटा।" कात्यायनी ने उसका माथा चूम लिया।

"हाँ माँ। माँ आप खुश हो न?"

"बहुत-बहुत खुश हूँ मैं। अच्छा तुम्हें पहले से मालूम था या...।"

"हमें मालूम था। लड़का या लड़की यह तो नहीं बताया था। हमने पूछा भी नहीं, मगर जुड़वा वाली बात सोनोग्राफी डॉक्टर ने बतायी थी।"

"फिर तुमने बताया क्यों नहीं?"

"वो इसलिए माँ कि हमें, आप लोगों के चेहरे पर, यह चकित सी ख़ुशी देखनी थी!" शिवाँग ने भीतर आते हुए कहा। उसके मुख पर ख़ुशी का पारावार लहरा रहा था।

कात्यायनी ने दुहिता धाम में खबर दी। खबर जब रामदुलारी को मिली, तो वे पूरी खबर सुने बिना ही हुलस उठीं। जल्दी से सोंठ और गुड़ कुटवाकर सबको सोंठउरा खिलाया और डंकिनी के साथ चल पड़ीं हास्पिटल की ओर।

"अम्मा आप! आपने इतना लंबा सफर क्यों किया?"

"माँ! मैंने मना भी किया लेकिन नानी नहीं ही मानीं।"

"बहुत लंबा कहाँ है? बस तीनय घंटा तव लगा है। अपने पनातिन खातिर तव तीन का, दस घंटा का सफर कर सकित है। बनया! हमरी पनातिन कहाँ है?"

"पनातिन नहीं अम्मा। पनातिनें। एक नहीं दो हैं। वो उधर वाले कमरे में हैं।" कात्यायनी ने कहा और उन्हें शीशे वाले कमरे के पास ले गयी।

"अरे वाह! एक की जगह दुइ-दुइ पनातिन। बेबी दूनों एकदमय तुहरे मुहरन पर हैं।"

"हाँ! लेकिन आँखें तो आपकी जैसी हैं, कजरारी-कजरारी और बाल भी। अम्मा वन्या की आँखें भी बिलकुल ऐसी ही हैं।"

अगले दिन जब बच्चियाँ वन्या के पास आयीं, तो रामदुलारी ने बारी-बारी से दोनों को दुलारा। फिर साथ लाए टोपा, मोजा और स्वेटर पहनाए।

नानी आप दो सेट लाई हो। आपको मालूम था ये दो हुई हैं?" वन्या ने रामदुलारी से पूछा।

"नाहीं रे! हम तव एक जोड़ा और ले आये कि बदल-बदल के पहिरिहें। ठीकय हुआ न। नाहीं तो एक हमसे सिकायत करती– हमरे खातिर नाही लाई। है न बच्ची।" रामदुलारी देर तक उन्हें दुलराती रहीं।

डंकिनी दूर से देखती रही उन्हें। नाजुक-नाजुक हाथ पैर थे। सो छूने में डर लग रहा था उसे, तो दूर से ही पुचकारती रही।

बच्चियों की छट्ठी आदिवासी रीत से मनी। कस्सा पानी (कई जड़ी बूटियों से बना पेय) और भुने चने से सबका स्वागत किया गया लेकिन बरही में अवधी

रीत अपनायी गयी। सो सोहर गानेवालियाँ बुलाई गयीं। सोंठउरा बाँटा गया। नामकरण हुआ लेकिन नामकरण किसी पंडित ने नहीं, शिवा और कात्यायनी ने किया। बड़ी का नाम शिवा ने शिवांशिका रखा। छोटी का नाम कात्यायनी ने रखा वनिशा। रात को गम्मत (हास्य नाटक) रखा गया था। शिवा का दौरा तय था, सो वह चला गया। सब गम्मत देख हँसी से लोट पोट हुए जा रहे थे कि हँसी के उस माहौल में एक जोर की चीख उठी और कानों में उतरती चली गयी। कात्यायनी दौड़कर भीतर गयी। उसके पीछे शिवाँग और शिवराजन भी दौड़ आये। उन्हें लगा कहीं वन्या को तो कुछ नहीं हुआ लेकिन भीतर तो माजरा ही अलग था। डंकिनी दर्द से तड़फ रही थी।

"क्या हुआ? चोट लगी क्या?" कहती कात्यायनी ने बढ़कर उसे, अपनी बाहों में समेट लिया लेकिन डंकिनी कुछ बोल न सकी। वह अपने पेडू को पकड़, दर्द से दोहरी हुई जा रही थी।

"लगता है हास्पिटल ले जाना पड़ेगा।" पीछे खड़े शिवराजन ने कहा।

"तुम ठीक कह रहे हो। ड्राइवर से कहो जल्दी से गाड़ी निकाले।"

"माँ! मैं भी चलूँ?" शिवाँग ने पूछा।

"नहीं !तुम वन्या के पास रुको। उसे अभी अकेला छोड़ना ठीक नहीं।"

फिर गाड़ी दौड़ चली हास्पिटल की ओर। दर्द की लहरें डंकिनी को उस अर्धचेतना में भी हिलकोर देतीं और वह छटपटा उठती।

"काका! इसकी हालत बहुत खराब हो रही है, तो पास वाले हास्पिटल चलते हैं।" कात्यायनी ने ड्राइवर से कहा।

ड्राइवर ने गाड़ी हास्पिटल की ओर ले ली। डंकिनी को अपनी गोद में लिटाए, कात्यायनी एक हाथ से उसका पेट सहलाती रही, दूसरे से शिवा का नाम सर्च कर उसे फोन लगाया। फोन कवरेज एरिया से बाहर था। सो वाइस मैसेज किया। शिवराजन सामने बैठ तो गया था लेकिन उसका ध्यान पीछे ही लगा था। सो वह मुड़कर बार-बार पीछे देखता। उसका मन करता उतरकर पीछे जा बैठे और डंकिनी का संबल बने लेकिन कात्यायनी का बहुत लिहाज था उसे। सो...। गाड़ी ठीक रफ्तार से चल रही थी लेकिन उसे लग रहा था उसकी रफ्तार धीमी है।

"गाड़ी जरा तेज चलाओ न।"

"बाबू आगे घाट आ रहा है। अँधा मोड़ भी है। और तेज चलाएगा तो...।"

"नहीं आप तो ऐसे ही चलाओ। इसको दर्द बहुत है।" फिर– "काका! जरा गाड़ी रोक के राजन को पीछे भेजना।"

कात्यायनी शिवराजन के मन की, आकुलता समझ गयी थी। सो उसे पीछे बुला लिया। पीछे आ शिवराजन ने, डंकिनी का पैर अपनी गोद में रख लिया। विज्ञान मानता है स्पर्श एक थेरेपी है लेकिन प्रेम में स्पर्श प्राण तत्व है। एक स्नेहिल स्पर्श मूर्छा में भी चेतना भर देता है। कुछ देर के लिए दर्द को भी मिटा देता है। सो उसका स्पर्श पा डंकिनी ने, पलाँश को अधखुली सी आँखों से देखा उसे, तभी दर्द की लहर आयी। शिवराजन ने हौले से अपना हाथ उसके पेडू पर रख दिया। डंकिनी की आँखें बंद थीं। दर्द भी खत्म नहीं हुआ था फिर भी शिवराजन का वह स्पर्श, उसे एक सुकून दे रहा था। हास्पिटल पहुँचते ही जाँच हुई लेकिन वह छोटा सा हास्पिटल था। बहुत सुविधाएँ भी नहीं थीं। सो डॉक्टर को कुछ समझ ही नहीं आया, तो नींद का इंजेक्शन दे जगदलपुर रिफर कर दिया। कात्यायनी ने जगदलपुर मेडीकल कॉलेज के डीन को कॉल कर उनसे मदद माँगी। डीन का आदेश था, तो सारा अमला चौकस था। सो हास्पिटल पहुँचते ही डंकिनी को वार्ड बॉय आईसीयू में ले गये। डॉक्टर को जाँच में केस असामान्य लगा। यूटरस में घाव सा महसूस हुआ।

"क्या कभी अंदरूनी चोट लगी थी। मेरा मतलब सेक्स के दौरान कुछ असामान्य...?" डॉक्टर ने पूछा, तो डंकिनी की आँखों में दुबई वाली रातें उतरने लगीं। शाहों के शौक तो निराले ही थे। उनमें से एक? वह तो भीतर अपना हाथ ही घुसा देता और अपने नाख़ूनों से लहूलुहान करता रहता उसे। फिर तो उन रातों का दर्द, डंकिनी के चेहरे पर इस कदर उभरा कि डॉक्टर ने कुछ और पूछा ही नहीं। उसने सोनोग्राफी करवाई। उसका शक सही निकला लेकिन फिर भी सीटी स्कैन करवाया। फिर तो शक की कोई गुंजाईश ही नहीं रही। डंकिनी के यूटरस और दोनों ओवरी में नासूर थे। तत्काल ऑपरेट करना जरूरी था। अब डॉक्टर्स और हास्पिटल पर आरोप लगा, उन्हें नुक्सान पहुँचाने की प्रवृति बढ़ चली थी। सो हास्पिटल भी अपने स्टाफ की सुरक्षा के लिए एहतियात बरतते थे। मरीज और अभिभावक से फार्म पर पहले ही सहमति ले लेते और परिजन को सब कुछ बता देते थे कि वे किस तरह का ऑपरेशन करेंगे। क्या-क्या प्रक्रिया अपनाएँगे। उसमें जान का जोखिम भी हो सकता है। सो कात्यायनी फार्म भर रही थी। मरीज के नाम के बाद पिता ऑब्लिक पति था। माँ का नाम था ही नहीं। 'दुनिया में कितना कुछ बदल गया है लेकिन हमारे देश का यह चलन अभी तक नहीं बदला। यहाँ स्त्री का अभी भी कोई स्थान नहीं लेकिन उसे अपनी जगह तो बनानी ही होगी।' सोचा फिर एक ऑब्लिक और लगाया और माता लिख अपना नाम लिख दिया। फार्म चेक करने वाले ने माता का

नाम देख कात्यायनी की ओर कुछ देर देखा लेकिन कहा कुछ नहीं।

डंकिनी का केस बहुत जटिल था। उसकी ओवरी और यूटरस तो निकालना ही था इसके साथ ही उसका पूरा पेट चीरकर देखना भी था कि भीतर का कोई और अंग तो खराब नहीं। सो इस इक्कीसवीं सदी में, जब लेप्रोस्कोपी काफी प्रभावी हो चली थी, उसकी मेजर सर्जरी होनी थी। कात्यायनी के साथ ही डंकिनी को भी यह सब बताया गया। अब फार्म पर हस्ताक्षर करने थे। कात्यायनी के लिए यह सहमती आसान नहीं थी। बेहद हौलनाक था यह। 'एक युवती जिसके ब्याह की तैयारियाँ चल रही थीं। जिसके जीवन में लंबे पतझर के बाद वंसत ने बस दस्तक दी ही थी कि अब...! जिसने अपने सहजीवन की शुरुआत भी नहीं की, उसका यह ऑपरेशन किसी क्रूरता से कम नहीं लेकिन यह डंकिनी की जिंदगी का सवाल है। सो कोई दूसरा उपाय भी नहीं।'सोचती कात्यायनी ने लरजते मन से फ़ार्म पर हस्ताक्षर किए। डंकिनी? वह लगातार सामने की दीवार को ताकती रही। उन तीनों में बस शिवराजन ही ऐसा था, जो एकदम सहज था।

ऑपरेशन सफल रहा। दुहिता धाम लौट आयी डंकिनी लेकिन उसके चेहरे पर न कोई ख़ुशी थी और न उत्साह। वह फिर पहले की तरह बल्कि पहले से भी ज्यादा रूखी हो गयी थी। कात्यायनी समझाती उसे कि स्त्री सिर्फ जनांग का ही नाम नहीं। एक अंग ही उसकी पहचान नहीं। यह तो पुरुषों की धारणा है। इस धारणा को ही तो नकारना है हमें। साबित करना है कि हम सिर्फ जनांग नहीं। डंकिनी कात्यायनी की बात से सहमत तो थी लेकिन उसका मन? जब कोई किसी से प्रेम करता है, तो वह अपने बारे में नहीं सिर्फ उसी के बारे में सोचता है। डंकिनी भी शिवराजन के बारे में सोच रही थी। वह नहीं चाहती थी उसकी अभिलाषायें यूँ ही मिट जाएँ। सो उसने अपने को अपनी ही खोल में समेट लिया था।

ब्याह की तिथि नजदीक थी लेकिन शिवा अभी तक अपने दौरे पर ही था। शिवराजन भी बहुत दिनों से आया नहीं था। सो कात्यायनी को लगा अब यह ब्याह नहीं होगा। 'शायद शिवराजन ने फैसला कर लिया हो। कितना भी अच्छा पुरुष क्यों न हो आखिरकार वह पुरुष ही होता है। ब्याह से उसकी अपेक्षाएँ यौनिक ही अधिक होती हैं।' कात्यायनी ने सोचा और निराश सी हो उठी।

शिवा दौरे से महीनों बाद लौटा। सो नेटवर्क एरिया में आते ही मैसेज फ्लैश होने लगे। उसने देखा कात्यायनी के कई मैसेज थे। डंकिनी को हास्पिटल ले जाने, उसके ओपरेशन फिर उसके सकुशल लौट आने के मैसेज। शिवा सीधे

दुहिता धाम पहुँचा। कात्यायनी बाहर ही मिल गयी।

"डंकिनी कहाँ है।"

"अपने कमरे में। उसने तो बाहर निकलना ही बंद कर दिया है। कमरे में कैद कर लिया है खुद को।"

दोनों डंकिनी के कमरे की ओर बढ़े। दरवाजा उढ़का हुआ था। कात्यायनी ने दस्तक दी। भीतर कोई सुगबुग नहीं। फिर दरवाजे को धकेला। डंकिनी गुडीमुड़ी सी बैठी हुई थी।

"डंकिनी बेटा! बाहर इतना उजाला फैला है और तुम इस तरह अँधियार में बैठी हो?" कात्यायनी ने कहा।

"जब भीतर अँधेरा ही अँधेरा हो, तब बाहर के उजाले कोई मायने नहीं रखते।" डंकिनी ने कहना चाहा लेकिन कहा नहीं और वैसी ही गुड़ीमुड़ी बैठी रही।

"देखो बेटा यूँ हार मान लेने से जिंदगी नहीं चलती। फिर तुम तो फाइटर हो। आओ बाहर बैठते हैं।" शिवा ने कहा।

कात्यायनी और शिवा कुछ देर खड़े रहे फिर बाहर चले गये। डंकिनी समझ रही थी बाहर क्या बात की जायेगी। उसने शिवराजन को तो अपना जवाब दे दिया था। उससे दूरी भी बना ली थी लेकिन शिवा को दो टूक जवाब दे नहीं सकती थी। सो देर तक पसोपेश में रही। फिर उठकर अपनी अस्त व्यस्त सी हालत दुरुस्त कर बाहर आयी। शिवा और कात्यायनी पेड़ के नीचे बैठे थे।

"इधर बैठो मेरे पास।"

डंकिनी शिवा के पास बैठ गयी। कुछ देर चुप्पी रही फिर–

"कैसी हो?"

डंकिनी ने नजरें झुका लीं। शिवा देखता रहा उसे। पढ़ता रहा उसके उस चेहरे को, जहाँ नकार ही नकार नजर आ रहा था। 'इस समय इससे कुछ कहने का फायदा नहीं।' सोचा और उठकर चला गया। उसने शादी का कोई जिक्र ही नहीं किया, जबकि हल्दी की रस्म करीब थी। डंकिनी को राहत मिली लेकिन कात्यायनी चिंतित हो उठी। अब उसे पूरा विश्वास हो गया कि शादी नहीं ही होगी।

20

तेल हल्दी वाले दिन, सूरज की किरणों के आने के साथ ही, दुहिता धाम के द्वार पर मांदर बज उठा। हल्दी की थाल और दुल्हन के श्रृंगार की, झाँपी लिए

शिवा का परिवार हाजिर था। पूरा परिवार पीले लिबास में था। यूँ तो वन्या लड़की वालों की तरफ थी लेकिन उसकी ससुराल मे और कोई स्त्री थी ही नहीं और रीत के अनुसार दुल्हन की हल्दी लेकर, किसी स्त्री को आना था। सो आज वह लड़के वालों के तरफ से थी। सबसे आगे हल्दी का थाल लिए, वन्या भीतर आयी फिर बाकी लोग। दुल्हन की हल्दी लेकर सिर्फ वन्या को ही आना था लेकिन शिवा पूरे परिवार सहित आया था। इधर से कोई तैयारी ही नहीं थी। कात्यायनी ने तो सोच ही लिया था कि अब शादी होगी ही नहीं। सो कुछ देर को हड़बड़ा ही गयी। फिर सबका स्वागत किया। मांदर की आवाज सुन डंकिनी बाहर आयी, तो सामने सजी धजी वन्या नजर आयी। फिर उसकी नजरें शिवराजन पर जा टिकीं। वह पीली धोती, लाल बंडी और पटुका में था।'तो इसने मेरी बात नहीं ही मानी।'सोचा और भीतर चली गयी। फिर मैसेज किया–

"मैंने तुमसे कहा था न कि अब मुझे शादी नहीं करनी।"

"हाँ! लेकिन तुम्हारा फैसला मुझे मंजूर नहीं था।" शिवराजन ने मैसेज का जवाब दिया।

"मुझे तुमसे मिलना है अभी। मैं गुड़ी में तुम्हारा इंतजार करूँगी।" डंकिनी ने मैसेज किया।

कुछ ही देर में शिवराजन उसके सामने आ खड़ा हुआ और -"मुजरिम हाजिर है सरकार।" उसने भारी मूड को हल्का करने की कोशिश की। फिर उसकी बगल में बैठ गया। कुछ देर ख़ामोशी रही फिर–

"राजन!यह जड़ देख रहे हो न? यही इस पेड़ का आधार है। है न?"

"हाँ।"

"अगर यह सूख जाये, तो यह पेड़ किसी काम रहेगा? नहीं न? राजन! मेरा जीवन भी अब ऐसा ही है। शाखा प्रशाखा, फूल और फल रहित, एक सूखी हुई जड़ सा।"

शिवराजन ने कुछ नहीं कहा। बस उसे देखता रहा।

"ऐसे क्या देख रहे हो?"

"देख रहा हूँ शांति निकेतन से पढी, इक्कीसवीं सदी की एक लड़की की सोच, अठ्ठारवीं सदी में ही ठहरी हुई है। स्त्रीवाद के इस जमाने में जब स्त्री, देह से मुक्ति की लड़ाई लड़ रही है, तुमने अपने को देह ही नहीं, देह का एक अंग मात्र मान लिया। मुझे बताओ क्या औरत मात्र यूटरस का ही नाम है। सिर्फ बच्चे पैदा करना ही उसका जीवन है? अगर कोई पुरुष ऐसा कहता तो? तो स्त्रियाँ विरोध में उतर आतीं। शायद तुम भी लेकिन अब तो तुम ही...?"

"राजन! जिसे आदमी प्यार करता है, उसे दुखी तो नहीं देख सकता न।"

"तुम्हें क्या लगता है, तुम्हारे इस फैसले से मेरा जीवन, खुशियों से भर जाएगा? क्या तुम्हें लगता है कि किसी और से शादी कर लूँगा मैं। शायद तुम्हें मालूम नहीं कि प्रेम का मतलब समझ आने के बाद से ही, मैंने सिर्फ और सिर्फ तुमसे ही प्रेम किया। मैंने तुमसे ही शादी करने का फैसला ले रखा था। शिवाँग से बड़ा हूँ मैं। मेरी शादी तो कब की हो चुकी होती लेकिन...। मेरी जिंदगी तुमसे शुरू और तुम्हीं पर खत्म है। राजन कुछ देर चुप रहा फिर–"मुझे जो कहना था कह दिया। अगर अभी भी तुम्हारा फैसला वही है, तो मैं बाबो को समझा लूँगा।" वह एक झपाटे से उठा और चल पड़ा।

डंकिनी उसे जाते हुए देखती रही। फिर उसे एक मैसेज किया।

"अरे डंकिनी तुम इधर हो? देखो मेरी बात सच निकली न? मैंने कहा था न जिसके अंग पर, दुल्हन के अंग की हल्दी लग जाती है, वह जल्दी ही दुल्हन बनती है। चलो राजन की हल्दी तुम्हारी राह देख रही है।"

कोया ने उसे अपनी बाहों में भर लिया। फिर उसे तैयार कर उस पेड़ तले ले गयी, जिसे कात्यायनी ने मंडप मान लिया था। रीत के अनुसार दूल्हे की हल्दी उसके अपने घर पर होनी थी और दुल्हन की अपने घर लेकिन शिवा ने इस रीत को तोड़ने का फैसला किया और तय किया दूल्हा दुल्हन दोनों की हल्दी एक साथ की जाय। सो रस्म शुरू हुई। सबसे पहले कात्यायनी ने दोनों को हल्दी तेल चढ़ाया। फिर शिवा ने। वन्या और शिवाँग के बाद बाकी सब ने हल्दी तेल चढाया। फिर हल्दी खेलने की रस्म शुरू हुई। शिवा ने अपने हाथों में लगी हल्दी कात्यायनी के गालों पर लगायी और उसके कानों में कुछ सरगोशी सी की, तो कात्यायनी के गालों की हल्दी में, एक लालिमा सी उभर आयी।

ब्याह के दिन सुबह से ही दुहिता धाम, मांदर की थाप से गमक रहा था। कात्यायनी की ख़ुशी का तो ओर छोर ही न था। इसी दिन की प्रतीक्षा में जाने कितनी रातें जागकर काटी थीं। ऑपरेशन के बाद जब, डंकिनी का जीवन रस सूखने लगा था। वह समय कात्यायनी के लिए बहुत ही त्रासद था लेकिन आज? आज उसके द्वार बारात आयी थी। डंकिनी की बारात। ब्याह में सब कुछ मुरिया रीत के अनुसार ही हुआ। कात्यायनी ने बस एक रीत अवध की शामिल की। वह थी कोंछउरा डालना। रीत के अनुसार बेटी के कोंछ में चावल, दूब और गुड़ डाला जाता है ताकि उसका घर धान्य से भरा रहे, उसके जीवन में गुड़ सी मिठास घुली रहे और खुशियाँ दूब सी बढ़ती रहें। डंकिनी का कोंछउरा भरने के बाद, कात्यायनी ने आशीर्वाद देने के लिए सर पर अपना हाथ रखना

चाहा तभी–

“माँ जरा रुकिए। वन्या करीब आयी। उसके हाथों में वनिशा थी। माँ कोंछउरा अभी अधूरा है। लो इसे और डंकिनी की कोंछ पूर दो।”

कात्यायनी ने पलाँश को वन्या की आँखों में देखा। फिर वनिशा को अपनी गोद में ले डंकिनी की कोंछ पूर दी। डंकिनी कुछ देर हतप्रभ सी खड़ी रही फिर फफक पड़ी।

“न-न। रोना तो है ही नहीं। जानती हो न जेठानी जी, हमारे यहाँ विदा के समय रोया नहीं जाता।” कहती वन्या ने अपने आँचल से उसके आँसू पोछ दिए।

•